AF448675

DE LA BUROCRACIA A LA ORGANIZACIÓN RED

DE LA BUROCRACIA A LA ORGANIZACIÓN RED

CONCEPTOS Y CASOS PRÁCTICOS

Jorge Walter y Zulema Bez

(coordinadores)

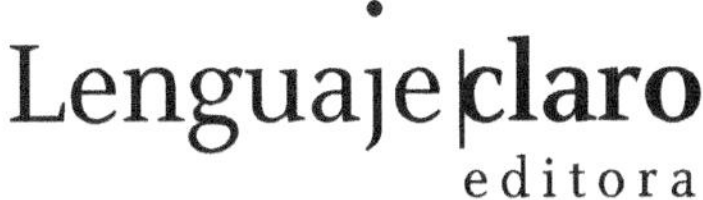

De la burocracia a la organización red. Conceptos y casos
Primera edición, marzo de 2019

© 2019 Jorge Walter y Zulema Bez
© 2019 Lenguaje claro Editora

Lenguaje claro Editora
Portugal 2951, (B1606EFA) Carapachay,
provincia de Buenos Aires, Argentina
www.lenguajeclaro.com
info@lenguajeclaro.com

Puesta en página: Diana González
Diseño de tapa: Miur
Imagen de tapa: artSILENSE – stock.adobe.com

Walter, Jorge,
    De la burocracia a la organización red: conceptos y casos prácticos
/ Walter, Jorge; Zulema Bez; coordinación general de Walter, Jorge
; Zulema Bez. - 1a ed . - Carapachay : Lenguaje Claro Editora, 2019.
    376 p.; 23 x 15 cm.

    ISBN 978-987-3764-33-2

    1. Organizaciones. 2. Administración de Organizaciones. I. Bez,
Zulema II. Walter, Jorge, coord. III. Bez, Zulema, coord. IV. Título.
    CDD 658.04

La reproducción total o parcial de este libro viola derechos reservados.

En memoria de Francisco Suárez

ÍNDICE

Presentación, *Jorge Walter y Zulema Bez* 11

Primera parte: conceptos y método 17

1 | Formas institucionales y de organización, *Jorge Walter* 19
2 | Metáforas paradigmáticas: burocracia (maquinal)
    y adhocracia (orgánica), *Jorge Walter* 25
3 | Contexto histórico, *Julia Rofé y Graciela Carlevarino* 45
4 | Cultura organizacional, *Zulema Bez, Graciela Carlevarino*
    y Jorge Walter 67
5 | Relaciones de poder, *Jorge Walter y Ana Parisi* 91
6 | Comunicación, *Graciela Carlevarino, Julia Rofé y*
    Jorge Walter 115
7 | Cambio e innovación, *Jorge Walter y Alicia Calvo* 129
8 | Individuo: del empleo a la empleabilidad, *Zulema Bez* 143
9 | Organizaciones de la economía social,
    María Cristina Acosta, Andrea Levin y Griselda Verbeke 169
10 | Guía de análisis, *Jorge Walter* 197

Segunda parte: casos prácticos 223

Introducción 225
Caso 1 | La agencia contable de París
    y el círculo vicioso burocrático 227
Caso 2 | TM + X: una fusión difícil 233
Caso 3 | Procter & Gamble: la forja
    de un sistema de valores 241
Caso 4 | El monopolio industrial:
    poder y zonas de incertidumbre 247
Caso 5 | Secobat: lo mejor, enemigo de lo bueno 255

Caso 6 | La milagrosa reparación a distancia
de un robot en Tierra del Fuego 265
Caso 7 | Prestigio S.A., un consorcio exportador exitoso 275
Caso 8 | Fecovita: una red agroindustrial cooperativa 297
Caso 9 | Trayectorias laborales individuales (CV) 317

TERCERA PARTE: ANÁLISIS DE CASOS 321

Referencias bibliográficas 359

Glosario 369

Los autores 373

Presentación

El objetivo de este libro es poner al alcance de los interesados en la sociología de las organizaciones una literatura consagrada y actualizada en cuanto a su forma de presentación y articulación, explicando su pertinencia e importancia para el análisis organizacional y ejemplificando su aplicación mediante el análisis metodológicamente riguroso de casos concretos.

El libro está dividido en tres partes. En la primera se desarrollan los conceptos y el método del análisis organizacional; en la segunda se presentan casos reales que se analizan en la tercera y última parte mediante aquellos conceptos y metodología.

En el primer capítulo de la primera parte distinguimos las instituciones (término que alude a los fines que justifican la existencia de una organización) y las organizaciones (entendidas como los medios alternativos que pueden utilizarse para alcanzar dichos fines). Nos interesa que los lectores desarrollen la capacidad de distinguir las instituciones a partir de un análisis de las formas de gobierno mediante las cuales aquellas definen sus orientaciones.

El segundo capítulo se refiere a dos formas sociológicas básicas de estructuración organizacional –correspondientes a sendos paradigmas– que denominaremos "burocracias maquinales" y "adhocracias orgánicas". Cuando dichos modos de organización se difundieron en el transcurso de dos grandes épocas –una inicial, la otra actual–, culminaron dando forma respectivamente a la estructura divisional y a la organización-red.

En el tercer capítulo nos referimos a las grandes tendencias y periodizaciones de la historia económica y social en tanto contextos de la historia organizacional, cuestiones que no se deben desvincular.

En los capítulos 4, 5 y 6 desarrollamos los tres ejes conceptuales clásicos del análisis organizacional: la cultura, el poder y la comunicación, respectivamente.

El séptimo capítulo se refiere al aprendizaje y el cambio organizacional, así como a las innovaciones realizadas en cooperación entre organizaciones.

El octavo capítulo trata sobre las relaciones entre el individuo y la organización, que van desde la carrera en las organizaciones burocráticas hasta la emergencia en el período actual del "individuo-organización", que se desplaza de proyecto en proyecto entre organizaciones.

El capítulo 9 trata sobre las problemáticas propias de organizaciones de un ámbito institucional particular: la economía social.

En el capítulo 10 presentamos la metodología que se debe emplear para combinar el análisis institucional y el estudio de las estructuras organizacionales, formales e informales, mediante las nociones de poder, cultura y comunicación. También esbozamos una metodología para el análisis de las trayectorias de individuos dentro de y entre organizaciones.

La forma de utilizar dicha metodología se ilustra con el análisis de casos concretos. Éstos se presentan en la segunda parte del libro. Hemos rescatado casos clásicos sobre burocracias y desarrollado casos locales sobre redes de organizaciones de diferentes ámbitos institucionales y geográficos.

- **Caso 1: La Agencia Contable de París y el círculo vicioso burocrático.** Proporciona un buen ejemplo del modo de describir y analizar un proceso de trabajo (en este caso de clasificación de sobres) y la división del trabajo entre las personas a su cargo.
- **Caso 2: La fusión TM + X.** Presenta la forma de análisis de la cultura inspirada en las categorías que propone Edgar Schein.
- **Caso 3: Procter & Gamble, la forja de un sistema de valores.** Muestra el carácter histórico de las presunciones básicas subyacentes mediante el ejemplo de una empresa fundada en el siglo diecinueve.
- **Caso 4: El monopolio industrial: poder y zonas de incertidumbre.** Ilustra la diferencia entre la organización formal y la que informalmente funciona en torno al control de las zonas de incertidumbre.

- **Caso 5: Secobat: lo mejor es enemigo de lo bueno.** Se compara el organigrama formal de la organización con las redes informales de actores que apoyan o se oponen al cambio mediante el análisis de sus estrategias, es decir, de sus objetivos y apuestas. Es un paso metodológico adelante respecto del caso del monopolio industrial.
- **Caso 6: La milagrosa reparación a distancia de un robot en Tierra del Fuego.** El buen funcionamiento de sistemas y equipos complejos no depende tanto del conocimiento explícito como del conocimiento tácito que permite entenderse y comunicar informalmente en el seno de redes interpersonales e interorganizacionales de relaciones.
- **Caso 7: Prestigio S.A., un consorcio exportador exitoso.** Ilustra el análisis de las funciones que existen en un entramado exportador y de los actores que las toman a su cargo. La unidad de análisis ya no es la empresa individual, sino la red de organizaciones presentes, en primer lugar, en el territorio de los productores y, en segundo lugar, en los eslabones de las cadenas locales y globales de valor.
- **Caso 8: FECOVITA, una red agroindustrial cooperativa.** El caso es representativo a la vez de una organización en red (de cooperativas de primer grado) y de una de las formas institucionales de la producción menos conocidas, no obstante su importancia económica y social.
- **Caso 9: Trayectorias laborales individuales (CV).** El análisis y la comparación de currículums vitae permiten poner en contraste las trayectorias laborales de la era de las burocracias y de la organización red.

Salvo los tres primeros –incluidos para que el lector reflexione sobre ellos a partir de una serie de preguntas–, el resto de los casos tiene una parte descriptiva inicial y preguntas y ejercicios cuya respuesta y resolución se ofrecen en la tercera y última parte del libro ("Análisis de los casos").

El espíritu crítico y la capacidad de diagnóstico organizacional son, respectivamente, una actitud y una aptitud claves de los profesionales actuales de la administración que el enfoque sociológico y analítico presentado espera contribuir a desarrollar. Esta serie de casos ilustra la aplicación de los conceptos de institución, organización, poder, cultura y comunicación en organizaciones que responden a los tres tipos paradigmáticos presentados aquí: los sistemas cerrados propios de la burocracia y la configuración divisional, los sistemas abiertos, cuya expresión es la adhocracia, y las redes de organizaciones. Además de formas organizativas, los casos también pueden adoptar la forma de currículum de individuos que hacen carrera en organizaciones individuales o construyen su trayectoria individual desplazándose entre organizaciones.

Las problemáticas ilustradas por los casos son:

° Institución:
  - La Agencia Contable y el monopolio industrial son muy antiguas empresas estatales, fuertemente dependientes de un Ministerio para la toma de decisiones.
  - FECOVITA es una gran cooperativa de productores vitivinícolas –no gubernamental y sin fines de lucro– cuyas orientaciones estratégicas son definidas en forma democrática por los miembros reunidos en Asamblea.
  - Secobat, TM+X y Procter & Gamble son empresas privadas controladas por sus propietarios.
° Estructura:
  - La Agencia Contable y el monopolio industrial se distinguen por su muy alto grado de burocratización.
  - La federación de cooperativas FECOVITA y el consorcio de pequeñas y medianas empresas Prestigio son buenas ilustraciones de lo que entendemos por organización red.
° Poder:
  - La Agencia Contable de París ilustra el círculo vicioso burocrático.
  - En una antigua burocracia como el monopolio industrial, donde todo parece haber sido formalizado, subsisten factores de incertidumbre irreductibles, como la rotura de máquinas.
  - Secobat es una empresa familiar que intenta profesionalizar la gestión e incorporar una nueva tecnología, en teoría

excelente, sin tomar adecuadamente en cuenta el punto de vista de los actores presentes en la organización.

- ° Cultura:
  - En el caso de Procter & Gamble se detectan presunciones básicas subyacentes que son el legado de los fundadores en el siglo diecinueve.
  - TM + X evidencia el choque cultural al producirse la fusión entre una empresa familiar local y una empresa meritocrática multinacional, los conflictos culturales en una fusión-adquisición.
- ° Comunicación:
  - La milagrosa reparación de un robot en Tierra del Fuego ilustra el concepto de *traducción* y su funcionamiento en las cooperaciones a nivel internacional.
  - En Prestigio, los productores familiares rompen con el individualismo asociándose para formar un consorcio y las organizaciones están atravesadas por múltiples lógicas de redes y vínculos con otras organizaciones.
  - FECOVITA se posiciona internacionalmente gracias a la intercooperación, a la vez en el plano internacional, mediante alianzas estratégicas con cooperativas de otros países, y en el plano local, gracias al desarrollo de nuevas variedades de uva y de vino por parte de las 20 cooperativas que la integran. Estas últimas se apoyan a su vez en una densa red de intercambios con instituciones provinciales, públicas y privadas, de investigación y desarrollo varietal y de productos, así como de formación de recursos humanos.
- ° Trayectorias individuales:
  - El CV de Rogelio Puebla revela que fue ascendiendo por la pirámide jerárquica de una gran organización, comenzando por los puestos más bajos, a lo largo de su vida.
  - El CV de Ricardo Ontivero ilustra una trayectoria individual basada en el trabajo por cuenta propia, la participación en proyectos y la ocupación de posiciones en diferentes organizaciones.

Si bien los casos ilustran centralmente los conceptos arriba mencionados, a lo largo del libro volveremos sobre ellos para ilustrar la aplicación de otras nociones.

JORGE WALTER Y ZULEMA BEZ

PRIMERA PARTE:

CONCEPTOS Y MÉTODO

1 | Formas institucionales y de organización

JORGE WALTER

Para distinguir las esferas institucional y organizacional recurriremos a la siguiente definición formulada por Manuel Castells (1997, p. 180; el destacado es nuestro):[1]

> Por organizaciones entendemos *sistemas específicos de recursos* que se orientan a la realización de metas específicas. Por instituciones, las organizaciones investidas con la autoridad necesaria para realizar ciertas *tareas específicas* en nombre del conjunto de la sociedad [...]. Por lógicas organizativas entendemos un principio legitimador que se elabora en un conjunto de prácticas sociales derivadas. En otras palabras, las lógicas organizativas son las bases ideacionales de las relaciones de autoridad institucionalizadas.

Se trata de una terminología en apariencia difícil, que requiere por lo tanto explicitación.

En cuanto a sus "tareas –o metas– específicas", distinguiremos tres tipos básicos de institución: las privadas con fines de lucro (las empresas), las públicas (estatales) y las privadas con fines sociales (cooperativas, mutuales, asociaciones).

Debemos entonces comenzar por distinguir los marcos institucionales en los cuales se desenvuelven las organizaciones, encuadrados en formas legales específicas que reflejan, canalizándolas, finalidades diferentes.

---

[1] La distinción entre la esfera institucional y la organizacional en los términos que aquí nos interesan es desarrollada también por Alain Touraine en el capítulo sobre la sociología de la empresa de su libro *La sociedad post-industrial* (1969).

A las organizaciones privadas que persiguen fines sociales les dedicaremos un capítulo específico para tratar de comprender su lógica de funcionamiento, más allá de la variedad de los términos que se utilizan para designarlas según el marco teórico empleado. Decidimos titular el capítulo "Organizaciones de la economía social" para poner énfasis en que se trata de organizaciones que persiguen una utilidad económica, pero dependiente de su utilidad social.

En este capítulo inicial nuestro objetivo es facilitar el desarrollo de una visión comparativa básica acerca de la especificidad y la complementariedad de los tres ámbitos institucionales, como así también de sus problemáticas particulares.

La distinción entre los tres sectores comienza, como dijimos, por el marco legal, variable según los países. Por ejemplo: sociedades anónimas o sociedades de responsabilidad limitada en el caso de las empresas, asociaciones civiles o fundaciones en el caso de las organizaciones de la sociedad civil, organismos descentralizados, autónomos o autárquicos cuando se trata de dependencias de la administración pública. Estas distinciones no son exhaustivas y se mencionan a título ilustrativo.

Dependiente del marco legal es la forma de gobierno, es decir, la forma de tomar decisiones (por ejemplo, asamblea de socios en el caso de una cooperativa) y los agentes con derecho a la toma de decisiones. Propietarios (familiares o accionistas), en el caso de las empresas; donantes, en el caso de las organizaciones sociales; socios reunidos en asamblea, en el caso de las asociaciones o de las cooperativas; personal político elegido en elecciones o designado por concurso en el caso de los organismos de la administración pública (estas particularidades se desarrollan más en detalle en un cuadro que se presenta en el capítulo "Organizaciones de la economía social").

Todo lo anterior conecta directamente con el tema de la legitimidad en la toma de decisiones (su "principio legitimador", en términos de Castells), asunto clave que examinaremos en el capítulo sobre las relaciones de poder.

Establecido someramente lo específico de las diferentes formas institucionales, a continuación nos referiremos primero a las coherencias y luego a las diferencias y/o las complementariedades que pueden plantearse entre las esferas o niveles de lo organizacional y lo institucional.

Coherencias

Es importante distinguir el nivel institucional y el nivel organizacional, pero es necesario remarcar también la coherencia que existe entre ellos.

En cuanto al "principio legitimador", en el capítulo sobre el poder (5) nos referiremos a las formas de legitimidad a partir de la diferenciación clásica formulada por Max Weber entre la legitimidad basada en la tradición (el rey ejerce poder en virtud de su sangre), en el carisma personal (de los grandes y pequeños líderes) y en la ley (el nombramiento en un cargo).

Un ejemplo característico de la coherencia entre niveles se asocia, justamente –y al decirlo adelantamos una idea que desarrollaremos más adelante–, con el respeto de las normas en cuanto lógica imperante en los organismos de la administración pública, que tienden, por lo tanto, a adoptar una forma burocrática de organización (las acciones de gobierno se basan en legislación, que luego se reglamenta para su aplicación por parte de organismos especializados).

Conflictos

Hay problemáticas típicas en la interfaz entre la institución y la organización en los tres sectores: público, privado con fines de lucro y privado con fines sociales.

En el Estado, la relación entre la esfera política y la administrativa plantea dificultades específicas: mientras la prioridad de los políticos suele ser el mantenimiento de tarifas de servicios públicos accesibles a la población de bajos ingresos, la prioridad del personal técnico de carrera es que dichas tarifas tengan un nivel suficiente para hacer posibles las costosas inversiones en infraestructura.

Algo parecido sucede en la relación entre propietarios y gerentes en las empresas privadas: los primeros esperan retirar altos dividendos, mientras que los segundos esperan retener el mayor margen posible para poder invertirlo y mejorar los resultados. Es el clásico conflicto entre la propiedad y el control tratado por la literatura sociológica clásica (Giddens, 1979).

Por último, también es dilemático el vínculo entre los voluntarios y donantes y los profesionales en las organizaciones privadas con fines sociales, caracterizado por Michels, en su obra de 1911 (aquí citada en la edición de 1968) *Political Parties*, como "ley de hierro de la oligarquía".[2]

Complementariedades

Bajo la influencia del Consenso de Washington, en la década de 1990, el Estado se retira en los países latinoamericanos endeudados y a partir de ese momento la dinámica empresarial no resulta suficiente para garantizar la movilidad y la inclusión social. Se instalan estructuralmente la desocupación y la informalidad y una porción de la población queda sumergida en la miseria. Proliferan entonces las organizaciones de la sociedad civil que intentan paliar tales insuficiencias (Eberwein, 2010). Las instituciones de los tres sectores persiguen, en efecto, fines complementarios, todos necesarios, y eventualmente la debilidad de una institución puede compensarse –no siempre es así, sobre todo cuando el Estado se desentiende de funciones esenciales como la salud, la educación o la justicia– mediante el mayor desarrollo relativo de las otras.

Las fronteras entre instituciones tienden así a desdibujarse cuando, por ejemplo, las empresas –y a veces también los

---

2 Para competir electoralmente, el partido socialista revolucionario alemán creó a fines del siglo diecinueve una elaborada estructura. Con el paso del tiempo, el mantenimiento de esta estructura (de los medios para alcanzar el fin) se volvió más importante que el fin para el cual se había desarrollado. Algo parecido sucede, según Francisco Suárez (1995), con la profesionalización de las gerencias en las organizaciones sin fines de lucro.

sindicatos– implementan políticas de responsabilidad social. O cuando las empresas o las Organizaciones No Gubernamentales (ONG) toman a su cargo bajo regímenes de concesión la prestación de servicios públicos, problemática que la ciencia política ha tratado bajo el rótulo de la gobernanza público-privada (o, en otros términos, partenariados público-privados).

CASOS ILUSTRATIVOS

- La Agencia Contable de París
- El monopolio industrial
  Dos empresas públicas burocráticas centenarias dependientes de un ministerio para sus decisiones de inversión e incorporación de personal y para la fijación de los precios de los productos.

- Secobat
- TM + X
  Dos empresas privadas de propiedad familiar en transición hacia formas meritocráticas de gobierno y gestión vía profesionalización de la gerencia.

- El consorcio Prestigio
  La creación del consorcio en 1986 fue una innovación institucional. Los productores exportadores de mejor reputación de cinco ciudades ubicadas a lo largo de doscientos kilómetros sobre la frontera con Uruguay superaron su individualismo y decidieron asociarse "para luchar contra Sudáfrica" en el mercado europeo.

- La federación de cooperativas FECOVITA
  Una cooperativa de productores de uva propietaria de bodegas que participa de una red de instituciones públicas y privadas en la promoción del vino provincial.

2 | Metáforas paradigmáticas: burocracia (maquinal) y adhocracia (orgánica)

JORGE WALTER

Este capítulo es el resultado de una simplificación de la tipología de configuraciones propuesta por Henry Mintzberg (1992, cap. 7), que limitaremos a los casos extremos constituidos por la configuración burocrática maquinal y la adhocracia, y de su articulación con las dos metáforas clásicas que inauguran el libro de Gareth Morgan (1991, pp. 9-64): "la organización como máquina" y "la organización como organismo".[1]

Ambas formas de organización, al difundirse, dieron origen a dos formas desarrolladas: la estructura divisional (ampliamente analizada por Mintzberg) y la organización en red.

Cuando la organización burocrática se generalizó, surgió durante la primera mitad del siglo pasado (por la vía de la integración vertical, la diversificación y la expansión geográfica) la estructura divisional. Cuando esto mismo sucedió medio siglo más tarde (a partir de fines de los años ochenta) con la organización adhocrática, apareció la organización red (Castells, 1996; Berger, 2006).

El diseño de las formas burocráticas confiaba tradicionalmente en la estandarización (en el establecimiento de reglas y en la supervisión de su respeto) como forma principal de coordinación, mientras que el diseño de las formas adhocráticas

---

[1] La metáfora remite por analogía a una imagen de la organización (la de una máquina o la del organismo vivo) y le atribuye sus rasgos básicos. Recurriendo a diferentes metáforas es posible variar la perspectiva de análisis sobre el mismo objeto. Las denominamos paradigmáticas porque corresponden a dos enfoques básicos y conceptualmente opuestos del fenómeno organizativo. En ese sentido, combinan una doble virtud: por un lado, la cercanía con la experiencia y la prueba por la práctica en tanto metáforas, y, por otro, la abstracción rigurosa en tanto paradigmas.

contemporáneas confía sobre todo en los enlaces, es decir, en la comunicación informal entre los miembros de la organización.[2] Los niveles organizativos van de lo micro a lo macro: en primer lugar, los puestos de trabajo (posiciones individuales); en segundo lugar, la organización en su conjunto (estructura) y, por último, la relación entre la organización y otras organizaciones, es decir, el nivel interorganizacional (por ejemplo, las redes de subcontratación).

Respecto de los mecanismos de coordinación, las organizaciones burocráticas definen estándares para los siguientes cuatro elementos: los procesos de trabajo (quién hace qué, y cómo, destinando a ello cuánto tiempo), los valores (qué tipo de actitudes y comportamientos se esperan de las personas), las habilidades (qué formación profesional o capacitación para la tarea se requiere) y los resultados (el rendimiento esperado). Por su parte, las estructuras adhocráticas establecen enlaces internos a la tarea y entre puestos de trabajo, entre sectores dentro de la organización y entre la organización y otras organizaciones.

Finalmente, los parámetros de diseño, es decir, la forma concreta de implementar la coordinación, son dispositivos, como los sistemas de gestión de la calidad (entendiendo por tales un conjunto articulado y, a veces, certificado, de herramientas y reglas), herramientas, como los análisis estadísticos de procesos, y/o reglas, como los procedimientos de trabajo.

En la elaboración de los cuadros 1 y 2 retomamos del esquema analítico propuesto por Mintzberg únicamente los mecanismos de coordinación y los parámetros de diseño (que redefiniremos en nuestros propios términos). Además, incluimos la distinción de tres niveles organizativos: las posiciones individuales, la estructura y las redes interorganizacionales (cuando Mintzberg escribió sus textos sobre estructura en los años ochenta, éstas aún no constituían, como sucede hoy, un asunto clave en las decisiones de

---

[2] *Ad hoc* significa "en función de", es decir que son flexibles y adaptables al tipo de problema que se plantee.

diseño).[3] La columna de la derecha vincula el esquema analítico y la tipología con generaciones específicas de tecnologías de gestión. Éstas son dispositivos (como el organigrama o un sistema de gestión, por ejemplo, "justo a tiempo"), herramientas analíticas (como un balance o las siete herramientas de la calidad) o reglas, como las establecidas en un manual de procedimientos (Walter, 2002).

Cuadro 1. Burocracia: niveles, mecanismos de coordinación, parámetros de diseño y tecnologías de gestión

Nivel	Mecanismo de coordinación	Parámetro de diseño	Tecnologías de gestión
Posiciones individuales	Estandarización de los procesos de trabajo	Supervisión directa	Gerente general, gerente de área, jefe de taller, supervisor de línea, etcétera.
		Formalización del comportamiento	Procedimientos de trabajo; reglas de seguridad.
	Estandarización de los valores	Adoctrinamiento	Visión, misión, valores.
	Estandarización de habilidades	Capacitación (especialización)	Cursos de capacitación para la tarea; cursos de inducción.
		Formación profesional	Carreras universitarias de grado y posgrado; formación continua.
Estructura	Estandarización de resultados	Separación de unidades	Filiales por países o regiones, divisiones por tipos de producto o cliente, áreas funcionales.
		Sistemas de planeamiento y control de gestión	Planes y programas, Planificación de Recursos Empresariales (ERP), bases de datos, indicadores de gestión (tableros de comando).
Redes	Estandarización de las relaciones entre organizaciones	Contratos	Contratos de corto plazo, basados en precios.

---

[3] La cuestión fue tempranamente abordada por Sabel, Helper y MacDuffie (1997). Según Suzanne Berger (2006), las dos decisiones claves relativas a ese nivel son las siguientes: ¿lo hacemos nosotros o lo subcontratamos?, ¿lo hacemos aquí o en el extranjero?

Cuadro 2. Adhocracia: niveles, mecanismos de coordinación, parámetros de diseño y tecnologías de gestión

Nivel	Mecanismo de coordinación	Parámetro de diseño	Tecnologías de gestión
Posiciones individuales	Enlaces internos de la tarea	Autonomía (polivalencia / empoderamiento)	Buzones de ideas, rotación de puestos.
	Enlaces entre posiciones individuales	Grupos permanentes	Grupos de mejora continua; círculos de calidad.
		Grupos transitorios	Grupos de análisis de accidentes o incidentes.
Estructura	Enlaces intersectoriales	Posiciones de enlace	Delegado de recursos humanos en planta, gerente de producto.
		Gerentes integradores	Director de sistemas de información (CIO), administradores de bases de datos.
		Estructura matriz	Combinaciones función-mercado (producto, cliente y / o área geográfica).
Redes	Enlaces interorganizacionales	Acuerdos de cooperación	Convenios, alianzas, consorcios, *joint ventures*.

Fuente: elaboración propia a partir de Mintzberg, 1988.

Las organizaciones burocráticas han tenido la virtud de aunar la durabilidad, la capacidad productiva y la productividad (capacidades ilustradas por la famosa fábrica de autos "siempre negros" de Ford en Detroit). Como contrapartida, su énfasis en la estandarización (en la formalización) tendió y tiende a convertirlas con el paso del tiempo en elefantes somnolientos, llenos de inercias e inflexibilidad.

Por eso, a partir de la segunda mitad del siglo pasado se ha buscado flexibilizarlas introduciendo todo tipo de enlaces, es decir, recurriendo a la forma de coordinación más básica y elemental: la relación interpersonal cara a cara (también denominada "adaptación mutua").

Burocracia

La clave de lo que en su momento (comienzos del siglo veinte) se consideró el principal logro del diseño "moderno" (por oposición al paternalismo y al nepotismo prevalecientes hasta ese momento) y el símbolo mismo de la modernidad residía, según los doctrinarios clásicos de la administración (Weber, Taylor, Fayol), en la subordinación de los intereses del individuo a las exigencias de la estructura (lo contrario del "acomodo"). Primero, se debía decidir qué hacer y cómo, y luego seleccionar, capacitar, incentivar y controlar a las personas de modo tal que adecuaran su interés individual al interés colectivo, organizacional.

Durante la primera década del siglo pasado, Frederick Taylor y Henry Fayol, fundadores de una corriente conocida como *Scientific Management*, "gestión científica", concibieron una serie de "principios universales de la buena administración" (se les asignaba valor universal por ser un producto del "estudio científico" de la organización del trabajo). Siguiendo a Morgan (1991), algunos de esos principios son:

- La unidad de mando: una persona no puede tener más de un jefe.
- El encadenamiento escalar: siempre se debe comunicar hacia arriba o afuera por intermedio del superior, jamás directamente por vía horizontal.
- La separación de la concepción y la ejecución: la concepción del sistema normativo de la organización debe quedar a cargo exclusivamente de los técnicos; los ejecutantes deben poner esas normas en práctica sin haber participado en su definición.
- El establecimiento de procedimientos mediante un estudio científico (el análisis de tiempos y movimientos) de los procesos de trabajo.
- La separación del *staff* (compras, finanzas, recursos humanos, ingeniería, áreas que se ocupan de crear las condiciones y definir los procedimientos, planes y programas para que la producción pueda realizarse) y la línea (que se dedica a producir el bien o el servicio).

- La selección del personal en función de los requerimientos del puesto tal como fue definido por los técnicos.
- La capacitación para la tarea, es decir, para la realización de los movimientos del modo y según los tiempos definidos por los técnicos.
- El control del cumplimiento de los planes y programas, y el respeto de los métodos y tiempos de trabajo.
- Los sistemas de incentivos monetarios basados en el rendimiento (la productividad).

Posiciones individuales

La gran preocupación de Taylor y Fayol a comienzos del siglo pasado residía en lograr que los operadores se comportaran en forma previsible o, dicho en otros términos, en formalizar su comportamiento mediante el establecimiento de reglas (la estandarización de los procesos de trabajo) y la vigilancia estricta y cercana de su cumplimiento (la supervisión directa del desempeño).

Los estándares se referían a cosas tales como el flujo de materiales (regularizado mediante el diseño del *lay-out* de las instalaciones: señalizaciones, vías de circulación, barreras, etcétera), los procesos y equipos (mediante el equilibrio de las líneas, el diseño de las máquinas, dispositivos y tableros de comando), los tiempos y movimientos al realizar las tareas (mediante manuales de procedimientos).

Además de la estandarización de los procesos de trabajo, también es posible estandarizar los valores que la organización desea promover: "la seguridad es prioritaria", se dice, por ejemplo, en las organizaciones que procesan materiales peligrosos (como la industria nuclear, química, petroquímica, o las líneas aéreas).

La metodología utilizada para definir los valores que la organización desea promover son los ejercicios de planeamiento, a los que nos referiremos más adelante cuando nos ocupemos del nivel más amplio de la estructura organizacional.

Una vez definidos los estándares de procesos y valores, la preocupación de los "padres de la administración" se trasladó a la manera de inculcarlos en los trabajadores, mediante la estandarización de sus habilidades. Una forma de lograrlo es la capacitación; cuando la capacitación se refiere a los valores, la denominamos *adoctrinamiento*. Ejemplos de capacitación-adoctrinamiento son los cursos de inducción que reciben los jóvenes profesionales al ingresar en grandes empresas, las tutorías en el puesto de los operarios nuevos por parte de operarios con experiencia o los programas de desarrollo de competencias actitudinales sobre, por ejemplo, liderazgo, responsabilidad, trabajo en equipo, etcétera.

Otra forma de estandarizar habilidades es la formación profesional, pero ella se realiza generalmente fuera de la organización, en las universidades. La cuestión clave pasa a ser, en estos casos, la selección del personal que se contrata y la calidad y la actualización de las formaciones que se imparten en el sistema educativo.

Estructura

El diseño de estructuras burocráticas pone énfasis en la separación de unidades por funciones/especialidades. Esto sucede no sólo en el nivel administrativo-gerencial (finanzas, márketing, producción, ingeniería, recursos humanos, etcétera), sino también en el nivel de los puestos de trabajo (cada operario realiza una tarea especializada, encadenada sucesivamente con las otras en la línea de montaje: martillar, soldar, atornillar...). En materia, por ejemplo, de gestión de la calidad, la seguridad o el medioambiente, consiste en la creación de un área especializada en el tema, cuyo nivel en la jerarquía (dirección, gerencia, jefatura) y su autonomía o dependencia de otra área normalmente se relaciona con la importancia que los directivos le atribuyen al tema.

Las organizaciones pueden diferenciarse también según los mercados que intentan alcanzar. Ello sucede generalmente cuando una burocracia inicia un proceso de expansión hacia nuevas áreas geográficas, incorpora nuevos productos o desarrolla nuevos clientes. Hay, en efecto, tres formas de separación de unidades según mercados: por áreas geográficas (filial argentina, filial chilena, etcétera), por tipos de producto (camiones y automóviles, divisiones típicas de una empresa automotriz), por tipos de cliente (empresas versus hogares, divisiones típicas de las empresas de telefonía fija). Las estructuras burocráticas diferenciadas según mercados se denominan *divisionales*.

Para entender cómo está estructurada una organización divisional (que es la forma característica que adoptaron las empresas multinacionales clásicas), Henry Mintzberg propone la imagen de la fogata, en la que los troncos más grandes han sido colocados afuera, los intermedios a continuación y finalmente, en el centro, las ramitas. Veamos ahora el ejemplo de una empresa automotriz tradicional: el principio más importante de separación de unidades –los troncos más grandes– es el geográfico (filiales por países), el segundo principio en orden de importancia son los tipos de producto (en el nivel de cada filial: planta de fabricación de automóviles, planta de fabricación de camiones) y el tercer y generalmente último principio es el funcional (áreas funcionales de compras, producción, ingeniería, administración, comercialización, etcétera, específicas y diferentes para cada tipo de producto). En una estructura como la anterior, el gerente general ubicado en la casa matriz está jerárquicamente por encima del gerente de la filial. Del gerente de la filial dependen, a su vez, los gerentes de producto y de éstos, los gerentes de área funcional.

Para entender una forma divisional hay que preguntarse, por lo tanto, cómo están jerarquizados en ella los diferentes principios de separación de unidades (lo cual es importante para comprender en qué consisten las estructuras de tipo matricial, a las cuales nos referiremos más adelante).

El parámetro de diseño que conecta internamente los diferentes niveles de una estructura divisional es, típicamente, su sistema de planeamiento y control de gestión. El mecanismo de coordinación que dicho sistema permite implementar es la estandarización de resultados: ¿cuánto se planeó al comienzo del período que la filial ganaría? (planeamiento) / ¿cuánto efectivamente ganó la filial al final del período? (control de gestión).

El mismo razonamiento se aplica, por supuesto, a los resultados en materia de calidad, seguridad o medioambiente: la implementación de un sistema de gestión de la calidad, la seguridad o el medioambiente y la certificación de normas sobre estos temas en todas las filiales es el dispositivo que se implementa en las estructuras divisionales para gobernarlas en función de sus indicadores de gestión. Por ejemplo: las tasas de desperdicio por problemas de calidad, o la frecuencia y la gravedad de los accidentes o incidentes en materia de seguridad y/o medioambiente.

A continuación ofrecemos un ejemplo, para entender el porqué de esta forma de coordinación basada en indicadores abstractos, *a priori* y *ex post*, de resultados.

Un artesano y su amigo contador deciden montar una empresa. Uno se ocuparía de la producción y el otro de la administración y de los clientes (separación de unidades por funciones). Fabrican camisas, les va bien y comienzan a tomar operarios y empleados. Crecen y ya no dan abasto para supervisar todo personalmente. Promueven entonces a uno de los empleados y a uno de los operarios para que actúen como supervisores respectivamente en la administración y en la producción (supervisión directa). Aparece, por lo tanto, un nivel jerárquico entre ellos y los operadores: toma forma así el organigrama. Siguen creciendo y los supervisores no dan abasto para formar a los nuevos operadores. Los dueños contratan entonces a un ingeniero que analiza los procesos de trabajo y redacta un manual de procedimientos (estandarización de los procesos de trabajo). Otro consultor –una licenciada en Educación– organiza cursos para instruir a los nuevos ingresantes (capacitación). La estandarización de los métodos y tiempos de trabajo y la capacitación alivian a los supervisores, que ya no tienen que formar ellos mismos a los nuevos operadores. Como la empresa sigue viento en popa, los dueños deciden abrir una filial en un país vecino. Resulta que todo es diferente allí: las regulaciones económicas y del mercado de trabajo, la disponibilidad de personal, el comportamiento de los clientes, etcétera. Contratan a alguien de ese país, con experiencia exitosa en negocios en ese contexto y lo dejan organizar la actividad como mejor le parezca. Eso sí, le piden que a principios de cada año formule una previsión de ventas y ganancias y a fin de año rinda cuentas. De ese modo, controlarán la filial a distancia sin involucrarse directamente en su forma de organización. Pronto la empresa deberá adquirir una computadora más potente y un *software* de gestión apropiado (sistema de planeamiento y control de gestión). La historia puede seguir: pasados algunos años se descubre que el gerente de la filial obtiene buenos resultados económicos, pero para lograrlo ha subcontratado empresas que emplean niños y personal indocumentado. La noticia sale en los diarios y afecta seriamente la imagen de la empresa. El gerente es despedido y la empresa establece y hace público un código de ética que ésta y las nuevas filiales que se creen en el futuro deberán respetar (estandarización de valores).

La estandarización de resultados, llevada a la práctica mediante sistemas de planeamiento y control de gestión, es la forma típica de coordinar a distancia, desde una sede central, divisiones a cargo de áreas geográficas, tipos de productos o de clientes diferentes. Más allá de las diferencias, lo que hace posible la coordinación centralizada es la utilización de unidades homogéneas de medida (ganancias o pérdidas medidas en dólares, tasas de frecuencia y gravedad de los accidentes, etcétera).

De lo anterior resultan dos debilidades intrínsecas de este tipo de estructura. En primer lugar, problemas de comportamiento ético de los directivos divisionales derivados del énfasis en los resultados más que en los medios utilizados para alcanzarlos, con la consiguiente necesidad de recurrir a la estandarización de valores (códigos de ética, políticas de Responsabilidad Social Empresarial) para contrarrestarlos. Entre este tipo de comportamientos se incluye, por supuesto, la "contabilidad creativa" en materia de indicadores de resultado. En segundo lugar, la tendencia de los directivos divisionales a recurrir a la forma burocrática tradicional (basada en la reglamentación y el control jerárquico estricto de su cumplimiento) para asegurarse de que los resultados serán alcanzados (y la imagen ante la casa matriz será preservada).

Las tendencias burocráticas propias de las estructuras divisionales no se limitan al interior de la propia organización, sino que se extienden hacia las redes de subcontratación.

Redes

En las organizaciones burocráticas, poderosas y cerradas sobre sí mismas por naturaleza, se suele desconfiar de todo aquello que no sea hecho en ellas y por ellas. Debido a esto, tienen tendencia a integrarse verticalmente. Cuando disponen de proveedores externos alternativos, la coordinación que establecen con ellos vía contratos pone énfasis en la especificación detallada de los bienes y servicios a ser provistos (requerimientos técnicos, plazos, precios, etcétera) y en las cláusulas de garantía como modo de asegurar la provisión. Dicho en otros términos, la coordinación se basa en la estandarización de la relación interfirmas privilegiando el menor precio del bien y/o el servicio que proveen los subcontratistas y haciéndolos competir para obtenerlo, es decir, estableciendo con ellos un vínculo inestable, de corto plazo. Los especialistas en cadenas de valor denominan *cautivo* a este tipo tradicional de redes de subcontratación (Gereffi, Sturgeon y Humphrey, 2005).

Adhocracia

También siguiendo a Morgan (1991), veamos en qué consisten los principios que son la fuente de inspiración de este nuevo modo de organización, la adhocracia.

Los enlaces, mecanismo de coordinación característico de las organizaciones adhocráticas, son tributarios directos de la teoría de los sistemas abiertos enunciada en los años sesenta por el biólogo Ludwig von Bertalanffy que, frente a la metáfora de la máquina burocrática, cerrada sobre sí misma, nos propone al organismo vivo, con su dependencia (para alimentarse) y sus capacidades de adaptación a –y modificación de– su entorno, como un nuevo modelo mental para pensar las organizaciones. Las organizaciones de tipo adhocrático, o innovador, tienen justamente esa propiedad fundamental, pues los enlaces procuran contrarrestar los defectos inherentes (rigidez, dificultad de adaptación, etcétera) derivados de la aplicación de los "principios universales de la buena administración" que reseñamos más arriba. Así, por ejemplo:

- ° La estructura matricial rompe con:
    - La unidad de mando (Fayol): En una estructura matricial se puede depender de más de un jefe y es normal ocupar

posiciones de nivel jerárquico diferente simultáneamente (liderar algunos proyectos, formar parte del equipo con carácter de subordinado en otros y ocupar –o no– un cargo de responsabilidad en un área de staff como, por ejemplo, la oficina de ingeniería).

- El encadenamiento escalar (Fayol): La estructura matricial promueve un flujo transversal de comunicaciones –irrespetuoso de las fronteras y los niveles jerárquicos– a través de la estructura.

° El trabajo en equipo y las posiciones de enlace rompen con principios como:

- La especialización horizontal y vertical (Taylor): el enriquecimiento de tareas (la polivalencia, la polifuncionalidad) y el *empowerment* (la delegación de responsabilidades en el operador) procuran contrarrestarla.
- La subordinación de los intereses individuales a los objetivos de la organización (Fayol): si desea retener "talentos", la organización debe tomar en cuenta las capacidades, intereses e iniciativas individuales de sus miembros.
- La separación staff/línea (Fayol): la línea se hace cargo de las responsabilidades de staff (como en el caso de la gestión integrada: el gerente de operaciones es el principal responsable por la seguridad, no el área de seguridad que le presta asesoramiento).
- La separación concepción/ejecución (Taylor): las iniciativas de mejora pueden provenir de la base de la organización. Se abandona una concepción *top-down*, arriba-abajo, de la toma de decisiones y se adopta otra, caracterizada por ciclos de divergencia (apertura de las discusiones para que se expresen los diferentes puntos de vista de los operadores) y convergencia (síntesis de los puntos de vista y adopción de una decisión: rol del líder de equipo).
- Los incentivos monetarios, basados en el rendimiento: brindar oportunidades de aprendizaje (que permiten a los miembros preservar su "empleabilidad") es un factor clave de motivación.

- Y, a nivel interorganizacional, la integración vertical: por oposición a las relaciones de cooperación y el desarrollo de vínculos de confianza con los subcontratistas.
- Si, por último, nos alejamos de los principios y nos situamos a nivel del paradigma, el concepto central de la teoría de sistemas abiertos, por oposición a los sistemas cerrados que inspiraron a los clásicos de la administración, es la retroalimentación entre el organismo y el medio con el cual se relaciona. Éste es el mecanismo central del aprendizaje organizacional (del "retorno de experiencia"), y no es necesario multiplicar los ejemplos para dar cuenta de su importancia para la gestión de la calidad, la seguridad y el medioambiente. Este mismo principio se extiende hoy a la relación entre organizaciones, es decir, al aprendizaje en cooperación interorganizacional.

La forma adhocrática no está exenta de problemas. Por ejemplo, la "reunionitis", por la proliferación de grupos de resolución de problemas, a todo nivel. O el estrés y el agotamiento, por la tendencia de sus miembros a participar simultáneamente en demasiadas actividades no siempre compatibles entre sí, que se combinan con la ambigüedad y la inestabilidad, porque el organigrama y las posiciones dentro de él cambian permanentemente. El verdadero talón de Aquiles de las adhocracias es, sin embargo, la ineficiencia, porque por definición –en tanto su mayor aptitud reside en la capacidad para enfrentar incertidumbres, no para respetar reglamentos– tienen dificultades serias para cumplir con los cronogramas y mantener bajo control los presupuestos.

Las estructuras de tipo adhocrático, también llamadas *innovadoras*, promueven la coordinación entre sus miembros mediante la adaptación mutua; recurren para ello a una variedad de enlaces cooperativos (una forma de comunicación horizontal prohibida en las burocracias, para las cuales el "encadenamiento escalar" vertical es uno de los principios claves de la buena administración). Veamos en qué consiste esa variedad de los enlaces.

Enlaces micro, en y entre posiciones individuales

Hay dos tipos de enlaces micro: los enlaces internos de la tarea y los enlaces entre posiciones individuales.

Los enlaces internos de la tarea tienen la finalidad de dotar de autonomía al trabajador en el puesto de trabajo. El grado de autonomía del trabajador depende de dos factores: su influencia y su independencia en la realización de las tareas. La influencia tiene que ver con la variedad de tareas que realiza y la independencia con la libertad para decidir sobre el modo de realizarlas. En la tradición del *management*, el incremento de la influencia se logró mediante el enriquecimiento de tareas (origen de la polivalencia) y la independencia se desarrolló mediante el empoderamiento *(empowerment)*, que intentaron reintegrar lo que el taylorismo había separado al simplificar las tareas complejas y asignar las "migajas" a trabajadores individuales sin calificación, debidamente supervisados para garantizar el respeto de los tiempos y los movimientos. En el campo de la calidad, la seguridad y el medioambiente, el enriquecimiento se logra, por ejemplo, mediante la reintegración de esos temas como una responsabilidad primaria del operador. El empoderamiento puede lograrse, en cambio, mediante la participación de los operadores en el análisis de problemas de calidad, seguridad o medioambiente, y en el diseño de procesos por parte de las oficinas de ingeniería, además, por supuesto, del derecho efectivo a detener la producción cuando la calidad, la seguridad o el medioambiente están en riesgo.

Los enlaces entre posiciones individuales pueden consistir en grupos de trabajo permanentes (para resolver problemas de coordinación habituales entre puestos) o en grupos de trabajo transitorios (para resolver problemas puntuales y específicos que se plantean circunstancialmente). He aquí algunos ejemplos que hemos tomado del campo de la gestión de la seguridad y el medioambiente:

o Grupos de trabajo permanentes. Pueden ejemplificarse con las reuniones al comienzo de cada jornada de trabajo (para, por ejemplo, anticipar los riesgos que pueden presentarse en las tareas programadas para el día y definir procedimientos de trabajo seguro) o las reuniones semanales del supervisor con el grupo de operarios a su cargo para discutir sobre los problemas de seguridad o ambientales del sector y actuar en consecuencia. Asimismo, las reuniones periódicas (o extraordinarias, pero en tal caso se inscriben en la próxima categoría) del Comité Paritario de Higiene, Seguridad y Medioambiente (que cumple también, como veremos más adelante, el rol de una "posición de enlace" empresa-sindicato).

o Grupos de trabajo transitorios. Típicamente se ubican aquí los grupos de análisis de accidentes o incidentes laborales o ambientales, que se constituyen en función del problema específico que los convocó. Pero también las tutorías de los empleados nuevos por parte de antiguos con experiencia (para la transmisión del conocimiento tácito mediante demostraciones en el desempeño de la tarea). Asimismo, las visitas de puestos de trabajo para sensibilizar y comprometer directamente a los gerentes (mediante una escucha responsable de los operadores) con las problemáticas de la calidad, la seguridad o el medioambiente en el terreno. Y, por supuesto, las notificaciones de riesgos, que procuran canalizar la participación de los operadores en la mejora de la gestión, y que cuando son utilizadas constructivamente por los operadores constituyen la evidencia más importante de la instauración de una cultura preventiva e integrada de gestión de la calidad, la seguridad y el medioambiente. Los ejemplos pueden multiplicarse porque los grupos transitorios pueden ser tantos y tan variados como lo sea la creatividad aceptada y promovida por la organización.

Enlaces intersectoriales a nivel de estructura

Nótese, en primer lugar, que los grupos permanentes y los grupos transitorios también pueden constituirse entre áreas administrativas.

Pero hay tres tipos específicos de enlace cuyo rol es vincular funciones en el nivel de la estructura en su conjunto: las posiciones de enlace, los gerentes integradores y la estructura matriz.

- Posiciones de enlace para coordinar el trabajo de dos unidades: es el caso del representante del área de calidad, seguridad o medioambiente de la filial "X" en la sede corporativa (para que las normas corporativas se dicten tomando en cuenta la especificidad de los problemas de seguridad que se plantean en la filial). También es el caso del vocero del área de seguridad presente en la Oficina de Ingeniería de Procesos (para que los ingenieros de procesos incorporen criterios de seguridad en su diseño).

- Gerentes integradores, que no tienen autoridad sobre las unidades que vinculan sino sobre algo que es importante para ellas: es el caso de los administradores del sistema de información que genera los indicadores claves de desempeño (KPI) de diferentes sectores. Lo mismo vale para los responsables del sistema de información mediante el cual se procesan las notificaciones de riesgos realizadas por el personal, para que alguien luego los analice y los transforme en acciones concretas a realizar en diferentes sectores.

- Estructura matriz, que a diferencia de la fogata divisional combina –no separa– en forma equilibrada –no jerarquizada– los principios de separación de unidades. Como ya lo adelantamos, entender previamente la "fogata" divisional (la jerarquía de principios de separación de unidades característica de las estructuras divisionales) es clave para entender las estructuras de tipo matricial. El punto importante a tener en cuenta es el siguiente: en vez de separar y jerarquizar los principios de agrupación, en las estructuras de tipo adhocrático se los combina colocándolos en un pie de igualdad. La forma más común de estructura matricial es aquella que combina equilibradamente una estructura burocrática clásica, vertical, por funciones (gerencias de finanzas, producción, ingeniería, márketing, recursos humanos, etcétera) con una segunda estructura transversal por programas/proyectos (Direcciones de Programa y Jefaturas de Proyecto, como en el Programa Apolo de la NASA, y sus Proyectos Apolo 1, Apolo 2, Apolo 3, etcétera). El punto clave a tener en cuenta es que en ambas estructuras se desenvuelven las mismas personas. En segundo lugar, que un miembro de la organización que ocupa una posición subordinada en un área funcional de la estructura burocrática (cuando pensamos en jerarquías, siempre pensamos en ese tipo de estructuras tradicionales) puede, por ejemplo, liderar un proyecto cuyo presupuesto sea varias veces superior al que maneja su jefe directo en el área funcional en la que tiene su oficina. Más aún: en el éxito de ese proyecto puede estar en juego la imagen de la organización en su conjunto. Cuando un gerente de operaciones toma bajo su responsabilidad primaria la seguridad, también estamos en presencia de una lógica matricial. El objetivo de la gestión integrada de la producción, la seguridad y el medioambiente es combinar en forma equilibrada tales imperativos colocándolos bajo la responsabilidad de la misma persona.

Enlaces interorganizacionales: el énfasis en la cooperación

Los procesos de reducción de tamaño y de externalización de actividades que han tenido lugar durante las últimas décadas han ido progresivamente desmontando las viejas estructuras divisionales integradas verticalmente y han dado origen a una nueva forma de organización que ciertos autores han denominado transaccionales, o "nudos de contratos" (Walter, 2002). Los acuerdos de cooperación son el parámetro de diseño empleado en estos casos. Se formalizan, dependiendo de los marcos legales en cada país, bajo la forma de consorcios, *joint ventures*, etcétera, y una forma particular de contratos, los contratos relacionales (Campbell, 2004) o "contratos para la innovación" (Gilson, Sabel y Scott, 2009), de mediano o largo plazo, basados en la confianza, que permiten a los subcontratistas innovar en materia de procesos, productos y formas de organización, coordinándose con ellos mediante enlaces interorganizacionales como los equipos interorganizacionales (permanentes y/o transitorios), las posiciones de enlace y/o los gerentes integradores.

En el ámbito de la gestión de la seguridad, estableció este tipo de vínculos contractuales de mediano o largo plazo una empresa petrolera multinacional instalada en la Patagonia argentina que recurre masivamente a la subcontratación de empresas locales para las obras de construcción. Dicha empresa exige a los subcontratistas la creación de una estructura propia de higiene y seguridad y colabora con ellos en la formación del personal que necesitan para que puedan garantizar la seguridad en las obras con autonomía (Walter, 2017).

Los enlaces interorganizacionales no se limitan, sin embargo, a la subcontratación. También tienen un rol importante cuando propician la colaboración entre sindicatos y empresas mediante grupos permanentes como las Comisiones Paritarias de Higiene y Seguridad. Asimismo, pueden tener un rol fundamental en el desarrollo de relaciones de confianza con la comunidad cuando las actividades que realizan las empresas implican riesgos para las poblaciones localizadas en la vecindad de sus instalaciones (como sucede, por ejemplo, en el Polo Petroquímico de Bahía Blanca).

Redes

Dado que se trata de un nivel de análisis que agregamos al modelo analítico de Mintzberg, esbozaremos a continuación una clasificación básica de las redes técnico-económicas referida a las cadenas de valor, incluyendo la dimensión institucional (colaboraciones público-privado, por ejemplo) y la dimensión territorial (por ejemplo, sistemas locales, nacionales o regionales de innovación).

Las organizaciones burocráticas divisionales y las adhocráticas establecen convenios o contratos con otras organizaciones que les proveen servicios o con las cuales se asocian para realizar determinadas actividades. En el primer caso –redes cautivas–, se trata de vínculos de subordinación consistentes en hacer competir a las organizaciones contratadas con otras organizaciones que ofrecen el mismo servicio. La relación no se basa en estos casos en la confianza, que se construye con constancia y en el largo plazo, sino, sobre todo, en el precio acordado en el momento de la transacción. El ejemplo típico es el de las redes de subcontratación de las empresas automotrices clásicas. En el segundo caso –redes modulares–, se trata de vínculos de colaboración basados en la complejidad, la especificidad y la difícil replicabilidad de lo que provee el contratado, que en muchos casos es un asociado, de modo tal que el contratista tiene interés en desarrollar con él un vínculo de mediano o largo plazo basado en la confianza. El ejemplo típico es el de las relaciones que una empresa automotriz como Toyota ha mantenido con sus proveedores de partes (Womack, Jones y Roos, 1992).

Las alianzas estratégicas, las *joint ventures* y las organizaciones en red modular son la forma de organización de la producción o los servicios que "aparece" cuando la forma adhocrática se generaliza y las viejas formas burocráticas se desestructuran vía procesos de reducción de tamaño *(downsizing)*, eliminación de niveles jerárquicos y tercerización, tras lo cual lo que antes se hacía en su mayor parte en el interior de una firma individual, ahora se realiza en módulos separados a cargo de organizaciones independientes que se asocian para realizar actividades conjuntas.

Esto es así porque en las organizaciones adhocráticas los miembros están preparados para el trabajo en proyectos, en plural, que según Castells (1997) son la nueva unidad del análisis organizacional.

Mientras la organización burocrática se caracterizaba por la desconfianza respecto a otras organizaciones y la tendencia a hacer todo dentro de ella (organización cerrada) en vez de subcontratarlo, el buen o mal funcionamiento de la organización transaccional se basa en la construcción de una confianza "basada en procesos" (Humphrey y Schmitz, 1998) entre las contrapartes.[4]

---

[4] Confianza basada en que lo acordado se cumplirá, que se adquiere cuando eso sucede reiteradamente a lo largo del tiempo, incluidas las circunstancias difíciles. La palabra "proceso" alude a la provisión del servicio según lo prometido, por oposición a la confianza en que eso sucederá basada en rasgos particulares, como la pertenencia a la misma familia o comunidad étnica, es decir, en factores ajenos a la propia transacción.

CASOS ILUSTRATIVOS

Para burocracia:
- La Agencia Contable de París
- El monopolio industrial

Para adhocracia:
- Ver en el film *Apolo 13* (1995): dos equipos –tripulación en vuelo y comando en tierra– que toman decisiones bajo presión interactuando entre sí para resolver problemas complejos en un entorno dinámico, signado por la fuerte incertidumbre, mediante un abundante recurso a todo tipo de enlaces.

3 | Contexto histórico

JULIA ROFÉ Y GRACIELA CARLEVARINO

En este capítulo se analizará el contexto histórico, privilegiando su dimensión socioeconómica, en el que surgen las tipologías organizativas: burocracia, adhocracia y organización red.

Sabemos que, en su relación con la naturaleza, las personas intentaron controlar el medioambiente para sobrevivir apropiándose de los recursos disponibles para lo cual establecieron relaciones con otras personas que adoptaron la forma de la familia, el clan, la tribu o la aldea, entre muchas otras.

La industrialización, con la aparición de la fábrica como unidad de producción, de los trabajadores asalariados y de las organizaciones empresariales y sindicales, trajo aparejado un debate sobre el porqué y el para qué de las organizaciones. Las primeras teorías aparecieron a fines del siglo diecinueve y principios del siglo veinte y se centraron en el modelo burocrático de organización, forma de diseño predominante para el desarrollo del capitalismo industrial en su segunda fase, que caracterizó no sólo a las organizaciones con finalidad lucrativa, sino también a las estatales, las religiosas, las educativas y los hospitales, entre otras.

La industrialización comenzó a mediados del siglo dieciocho en Inglaterra. Significó el pasaje de una sociedad agrícola a otra en la que predominaba la industria como principal forma de producción en un proceso gradual y heterogéneo con diferencias regionales y ritmos distintos. Sustentada en la libertad de los mercados, su régimen político se basó en los principios del liberalismo, en las garantías individuales y en el derecho a la propiedad privada.

Emergió así una nueva sociedad burguesa, industrial, capitalista, liberal y urbana. La urbanización capitalista fue el soporte de la industria y la fábrica su unidad de producción, en la que aparece una división social y técnica del trabajo.

El trabajador recibía un salario a cambio de su trabajo en cuanto hombre libre mientras surgían nuevas condiciones laborales y de vida. Se produjo una racionalización en el uso del tiempo pues el obrero organizaba su vida en torno al trabajo, cumplía largas jornadas respetando un horario de entrada y de salida y adaptando su vida cotidiana a las exigencias de la producción.

En la segunda mitad del siglo diecinueve se incorporaron nuevos países al proceso de industrialización: Estados Unidos, Alemania, Japón, Francia y Holanda, entre otros, que competían con Inglaterra por mercados y materias primas. Se produjo una aceleración del progreso técnico y un cambio en la relación entre la ciencia, la técnica y la industria, pues el laboratorio de investigaciones se incorporó a las empresas para generar descubrimientos que pudiesen ser aprovechados industrialmente.

El petróleo y la electricidad fueron las nuevas fuentes de energía. En la metalurgia y en la industria química también tuvieron lugar importantes transformaciones con la aparición del plástico, los perfumes y los cosméticos. La gran industria alcanzó su apogeo.

El capitalismo y sus etapas

Tendencia a la concentración

La empresa capitalista de la era burocrática tendía a la concentración y a la integración de los procesos productivos que, por su complejidad, hacían necesaria una infraestructura cada vez más costosa, no solamente en las plantas industriales, sino también en la relación entre el laboratorio, la unidad productiva y las cadenas de distribución.

Por su parte, los salarios de los trabajadores aumentaron al consolidarse las organizaciones sindicales que negociaban con los empresarios. Con respecto a las materias primas, los países, y por ende las empresas, pugnaban por conseguir áreas o regiones que les permitiesen extraer recursos naturales sin límites ni restricciones.

La lógica del mercado y la competencia entre empresarios presionaban por una reducción de los costos que sólo estaba al alcance de las grandes empresas, mientras que las que no podían hacerlo eran absorbidas por aquellas.

Las concentraciones funcionaron como un remedio para las crisis. Alemania, Estados Unidos y Japón fueron los países en los cuales se dieron en mayor medida. Este proceso de integración fue vertical u horizontal,[1] aunque también se adoptaron formas combinadas que dieron origen a la estructura divisional. Al integrarse verticalmente, una misma empresa concentraba todas las etapas de producción, desde la obtención de la materia prima hasta la venta del producto (un ejemplo fueron los grandes grupos siderúrgicos alemanes como Krupp a principios del siglo veinte). La integración horizontal tuvo lugar, en cambio, cuando los productores se asociaron para evitar una competencia dañina para los intereses individuales y, al mismo tiempo, para presionar sobre el mercado con el propósito de obtener mayores beneficios. Esta modalidad tomó la forma monopólica y algunas empresas se unieron en el corto plazo mientras que otras lo hicieron en forma permanente, como en el caso de los *trusts* de capital norteamericano.[2]

En Alemania se formaron *cartels* que agruparon numerosas empresas, tal el cartel del acero que a partir de 1904 reunía 30 acerías. Este cartel practicó una estrategia de *dumping* vendiendo en el exterior a precios más bajos que en el mercado interno.

Los monopolios deterioraban los mecanismos de la competencia manteniendo altos los niveles de precios de venta. El proteccionismo aduanero sustituía simultáneamente al liberalismo permitiendo que las empresas controlasen el mercado en su beneficio.

Gran Bretaña rechazó la política proteccionista y tuvo un desarrollo tardío y restringido de estas formas de concentración en la

---

[1] La integración vertical sucede cuando una organización toma a su cargo actividades previamente subcontratadas; la integración horizontal consiste en la adquisición, la fusión con ellas o la creación de organizaciones que realizan el mismo tipo de actividad.

[2] *Trust*: fusión de empresas dedicadas a una misma actividad. Por ejemplo en las compañías petroleras, tabacaleras, etcétera.

industria textil y metalúrgica. En casi todos los países europeos se trató de limitar el accionar de los *trusts*, salvo en Alemania y en Bélgica. El desarrollo de los monopolios condujo a la aparición de grandes grupos económicos organizados como sociedades anónimas por acciones Este tipo de empresas necesitaba enorme cantidad de capitales para formarse, desarrollarse y crecer. Su organización jurídica les garantizaba un crecimiento ilimitado.

En la banca se observó que un número reducido de bancos concentraba los depósitos y terminaba asociándose con grandes empresas industriales, lo que dio origen al capital financiero –fusión del capital industrial y el capital bancario– y generó un activo mercado de capitales.

Al mismo tiempo, aparecieron los ministerios dentro del Estado para ocuparse de la defensa, la salud, la educación, el trabajo y las relaciones internacionales y empleando para ello un gran número de personas. Estos organismos también eran una novedad por su tamaño y complejidad.

A lo largo de este período –desde fines del siglo diecinueve hasta mediados del siglo veinte– cuando el incremento de una demanda masiva generalizó la producción en serie, se adoptó la estructura burocrática (conceptualizada por Weber, Taylor y Fayol, entre otros), basada, como vimos en el capítulo 2, en la división especializada del trabajo y la formalización de las funciones y relaciones; para ello se recurrió a la norma escrita, los procedimientos y la estructura jerárquica y centralizada de autoridad.

El taylorismo –la organización científica del trabajo– fue la ideología dominante en las empresas norteamericanas hasta fines de los años sesenta. Ford Motors se convirtió durante los años veinte en una empresa modelo, pero la difusión de ese modelo al conjunto de la industria en Estados Unidos y en otros países avanzados recién se produjo en un contexto signado por la necesidad de racionalización y de reducción generalizada de costos. La principal virtud del *Scientific Management* es, en efecto, su aptitud para el incremento de la productividad mediante un manejo eficiente de los recursos. Por eso, estos métodos se impusieron durante la crisis de los años treinta, no durante la previa prosperidad de los años veinte cuando, gracias a ella, los viejos sindicatos de oficios continuaban siendo muy poderosos. Luego, cuando los métodos tayloriano-fordistas ya se consideraban, sin oposición, "el único y mejor modo de organización", cuando los viejos sindicatos de oficio habían sido sustituidos por los grandes sindicatos de obreros especializados de la cinta de montaje, el modelo organizativo mostró sus mayores virtudes en la producción masiva de armas y vehículos para la Segunda Guerra Mundial. Y ya no fue Ford sino General Motors la empresa norteamericana que extrajo de ello los mayores beneficios.

Economía en las décadas de 1920 y 1930:
auge y crisis del capitalismo

Con excepción de Estados Unidos, todos los países avanzados sufrieron las consecuencias de la Primera Guerra Mundial (1914-1918) e intentaron convertir la economía de guerra en economía de paz.

Entre 1919 y 1923 se resintió el mercado mundial. En 1924 se inició un proceso de recuperación gracias a los préstamos de reconstrucción realizados por Estados Unidos.

En forma paralela, se produjo un avance de las empresas norteamericanas sobre las europeas. Entre 1924 y 1929 se dio un período de bonanza económica. Así, pues, la producción creciente de las empresas fue una característica de la dinámica económica estadounidense.

Ford Motor Company se convirtió en un modelo de eficiencia en la producción en serie según los principios de la administración científica y se transformó en una vidriera a nivel internacional. Su producción pasó "de seis mil unidades vendidas en 1908 a 15 millones en 1926" (Dockés, 1998, p. 82). Pero se trataba de un caso excepcional.

Esta bonanza se frenó con la crisis de 1929, que comenzó en Estados Unidos con carácter financiero y se extendió luego por todo el mundo afectando la producción. Inicialmente Estados Unidos y después otros países (Alemania, Australia e Inglaterra, entre otros) experimentaron un freno abrupto en el crecimiento. La economía entró en crisis de sobreproducción y se produjeron quiebras con el consiguiente proceso de concentración. A partir de 1929, las empresas estaban preocupadas por la supervivencia y el logro de niveles aceptables de ganancias mediante la reducción de costos y el aumento de la productividad. Por otra parte, los precios no bajaban y se mantenían altos, lo que acentuó la caída de las ventas con la consiguiente desocupación y capacidad productiva ociosa.

Se configuró así un contexto caracterizado por la existencia de mercados saturados, el derrumbe del sistema financiero, un elevado nivel de desempleo, la sindicalización de los trabajadores no calificados, que surgen como un grupo de presión importante, y niveles de demanda muy inferiores a los de oferta. La recuperación fue lenta y recién se produjo después de la Segunda Guerra Mundial.

Hacia fines de la década del veinte surgió en Estados Unidos la corriente de las Relaciones Humanas, cuya influencia se extendió más allá de los años sesenta. La empresa General Electric, insatisfecha con los resultados obtenidos gracias al estudio de tiempos y movimientos por parte de la Organización Científica del Trabajo, solicitó una investigación sobre la influencia del comportamiento humano en la productividad.

Pioneros de la psicología social, los autores de esta escuela destacaron el carácter social del trabajador, la complejidad de los procesos motivacionales y la importancia de las relaciones informales (gobernadas por "la lógica de los sentimientos" propia de los operarios, reservando para los gerentes, imbuidos de los principios del *Scientific Management*, "la lógica de la eficiencia"). Pese a los cuestionamientos que mereció posteriormente este supuesto,[3] la escuela de las relaciones humanas aportó un potente nuevo enfoque consistente en tratar de entender los motivos de las personas y los grupos para actuar en las organizaciones.

---

[3] Los operarios no aceptaron su reducción a meros engranajes de la producción y pusieron límites a la productividad que, en teoría se podía lograr gracias al nuevo sistema de trabajo, organizándose informalmente en los talleres, y formalmente en sindicatos, para impedir el incremento irrestricto de las cadencias de trabajo.

El individuo fue considerado por esta escuela un agente con sentimientos y fines privados, a menudo en conflicto con los fines de la organización. Las relaciones informales fueron consideradas por ella un factor adicional a ser tenido en cuenta a la hora de trazar la política de la dirección con una visión más cercana del funcionamiento real de la organización, que no responde únicamente a sus características formales. En este sentido, fueron los precursores del enfoque sociotécnico desarrollado a fines de los años cincuenta por los investigadores del Instituto Tavistock, en Londres, y de los posteriores experimentos de enriquecimiento del trabajo (como el de la empresa Volvo en Kalmar, Suecia, en 1972).[4] La escuela de las relaciones humanas preconizó, por ejemplo, un trato más democrático del personal por parte de los supervisores como el mejor modo de comprometerlo con los objetivos de la organización.

La Segunda Guerra Mundial llegó cuando los preceptos de esta escuela comenzaban a difundirse en el medio empresario. Debido a ella, su difusión tuvo lugar recién en el período de crecimiento que siguió a la recuperación de posguerra durante los años cincuenta y sesenta.

Los años dorados del capitalismo

En 1945, ya finalizada la Segunda Guerra Mundial, la prioridad fue la reconstrucción de Europa en primer lugar y luego de Japón. Con la llegada de la paz, Estados Unidos asumió la responsabilidad de sostener a las democracias liberales en su área de influencia y la reconstrucción de sus economías. Este objetivo se logró a través del Plan Marshall.

Europa se encontraba devastada; Inglaterra perdió su hegemonía política, Francia padeció la ocupación nazi y Alemania, Italia

---

[4] El enriquecimiento realizado por Volvo consistió en desmontar la cinta de montaje en la que cada puesto de trabajo realizaba en forma repetitiva la misma tarea a lo largo de la jornada, y en reorganizarla en islas de trabajo en las que un grupo de operarios iba realizando la serie de montajes necesarios sin que sus miembros se especializaran en ninguna tarea en particular.

y, por otro lado, Japón, quedaron desgarrados por la derrota. El mundo en general quedó dividido en dos esferas de influencia: por un lado, el bloque socialista-comunista, bajo el liderazgo de la Unión de Repúblicas Socialistas Soviéticas (URSS), y, por otro, el bloque capitalista encabezado por Estados Unidos. Ambos iniciaron una disputa por la hegemonía en Europa (política, social y económica).

En este período surgieron organizaciones internacionales que regirían los destinos del desarrollo del capitalismo a partir de ese momento, tales como el General Agreement on Tarifs and Trade (GATT), el Fondo Monetario Internacional (FMI), el Banco Internacional de Reconstrucción y Fomento (BIRF, o Banco Mundial), entre otras.

Estos organismos crearon en conjunto un nuevo marco institucional que constituyó parte importante del entorno que ha acompañado a las compañías desde mediados del siglo pasado hasta nuestros días. Se implementó así una serie de medidas tendientes a mantener la estabilidad monetaria tomando al dólar como referencia básica del sistema monetario para garantizar la inversión internacional en el largo plazo.

Las décadas de los cincuenta y los sesenta se caracterizaron por un crecimiento sostenido y por breves períodos de recesión. Eric Hobsbawm denominó a este período "los años dorados del capitalismo" (2003, p. 260).

En la década de 1950 creció la población urbana sobre la rural y el sistema de seguridad social funcionó como un sostén de la sociedad de consumo creando empleo y, por ende, salarios que garantizaban el poder de compra. Los factores que favorecieron este extraordinario crecimiento se vincularon con la difusión y el éxito del modelo de producción taylorista-fordista que, como quería Ford, transformó al asalariado en consumidor. Se produjo así un aumento de los salarios reales, la expansión del crédito para el consumo y una activa participación del Estado en los procesos económicos basada en los principios keynesianos.

La sociedad de consumo se convirtió en el centro de este nuevo orden económico y en el principal garante de su continuidad. Recordemos que estos países obtenían materias primas baratas –petróleo, cobre, cereales, carne, café, entre otras– de los países periféricos. En esta búsqueda, y en la apertura de nuevos mercados –debida a la maduración del mercado norteamericano–, tuvo lugar la expansión de las operaciones de muchas empresas hacia nuevos territorios.

Las organizaciones crecieron estructuralmente al abrir nuevas divisiones en el extranjero. Un claro ejemplo lo provee la industria automotriz, que se instaló en Argentina durante el gobierno desarrollista del presidente Frondizi (1958-1962), así como en Brasil y México, gracias a los planes nacionales que les ofrecían protección del mercado interno y subsidios a la inversión. El Estado intervino también mediante políticas monetarias y fiscales de carácter redistributivo y la creación, ampliación y sostén de la infraestructura y los servicios públicos. El desarrollo industrial y la urbanización creciente fueron las principales características de este período. El Estado de bienestar, basado en la intervención y en los principios económicos keynesianos, contaba con el apoyo de todas las fuerzas políticas. "Estado de bienestar" y "sociedad de consumo" conforman dos conceptos indisociables pues los trabajadores son simultáneamente concebidos como consumidores y actores activos (Rofé, 2007).

En el mundo del trabajo, la negociación salarial se convirtió en el principal instrumento de armonización de las relaciones entre empresarios y trabajadores. Organizaciones empresariales y sindicatos llegaron así a acuerdos salariales y de mejora de las condiciones y el medioambiente de trabajo como medios principales de reducción de la conflictividad social y de legitimación del sistema.

A fines de los años sesenta irrumpió un nuevo actor social: los jóvenes, que pusieron fin a la estabilidad de los años anteriores con las revueltas estudiantiles iniciadas en Francia en 1968, que se expandieron por Europa y América Latina (el Cordobazo tuvo lugar en Argentina en 1969).[5]

---

[5] Este movimiento de base estudiantil se expandió también en las clases trabajadoras, que se opusieron a la organización del trabajo en las cintas de montaje fordistas. Pero también cuestionaron la burocracia de las conducciones sindica-

Europa occidental inició en ese mismo momento un lento proceso de integración económica mediante la creación de la Comunidad Europea del Carbón y del Acero (CECA), es decir, de la Comunidad Económica Europea, que culminó con la creación de la Unión Europea y la adopción del euro en 1992 como moneda única regional. La reconstrucción de la economía europea se basó en la intervención estatal a través de inversiones que garantizaron y facilitaron el pleno empleo, y en políticas sociales compensatorias que mejoraron las condiciones de vida obtenidas a través del salario.

El consumo de masas irrumpió en el escenario de los años sesenta dirigiéndose a nuevos actores sociales, a los jóvenes en especial, y la publicidad los eligió como blanco privilegiado de la venta de productos y servicios. En síntesis, aparecieron en escena nuevos grupos sociales y culturales según edad, género y origen étnico que exigían el ejercicio de sus derechos como ciudadanos.

En la década del sesenta cobró protagonismo otro movimiento social, el feminista, que se convirtió en un movimiento político y filosófico que se expresaba a través del arte y que contribuyó a una toma de conciencia de la situación de la mujer en la sociedad (Rofé, 2007).

El espectacular crecimiento económico, casi ininterrumpido, que se observó en los países capitalistas centrales desde fines de la década de los cuarenta, jalonado por cortas recesiones coyunturales, hizo suponer que el capitalismo había superado las graves crisis anteriores que marcaron su historia. Sin embargo, esto no fue así.

Década del setenta: un nuevo escenario

En 1973 comenzó una nueva crisis estructural que no sólo confirmó el carácter cíclico de la economía capitalista, sino que generó

---

les y del Partido Comunista francés. Resultado de esta agitación popular fue la formación de organizaciones de extrema izquierda (Brigadas Rojas en Italia) que en la década de 1980 fueron derrotadas. La revolución cubana de 1959 fue un antecedente de estas organizaciones tanto en Europa como en América Latina.

durante al menos veinte años un contexto de gran inestabilidad y cambios, con importantes consecuencias en el ámbito organizacional, laboral y social. Esta crisis fue producto de la emergencia de un nuevo actor a nivel internacional: la Organización de Países Exportadores de Petróleo (OPEP), una coalición de países periféricos productores de petróleo que hizo aumentar fuertemente los precios de un insumo primario del cual dependían las economías de la mayoría de los países más avanzados de la época.

Si bien este período crítico no es comparable al de la gran depresión de 1930, ya que la economía global no quebró, la "edad de oro" finalizó entre los períodos cortos de 1973-1975 y 1981-1983. Sin embargo, en el mundo capitalista avanzado continuó el desarrollo económico.

La década de 1980 fue testigo, nuevamente, de la emergencia de un nuevo actor que desde la periferia se proyectó hacia el escenario mundial preanunciando ya, cada vez con más fuerza, la globalización. Nos referimos a la emergencia de Japón como una potencia manufacturera basada en nuevos diseños organizacionales y técnicas de administración que pusieron en jaque en los mercados internacionales el modelo organizativo burocrático de las empresas occidentales herederas del taylorismo y el fordismo. Los analistas de organizaciones enfocaron su mirada en las técnicas niponas de organización identificadas con el término *toyotismo* (y con la forma de organización de la empresa Toyota, que se convirtió en el nuevo modelo a copiar a nivel internacional, como en su momento había sido Ford).

El nuevo modelo organizativo, que fue tomando forma en Japón desde comienzos de los años setenta, era de carácter orgánico e innovador, en otros términos, adhocrático, y sus características respondían a las exigencias de un nuevo contexto signado por la mejora en los niveles de vida y por la aparición de una demanda cada vez más heterogénea y exigente que obligó a las empresas a desarrollar una mayor flexibilidad, adaptabilidad y capacidad de rápida respuesta.

Este paso de la producción en serie a otra más flexible, capaz de programar variaciones casi "personalizadas" para seguir el curso de los cambios en el comportamiento de los consumidores, respondiendo a ritmos acelerados de cambio tecnológico y a cambios constantes en las demandas, con altos niveles de calidad y formas flexibles e innovadoras de gestión, cuando comenzó a ser adoptado por las empresas occidentales dio origen a lo que se conoce como *lean production* (Womack, Jones y Roos, 1992), o "producción escueta".

"Innovar significa romper con esquemas establecidos. La organización innovadora no puede confiar en ninguna forma de estandarización para asegurar la coordinación". Así se refiere Henry Mintzberg (1988, p. 210) a las organizaciones adhocráticas, cuyas características más relevantes residen en su capacidad de adaptación a entornos de alta incertidumbre y en su aptitud para la resolución de problemas complejos mediante el trabajo en equipos multidisciplinarios y en macroestructuras de carácter matricial.

Desde un punto de vista histórico, es muy importante distinguir dos variantes de la organización adhocrática: aquellas organizaciones que nacieron adhocráticas –como, por ejemplo, la NASA– y aquellas que nacieron burocráticas e intentaron "modernizarse" introduciendo formas de funcionamiento propias de las adhocracias, como sucedió, por ejemplo, con las empresas automotrices (Midler, 2004) comenzando, por supuesto, por la propia Toyota.

La globalización

La crisis de fines de los setenta y la incapacidad de los esquemas clásicos de controlar la inflación y el déficit fiscal favorecieron la adopción de recetas neoliberales basadas en el achicamiento del Estado, en políticas sociales restrictivas, en la privatización de las riquezas nacionales y en la apertura de los mercados.

La desregulación de los mercados dio cauce al proceso de globalización y a la expansión geográfica de las grandes empresas, que alcanzó dimensiones universales al llegar a los países y regiones más remotos. Se sumó a ello la difusión y la adopción descontextualizada de valores, estilos culturales e imágenes de la experiencia norteamericana y su modelo de vida y consumo estandarizado. La creciente homogeneidad cultural fue un instrumento poderoso para la difusión de un "sentido común neoliberal", un "pensamiento único" que exalta las posibilidades y beneficios del sistema (Borón, 2002, pp. 11-19).

Surgió, además, una nueva infraestructura del desarrollo económico-informacional. Su resultante: "el triunfo del tiempo sobre el espacio". Según Benjamin Coriat, la globalización puede ser entendida como "una nueva fase de la internacionalización de los mercados, que coloca en dependencia recíproca a las empresas y a los países, en grados absolutamente originales e inigualados en el pasado" (Coriat, 1994 y 2011).

Otra característica destacable es que, al mismo tiempo que el mundo se globalizaba, también se regionalizaba porque las empresas se concentraban sobre sus mercados principales en la medida en que la llegada de otros competidores las obligaba a remarcar el propio territorio. Los efectos de la globalización son, por lo tanto, sumamente heterogéneos y desiguales, y varían considerablemente según regiones, países y ramas de la actividad económica.

¿Cómo entender que existan tantas diferencias entre países respecto a tasas de desempleo, nivel de competitividad del mercado laboral, sistema de seguridad social y educación? Sin dudas, el "impacto" de la globalización está condicionado, entre otros factores, por el desempeño de los gobiernos nacionales y sus políticas públicas. A lo largo de la década de los años noventa, las economías latinoamericanas, y la argentina en particular, se encontraban más sometidas a las grandes empresas transnacionales, a la banca internacional y a los gobiernos extranjeros que en la década de 1970, cuando florecía la teoría de la dependencia.

La fase actual del capitalismo trae consigo una serie de transformaciones en las organizaciones y en el mundo del trabajo que resulta importante destacar:

- El fin de la hegemonía del modelo norteamericano de organización de las empresas.
- La desaparición progresiva del sistema de producción taylorista-fordista.
- El advenimiento de nuevos modelos organizacionales, nuevas culturas empresariales. El ya citado modelo japonés, que representa el paradigma que podemos asociar con la "metáfora

orgánica" de Gareth Morgan, con un enorme impacto no sólo en las estructuras organizacionales, sino también en la organización del trabajo y en las relaciones laborales heredadas del modelo burocrático, taylorista-fordista. Este modelo, al difundirse, ha dado origen a "organizaciones red", en términos de Manuel Castells.

Otra característica del mundo globalizado es que la anulación de las distancias de tiempo y espacio por los avances tecnológicos en lugar de homogeneizar la condición humana la polarizó porque produjo beneficios y enriquecimiento para algunos sectores, mientras que para la mayoría de los seres humanos significó una pauperización y procesos de invalidación y exclusión social crecientes. Todo ello ha dado como resultado un mundo asimétricamente interdependiente.

Las organizaciones, como protagonistas de la realidad social contemporánea, se desarrollan en un ámbito complejo, de cambios estructurales, continuos y rápidos. Como sistemas abiertos, en interdependencia permanente con el contexto, detectan los cambios que se producen en el entorno general (contexto económico, tecnológico, político, legal, social, cultural y demográfico en el que la organización "vive") y los posibles impactos que se puedan producir en el entorno inmediato en el que operan. Por ello, en los últimos años, se asiste a la aparición de nuevos modelos y teorías que pretenden facilitar la comprensión y orientación de las grandes y complejas organizaciones actuales (Carlevarino y Rofé, 2007, p. 5).

El reconocimiento de las desventajas del modelo "tradicional", burocrático, basado en una división técnica especializada, con una estructura jerarquizada y centralizada para la toma de decisiones, motivó la necesidad de introducir cambios en la organización del trabajo tendientes a ampliar el alcance de las tareas, a flexibilizar sus delimitaciones, promoviendo la polivalencia, el trabajo en equipo y una mayor participación de los trabajadores en la toma de decisiones. Los cambios tecnológicos, especialmente los relacionados con las tecnologías de la información, han tenido consecuencias directas en el ámbito laboral, en el clima social y en los mecanismos de participación dentro de las empresas. Además, no se deben dejar de mencionar los cambios producidos en la composición y naturaleza de la fuerza de trabajo sobre los cuales las empresas establecieron sus exigencias o debieron adaptarse: expansión del sector servicios, ingreso masivo de mujeres y de jóvenes, alta capacitación requerida, incremento del trabajo llamado atípico (flexible, precario, temporario, de tiempo parcial, por cuenta propia).

Los nuevos modelos involucran la aplicación de diversas herramientas propias del modelo adhocrático que facilitan el proceso de cambio, como la capacidad para innovar y aprender, la calidad total y la mejora continua, la importancia de los recursos humanos, la reingeniería, el *outsourcing* o la orientación al cliente, por mencionar sólo algunos de los factores más citados.

La observación de esta relación permite detectar dos grandes temas de interés:

- el cambio o enfoque dinámico de los problemas;
- el desarrollo de los recursos y capacidades de la organización.

Esto supone, en otras palabras, una convergencia entre el interés por el mercado –manteniendo el mayor grado de ajuste posible a su evolución– y el interés por los recursos y capacidades internos de la empresa. Es decir, el cambio implica el reto de renovar la organización sin destruir las capacidades básicas que generan ventajas competitivas.

Frente a este desafío, se plantea la necesidad de alcanzar una forma de organización que rompa los esquemas tradicionales con estructuras más flexibles que superen los cuatro tipos de fronteras más frecuentes: las fronteras verticales o jerárquicas, entre personas; las horizontales, entre funciones y disciplinas; las externas, con proveedores, clientes, empresas, *stakeholders*; y las geográficas, con naciones, culturas y mercados. Los nuevos factores de éxito, en el entorno hipercompetitivo, ponen de manifiesto la disfuncionalidad de dichos límites. Por ello, las actuales perspectivas teóricas insisten en la necesidad de poner énfasis en nuevas formas de gestión del trabajo en las que predominen las relaciones más horizontales, una mayor responsabilidad y autonomía de los trabajadores en la toma de decisiones y un aumento del compromiso con la empresa. "Este nuevo enfoque participativo, basado en la promoción de una 'cultura de la empresa' y la motivación individual de los empleados, tiende a sustituir las relaciones colectivas conflictuales por un espíritu de cooperación y lealtad a la empresa" (Spyropoulos, 1997, p. 30).

Se utilizarán aplicaciones de informática integradas, habilitadas para Internet y que interconectan a toda la organización para alcanzar los mejores resultados. Si la información, factor crítico para el éxito, no es administrada adecuadamente y no está disponible para su uso en el momento justo, puede perder todo valor para el proceso de toma de decisiones. Esto hace evidente la necesidad de la gestión de un conocimiento adecuado que permita el manejo e interpretación de los datos procedentes de múltiples fuentes. De allí la necesidad de optimizar la gestión de la información, lo que permite posicionarse en el entorno globalizado e hipercompetitivo, y tomar decisiones con menor grado de incertidumbre en los escenarios actuales, que son, como ya dijimos, de enorme complejidad y diversidad.

Las nuevas formas organizativas

Las nuevas estructuras del mundo global son analizadas en una gran investigación realizada a nivel mundial por un equipo del Massachusetts Institute of Technology (Berger, 2006). Las empresas que adoptan una estructura en red global recurren a subcontratistas de la producción y/o el diseño ubicados en otros países, desde los cuales abastecen a esos mismos países y al resto del mundo.

Cuando subcontratan en el exterior solamente la fabricación, el sistema se denomina OEM (por *Original Equipment Manufacturer*, manufactura con equipo original aportado por la empresa contratada) y cuando, además de la fabricación, se subcontrata el diseño, el sistema se denomina ODM (por *Original Design Manufacturer*, manufactura con diseño original).

Estas organizaciones han efectuado un cambio radical porque han pasado de la lógica de lo "hecho en casa" (*made in…*) al modelo de lo "hecho en (cualquier lugar de) el mundo", y para lograrlo sustituyeron la forma de organización integrada verticalmente, que todo lo hacía dentro (desde la investigación y el diseño, pasando por la fabricación y la comercialización, hasta los servicios de posventa), por la forma modular, en la que diferentes funciones se encuentran a cargo de organizaciones independientes, situadas eventualmente en países diferentes.[6] La aparición y la difusión del nuevo modelo no significaron, sin embargo, como es habitual en *management*, que el antiguo fuese abandonado. Así por ejemplo, mientras Dell recurrió al nuevo modelo ODM, Sony mantuvo su vieja estructura completamente internalizada. Al final de esta historia, lo que tendremos, señala Berger, es una mayor variedad de alternativas en cuanto a formas posibles de organización.

Respecto al nuevo modelo, por primera vez las decisiones de diseño más importantes que deben tomar los gerentes ya no se relacionan con la organización interna de la firma, sino con sus fronteras con otras organizaciones, para lo cual deben ser capaces de responder las siguientes preguntas: ¿qué conviene hacer internamente y qué subcontratar?, ¿conviene subcontratar aquí o hacerlo en el extranjero?

Al examinar los factores que impulsaron este cambio, Suzanne Berger (2009) destaca el rol de las nuevas tecnologías digitales:

> Otro factor adicional que considero muy importante para entender este cambio que se dio en los últimos veinte años es la aparición de nuevas tecnologías. Se trata de nuevas tecnologías con características específicas que habilitaron ese cambio: tecnologías digitales que permiten la codificación de la interfaz entre las distintas partes de los procesos industriales. ¿Qué cambió con la tecnología digital? Hoy,

---

[6] En el capítulo sobre el poder distinguiremos las redes interinstitucionales, público-privadas, que se establecen con fines de innovación y las redes en el sentido de las cadenas de valor.

> el diseñador del chip puede enviar por Internet las ins-
> trucciones completas para una máquina cortadora de tela.
> Esa máquina cortadora puede estar en cualquier lugar del
> mundo. De hecho, es muy probable que esté en Taiwán y
> que el diseñador del producto esté en el oeste de Estados
> Unidos, o en cualquier otro lugar. El punto es que, ahora,
> esas dos actividades pueden estar radicalmente separadas
> y esa posibilidad fue creada por las nuevas tecnologías
> digitales (p. 11).

Berger se refiere en este caso al modelo OEM utilizado en la fabricación de *jeans*, para cuya producción las empresas occidentales
subcontratan empresas asiáticas que toman a su cargo solamente
la hechura.

Las intersecciones múltiples de la empresa red

Manuel Castells (1997) caracterizó tempranamente la "empresa
red" del modo siguiente:

> Es una forma específica de empresa cuyo sistema de
> medios está constituido por la intersección entre segmen-
> tos autónomos de sistemas de fines. Debido a ello los
> miembros de la red son tanto dependientes de ella como
> autónomos, en virtud de lo cual pueden integrar otras
> redes, es decir, otros sistemas de recursos dirigidos a otros
> objetivos. (p. 199).

Lo anterior significa que una misma organización (un mismo sistema de medios) participa en diferentes proyectos (en diferentes
sistemas de fines) con otras organizaciones. Como explicaremos
en el capítulo sobre el poder, ese vínculo puede tener grandes
variaciones, desde la dominación de la gran empresa sobre la
pequeña (típica del modelo OEM) hasta la colaboración entre
grandes y pequeñas empresas (típica del modelo ODM), y una
misma organización puede vincularse simultáneamente de modos

diferentes con otras organizaciones para escapar a la subordinación y ampliar su margen de autonomía.[7]

En la economía informacional global, la gran empresa ya no es independiente y autosuficiente. Las empresas multinacionales, por ejemplo, no sólo funcionan interconectadas entre sí, sino que se organizan cada vez más en redes descentralizadas.

El asunto crucial es que los miembros de las redes están situados en entornos territoriales (regionales, nacionales y subnacionales), institucionales y culturales, específicos, que interactúan con ellos de modos diferentes. Es decir que la composición de esas redes empresariales que se están formando en el mundo está bajo la influencia de las sociedades en las que se insertan. En este sentido, la empresa red cada vez es más internacional (no transnacional) y su conducta es el resultado de la interacción entre la estrategia global y los intereses locales de sus componentes.

En este nuevo paradigma organizativo toman forma, entonces, redes empresariales bajo diferentes formas, en diferentes contextos y con expresiones culturales distintas. Así, por ejemplo, las redes basadas en la familia de las sociedades chinas y del norte de Italia, las redes de emprendedores que proliferan en ambientes innovativos como Silicon Valley, las comunales jerárquicas del tipo Keiretsu en Japón, o las redes transfronterizas resultantes de las alianzas estratégicas entre firmas de diferente origen nacional, como es el caso a menudo de las empresas "nacidas globales" (Knight, 2010).

Bajo esas modalidades, cada vez son más numerosas las empresas que se internacionalizan a través de su inserción en cadenas globales de producción, integrándose en una red de acuerdos empresariales e institucionales, a través del aporte respectivo de bienes, tareas o servicios especializados, más allá de las fronteras nacionales. Veamos algunos ejemplos:

- **La muñeca Barbie.** Se trata del caso bien conocido de un producto diseñado por Mattel en California, con una estructura

---

[7] Lo ilustraremos mediante los casos Prestigio y FECOVITA.

plástica elaborada en Taiwán, un cabello de nylon producido en Japón, vestidos de algodón originarios de China, moldes y pigmentos fabricados en Estados Unidos, ensamblada en Indonesia y Malasia, sometida en California a control de calidad, y distribuida y comercializada por diversas empresas en todo el mundo (Castells, 1997).

- **Un chip.** Otro ejemplo, referido a productos de alta tecnología, lo proporciona el chip de alta velocidad de Texas Instruments, que fue concebido en Suecia, con *software* desarrollado en Houston, se produce en Japón y en Dallas y es sometido a control de calidad en Taiwán.

- **Dell.** Una empresa norteamericana de computadoras que ha concentrado su esfuerzo en la comercialización y deja que sean fabricantes extranjeros los que diseñen y le entreguen los componentes necesarios, que se limita a montar.

En síntesis

Hemos realizado una breve reseña histórica, social y económica para comprender la influencia de los distintos contextos en los cuales surgieron las diferentes formas organizacionales como respuesta adaptativa a dichos entornos. Nos referimos a la burocracia, la adhocracia y la organización en red.

El inicio de la industrialización a mediados del siglo dieciocho en Inglaterra significó el pasaje de la sociedad agrícola a la sociedad industrial, urbana, liberal y capitalista en la que, en un proceso gradual y contradictorio de industrialización, con grandes diferencias regionales, fueron desarrollándose organizaciones empresariales, sindicales y estatales basadas en un esquema burocrático.

Las primeras teorías organizacionales las ubicamos a fines del siglo diecinueve y principios del siglo veinte, y dieron origen al modelo burocrático de organización que constituyó el diseño fundacional y predominante para el desarrollo del capitalismo industrial en su segunda fase, modelo que influyó no sólo sobre las organizaciones con finalidad lucrativa. Todas estas teorías pusieron el énfasis en el análisis interno de las organizaciones, en sus aspectos estructurales, técnicos y de control, esencialmente en función de la productividad y de un modo acorde con una concepción de la organización inspirada en la metáfora de la máquina.

La corriente de las relaciones humanas incorporó, a fines de la década de 1920 en Estados Unidos, otros conceptos acerca de la organización, que comienza a ser concebida como un sistema social en el que los aspectos humanos y motivacionales, y las relaciones interpersonales y grupales adquieren una creciente importancia. Esta escuela enfatiza la necesidad de considerar los aspectos informales que, junto con los formales, conforman la organización real.

El análisis realizado respecto a las décadas de 1960, 1970 y posteriores nos permitió relacionar los ciclos de expansión y crisis de la economía capitalista con la aparición de modelos organizacionales posfordistas: orgánicos, flexibles e innovadores; en otras palabras, adhocráticos, con dos variantes: adhocracias de origen, como la NASA y más en general la industria aeroespacial (bien retratada para el caso norteamericano por la película *El aviador* y por la figura del empresario Howard Hughes), y adhocracias producto de la reestructuración de las viejas burocracias, como sucedió con la industria automotriz occidental cuando apareció la competencia japonesa basada en la manufactura "justo a tiempo".

La globalización, signada por la aparición de nuevos actores a nivel internacional –la OPEP, primero y Japón, después–, coincide con la difusión del modelo adhocrático y el desmonte –vía tercerizaciones y reducciones de tamaño– de las estructuras divisionales herederas del modelo burocrático tayloriano-fordista de la primera mitad del siglo pasado. Surgen así las estructuras en red transaccional, nudos de contratos en torno a proyectos, apoyadas en la nueva infraestructura global del desarrollo económico que es producto de la convergencia entre las innovaciones en telecomunicaciones, en informática y en el desarrollo de contenidos y capacidad de acceso a ellos por parte, ya no sólo de las empresas, sino también de la población en general.

¿Será cierto, sin embargo, que brindarán acceso al conocimiento y a la mejora de la calidad y el nivel de vida de la mayoría o se convertirán en una nueva divisoria de aguas que agravará la distancia entre ricos y pobres, entre incluidos y excluidos de los beneficios de esta nueva era del desarrollo?

CASOS ILUSTRATIVOS

- La Agencia Contable de París
- El monopolio industrial
  Dos grandes empresas públicas francesas representativas de la forma burocrática de organización.

- La empresa Secobat
  Representativa de la forma divisional que se difunde durante la primera mitad del siglo pasado.

- El consorcio Prestigio
- La federación de cooperativas FECOVITA
  Ilustran las formas de organización en red.

- Currículums comparados
  Ilustran trayectorias laborales de trabajadores que son características de la forma burocrática y de la forma red.

4 | Cultura organizacional

ZULEMA BEZ, GRACIELA CARLEVARINO
Y JORGE WALTER

Cuando pensamos en organizaciones globales como IBM, Mitsubishi, Philips o Procter & Gamble, reconocemos en ellas la influencia de las culturas nacionales de su país de origen y, a la par, un estilo organizacional propio, que las hace únicas y diferentes a otras compañías. Ese modo de ser diferente, esa identidad particular, es expresión de sus culturas organizacionales.

El campo de la "cultura organizacional" posiblemente sea uno de los que más atención ha recibido en las últimas décadas al acaparar el interés de sociólogos, antropólogos, psicólogos y administradores interesados en la dinámica de las organizaciones. Estos autores –que elaboraron distintas teorías e instrumentos de análisis para abordar este fenómeno– coincidieron, sin embargo, en considerar que el análisis de la cultura abre una mirada sobre los supuestos, valores y creencias que confieren una identidad particular a cada organización y enmarcan de un modo peculiar las lógicas de acción de sus integrantes. De este modo, el conocimiento de la cultura de una organización permite comprender las conductas y estrategias de los individuos así como la naturaleza y efectividad del desempeño organizacional.

En uno de los casos que se presentan en la segunda parte de este libro, denominado "TM + X" (referido a la fusión de una empresa familiar local y la filial de una multinacional), la cuestión cultural adquiere vital importancia. Chocan dos culturas organizacionales con sus propios patrones y lógicas de acción contrapuestas.

Otro caso emblemático que utilizaremos para ilustrar el problema de la cultura en las relaciones entre organizaciones es el consorcio Prestigio,[1] integrado por productores familiares de cítricos que superaron la lógica individualista que caracteriza a los propietarios de este tipo de empresas y adoptaron una estrategia colectiva; con el paso del tiempo desarrollaron una cultura basada en la confianza y la colaboración que les permitió enfrentar exitosamente a sus competidores en los mercados internacionales. Algo parecido sucedió en el caso FECOVITA, en el cual tuvo lugar un proceso exitoso de integración de viñateros individuales mendocinos en una cultura cooperativa.

Cuando hablamos de la cultura de una organización, ¿nos estamos refiriendo a una sola o a varias?, ¿podemos sostener la existencia de una cultura única, propia y específica de cada organización?

Si adoptáramos la visión de una cultura única, probablemente estaríamos simplificando un concepto que encierra un considerable grado de complejidad. Cuando observamos de cerca una organización, vemos que en el mismo espacio confluyen diferentes grupos o subculturas –propios de áreas funcionales, niveles jerárquicos, profesiones u oficios diferentes–[2] con sus propias perspectivas y lógicas de acción que se entrelazan y dialogan, o confrontan entre sí.

La cultura de la organización logra integrar esa diversidad a través de un sentido compartido de pertenencia y de una visión en común para sus miembros, lo que les posibilita actuar en consonancia con los objetivos institucionales que ella persigue. En la perspectiva de Schein, uno de los grandes teóricos sobre este tema que tomaremos como referencia principal para este capítulo, una cultura organizacional común –que va más allá de un "conglomerado de subculturas" (1988, p. 83)– se pone de manifiesto cuando las mismas presunciones son compartidas por los integrantes de diversos grupos en la organización (en

---

[1] Producto de una investigación sobre cadenas de valor realizada en Argentina y Uruguay, se incluye entre los casos en la segunda parte del libro.
[2] Un ejercicio interesante consiste en intentar identificar esas diferencias en las organizaciones donde nos hemos desempeñado, utilizando para ello los conceptos definidos en este capítulo.

cuanto, por ejemplo, a los criterios vigentes de reclutamiento o promoción).

Si desbordamos el marco de la organización y ampliamos la perspectiva, el escenario se torna aún más complejo. Por una parte, podemos percibir las múltiples identificaciones y pertenencias (por ejemplo, religiosa, étnica o de origen social) que tienen los miembros de la organización como producto de su inserción en la sociedad más amplia. Por otra parte, en el contexto del país, la cultura nacional ejerce influencia desde la sociedad a través de un marco de significados y orientaciones que imprime rasgos particulares a las organizaciones, tal como sucede en el caso de dos filiales de una misma organización situadas, por ejemplo, en China y en Argentina.

Y finalmente, en el entorno circundante más amplio se encuentran también las culturas de otras organizaciones que ejercen su influencia o bien que interactúan entre sí –bajo marcos contractuales o de asociación– como sucede en el caso de las redes interorganizacionales.

Esto nos lleva a pensar que la cultura es un fenómeno complejo que, a la manera de capas superpuestas, se expresa a diferentes niveles que requieren ser interpretados metódicamente y en su especificidad para captarla en toda su dimensión.

La cultura de la organización: origen del concepto

Durante las décadas de 1950 y 1960, diversos especialistas en teoría organizacional destacaron la importancia del análisis cultural para comprender la dinámica de las organizaciones. Uno de los primeros fue Elliott Jaques quien, en su libro *La cambiante cultura de una fábrica* (1951), señaló que numerosos investigadores, al sobrevalorar la cuestión del diseño formal de las estructuras organizacionales, no tomaron suficientemente en cuenta la gravitación de los componentes humanos y emocionales en su dinámica.

A finales de los años setenta, y sobre todo durante la década del ochenta, aparecieron publicaciones que destacaron la incidencia del factor cultural en la organización, ideas que se propagaron rápidamente en el mundo académico y empresarial.[3] Si bien reflejaban las posturas de distintas escuelas y tendencias, generalmente coincidían en considerar a las organizaciones como unidades sociales generadoras de una cultura compuesta por creencias, reglas, costumbres y símbolos compartidos por sus miembros, que configuran el cimiento de la organización y condicionan su funcionamiento.

Gareth Morgan, al desarrollar la metáfora cultural en su obra *Imágenes de la organización* (1991), citó el ejemplo de Japón destacando que en este país las empresas se consideran como una colectividad a la que los empleados pertenecen y no únicamente el lugar donde trabajan en forma aislada. El respeto a la dependencia desde los demás y hacia ellos constituye un valor central en el modo de vida japonés, a diferencia de la ética individualista propia de la cultura norteamericana. Lo dicho implica reconocer que la cultura de la organización varía según las características de la cultura nacional en la que se halla inserta.

También durante los años ochenta se tomó verdadera conciencia de los problemas de eficacia y competitividad del modelo de gestión empresarial norteamericano –heredero de la tradición cultural jerárquica y normativa del taylorismo, encarnada como un modelo en la cinta de montaje y la producción masiva e indiferenciada de la empresa Ford– frente al éxito de la empresa japonesa. A instancias del modelo de la firma Toyota, las empresas japonesas comenzaron a liderar en los mercados internacionales basándose en un modelo de gestión adhocrático, a partir de una cultura de la participación (círculos de calidad) y el involucramiento de los trabajadores en la calidad de la producción (mediante las "siete

---

[3] El auge de las fusiones y adquisiciones en Estados Unidos a mediados de los años ochenta, durante el gobierno del presidente Reagan, no por casualidad coincidió con un renacimiento del interés por las culturas organizacionales. Abundaron los fracasos y en su mayoría se debieron a problemas de entendimiento y cooperación entre las culturas que se pretendía fusionar. En ese momento se publicaron algunos de los libros que ahora se consideran clásicos sobre el tema, como el de Edgar Schein.

herramientas de la calidad" de Ishikawa) y en la orientación "justo a tiempo" de todo el sistema productivo hacia las demandas personalizadas de los clientes.

En el mundo de los negocios, rápidamente adquirió reputación en Occidente la cultura en cuanto factor de mejora de la efectividad organizacional. Tomaron fuerza enfoques que destacaron la relación entre culturas fuertes, con alto consenso sobre los valores, y la performance excelente. Varios autores –como Ouchi, Deal y Kennedy, Peters y Waterman– alcanzaron enorme notoriedad y sus escritos se convirtieron en material de lectura obligada para los gerentes (Denison, 2000).[4]

La preocupación por la competitividad y la necesidad de crear empresas más efectivas impulsó a sus líderes a generar iniciativas de cambio cultural, sujetas a normas y valores alineados con sus nuevas estrategias. Ello se produjo no sin conflicto. La demanda de pautas de comportamiento y de desempeño diferentes enfrentó resistencias en el personal debido a la sensación de manipulación y de pérdida de individualidad.

Desde una postura crítica, varias voces denunciaron el intento de manipular la cultura y su utilización como dispositivo de control ideológico sobre los miembros de la organización (Morgan, 1991).

En los primeros abordajes de la cultura, primó el modelo burocrático que puso el acento en la definición de la cultura *top-down*, de arriba-abajo, en la que fundadores y líderes son los que marcan primariamente la impronta de la organización. Con este enfoque, el cambio estratégico sólo se concibe a partir de un andamiaje cultural diseñado desde la cúpula, asentado en pautas y valores nuevos, los de la cultura deseada, que permitan reencauzar la orientación del comportamiento. Tanto para los autores mencionados, como en la práctica de consultoría, si bien se apeló a una mayor

---

[4] Si bien la excelencia y la cultura fuerte fueron el leitmotiv utilizado por los consultores para abordar cambios fundamentales en las empresas, en muchos casos las iniciativas fracasaron rotundamente, probablemente por el modo doctrinario con el que fueron aplicadas.

participación de los miembros en organizaciones más abiertas, en esencia seguía vigente el viejo modelo burocrático en el que el nuevo andamiaje operó no sólo como dispositivo ideológico, sino también como dispositivo de carácter disciplinario sobre los miembros de la organización.

Con una visión más acorde con la naturaleza de las organizaciones actuales, en entornos crecientemente inciertos, sería preciso pensar en modos alternativos de abordar la cultura que tengan mejor en cuenta la participación de los integrantes de la organización en su conformación y cambio. No indagar sólo sobre el rol de los fundadores y propietarios, sino también de los miembros de menor nivel que, con sus experiencias y sus propios modos de afrontar problemas, contribuyen a la construcción social de la cultura organizacional.

Antes que un patrón fijo de creencias y valores, la cultura es un proceso fluido en el que los miembros de la organización, a diferentes niveles, en forma individual o grupal, utilizan sus recursos constantemente para "negociar el sentido de lo que hacen en la organización y como organización" (Clegg, 2007).

Dimensiones de análisis

Para Edgar Schein, uno de los grandes estudiosos del tema que se ha convertido en autor de referencia en esta materia, en su obra *Organizational Culture and Leadership*,[5] la cultura de la organización se define como:

> un modelo de presunciones básicas –inventadas, descubiertas o desarrolladas por un grupo dado al ir aprendiendo a enfrentarse con sus problemas de adaptación externa y de integración interna–, que hayan ejercido la suficiente influencia como para ser consideradas válidas, y, en consecuencia, ser enseñadas a los nuevos miembros como el

---

[5] Que en su edición en español se tradujo como *La cultura empresarial y el liderazgo.*

> modo correcto de percibir, pensar y sentir esos problemas
> (Schein, 1988, p. 25).

Para entender de qué se trata concretamente la cultura, Schein distingue tres dimensiones de análisis: artefactos, valores y presunciones básicas (figura 1).

La cultura se manifiesta visiblemente en los artefactos o *producciones* (también llamadas por Schein *creaciones*) entre las cuales se incluyen los modos de comunicación (¿se esconde la información o se la comparte?), los esquemas de comportamiento (como la recepción fría o la atención cordial cuando uno ingresa a una organización; el trato jerárquico y formal o la disponibilidad y amabilidad atenta de las jefaturas), los símbolos (¿está la foto del fundador en las oficinas de los gerentes?), los relatos (por ejemplo, los éxitos o fracasos tomados como ejemplo de lo que hay que hacer o no hacer), hasta el aspecto físico de la organización (¿todo separado por tabiques o comunicación abierta entre las oficinas y dentro de ellas?), los procedimientos (¿procesos formalizados o informalidad dominante?) y la capacidad tecnológica (¿impresión de modernidad o de obsolescencia?), entre otras manifestaciones. Estos artefactos están sustentados en los valores o principios que gobiernan la dinámica organizacional y que se derivan de las presunciones que conforman la base cultural. Alguien sin experiencia (sin experiencia que le permita comparar con otras organizaciones) carece de parámetros para entender que se trata de evidencias externas de la especificidad de una cultura organizacional.[6]

---

[6] Por ejemplo, los alumnos de la Facultad de Ciencias Económicas de la Universidad de Buenos Aires visitan la Facultad de Ciencias Sociales de la misma Universidad para compararlas (y viceversa). ¿Observan evidencias externas sobre la existencia de culturas organizacionales diferentes?, ¿a qué presunciones básicas subyacentes se deben? La mejor manera de averiguarlo es preguntando directamente a los miembros de ambas organizaciones y utilizando los conceptos –niveles de análisis de la cultura organizacional– para una adecuada interpretación.

El nivel de los *valores* –que se halla en un plano menos visible y menos consciente; podríamos decir "preconsciente"–[7] se expresa en las soluciones a problemas basadas en convicciones o principios sostenidos, por ejemplo,[8] por los fundadores de una organización.[9]

Cuando los valores propuestos como solución tienen éxito, tiene lugar un proceso de *transformación cognoscitiva* de carácter gradual que los convierte en creencias y finalmente en presunciones. Para ello, tiene que reiterarse el éxito de la solución propuesta, que es adoptada por haber sido validada en la práctica como la mejor manera de hacer las cosas. La transformación de los valores en creencias o presunciones es lo que las convierte en formas rutinarias inconscientes de resolver problemas –es decir, en hábitos– a las cuales se recurre espontáneamente cuando tales problemas aparecen.

Es preciso destacar entonces que no siempre una solución propuesta se convierte en presunción, pues puede no tener éxito en la resolución de los problemas. Mientras eso no suceda, la solución tiene el carácter de un *valor añadido* (Argyris y Schon, 1978), es decir, "pegado con alfileres".

Y aun si tiene éxito, además de ser exitosa debe aplicarse en forma persistente hasta convertirse en la nueva forma habitual de resolver el problema. ¡No es fácil cambiar hábitos, aunque sepamos conscientemente que son contraproducentes!

[7] El análisis de la cultura organizacional está basado en la metáfora de la psicología individual. En este sentido, en términos freudianos, los artefactos corresponden al nivel consciente, los valores al nivel preconsciente y las presunciones básicas subyacentes al nivel inconsciente.

[8] Por ejemplo, pero no únicamente. Cualquier miembro de un grupo –o grupo– que adopte la posición "voz" para proponer la solución a un problema basándose en sus recursos (cfr. capítulo sobre el poder) adopta, de hecho, una posición de liderazgo.

[9] En el origen de una cultura, el rol de los fundadores es crítico: son ellos quienes otorgan la jerarquía de un valor a determinada solución basándose en sus propias convicciones acerca de la realidad y la manera de abordarla. Los miembros de la organización pueden, sin embargo, cuestionar o discutir la solución, pero si comprueban que funciona, tenderán a aceptarla como una solución válida a los problemas que enfrentan.

Quienes mayores dificultades tienen para modificar los hábitos son los propios directivos, que en muchos casos fueron los forjadores de la cultura que desean cambiar.

Lo ilustra muy bien la fábula del barón de Münchhausen, quien paseando con su caballo por un bosque de su propiedad se hundió sin querer en una ciénaga. ¿Cómo hacer para sacar el caballo de la ciénaga cuando se está montado sobre él? Muy simple: en la fábula, el barón tiró con fuerza de su propio cabello hacia arriba y de ese modo salieron él y el caballo del barro en el cual se estaban hundiendo.

La dificultad de los directivos para liderar el cambio organizacional proviene de que están imbuidos más que nadie de los valores de la cultura que ellos mismos contribuyeron a gestar y, por lo tanto, suelen impulsar los cambios utilizando procedimientos que son propios de la vieja cultura e incompatibles con los nuevos valores que ahora declaman. Caso típico: proclaman la participación adhocrática como un nuevo valor, pero cuando alguien se niega a "colaborar" lo anotan en la lista negra de la gente a no promover o a echar. Lamentablemente, participar por obligación es un contrasentido (percibido por los empleados como doble discurso) equivalente a intentar sacar al caballo de la ciénaga cuando se está montado sobre él.

La aceptación y la internalización de los valores por el grupo son, por otra parte, la base para la reproducción de la cultura, es decir, para su transmisión a los nuevos miembros que se incorporan a la organización.

El nivel más profundo de la cultura es, ahora sí, el de las *presunciones básicas subyacentes*. Según Schein, el término cultura debe reservarse exclusivamente para este nivel más profundo de presunciones básicas y creencias que comparten los miembros de una organización, que definen la visión que el sistema organizacional tiene de sí mismo y de su entorno. Las presunciones y creencias son respuestas exitosas que ha aprendido –internalizándolas– el grupo para resolver sus problemas de integración interna y de adaptación al entorno.

Es necesario que haya habido un número suficiente de experiencias comunes para llegar a una visión compartida, y ésta tiene que haber ejercido influencia durante suficiente tiempo (otro modo de decir que ha sido aplicada reiteradamente hasta convertirse en hábito) para convertirse en rutina que gobierna las conductas inconscientemente. Las presunciones básicas subyacentes constituyen, en este sentido, la esencia de la cultura: "lo que la cultura realmente es".[10]

Figura 1. Las tres dimensiones de análisis de Schein.

Artefactos	Manifestaciones visibles de la cultura, difícilmente descifrables
Valores (declamados)	Se proclaman como necesarios, pero son discutibles y, por lo tanto, están "pegados con alfileres"
Presunciones básicas subyacentes (internalizadas)	Supuestos indiscutibles sobre cómo actuar que gobiernan inconscientemente las conductas

Fuente: Schein (1988).

A continuación nos referiremos al tipo de problemas básicos que la cultura organizacional permite resolver.

Integración interna, adaptación externa, integración externa

Como veremos en los próximos puntos, en las organizaciones de tipo burocrático, el principal problema que la cultura resuelve es el de la integración interna de sus miembros, para

---

[10] En términos de Argyris (1976), no son teorías meramente proclamadas –el "deber ser"– sino teorías "en ágil uso" (se refieren a "lo que es", al modo habitual de hacer las cosas en la organización).

lo cual recurre a la formalización de sus comportamientos. La principal preocupación en las organizaciones de tipo adhocrático reside en la adaptación externa ante contextos desafiantes, para lo cual procura dinamizar las comunicaciones internas. En las estructuras de red, el principal problema reside, en cambio, en la integración externa entre miembros que deben cooperar y provienen de culturas organizacionales diferentes. Esta tercera categoría, la integración externa, la agregamos para dar cuenta del tipo de problemas que enfrentan las organizaciones cuando –y se trata de un fenómeno cada vez más frecuente– deben interactuar con otras organizaciones para alcanzar sus propios fines.

El caso de la empresa Procter & Gamble (Deal y Kennedy, 1982) ilustra los dos primeros aspectos. La empresa fue creada en 1837 y continúa vigente y vigorosa en el mercado. Uno de los valores fundantes de su cultura consistió en "escuchar a los clientes" tomando en cuenta lo que necesitan y quieren. La adaptación a la demanda externa fue la llave para su desarrollo posterior porque incorporó nuevos productos por haber aprendido a captar las expectativas de los consumidores. De ese modo, la orientación hacia el cliente se convirtió en la misión central o "razón de ser" de Procter & Gamble, de la cual derivaron, según Deal y Kennedy, las metas que se propuso lograr.

Para que esa estrategia pudiera cumplirse, era necesario impulsar un proceso de *integración interna* que sostuviera las acciones hacia el exterior: generar entre los empleados un sentido de responsabilidad hacia el cliente que perdurara. Los directivos partieron de la idea de que para lograr los intereses de la empresa era preciso tomar en cuenta los intereses de los empleados. Y por ello tomaron progresivamente medidas cuyos efectos fueron midiendo: mejora de las relaciones laborales, participación en las utilidades, entrega de acciones, acortamiento de la jornada laboral, representación obrera en el consejo directivo.

Los problemas de integración externa y su modo de resolución mediante el tejido de redes de confianza entre los miembros de diferentes organizaciones son ilustrados por una serie de casos que comentaremos al final de este capítulo.

La cultura en las burocracias, las adhocracias y las redes

La variedad de especies organizacionales va desde las formas de estructuración mediante el establecimiento de fronteras bien delimitadas respecto de otras organizaciones hasta las formas de estructuración en red, en las cuales la clave de la coordinación se sitúa justamente en las relaciones fronterizas. Cada una de estas formas se caracteriza por códigos culturales, formas de resolver problemas y expectativas de rol específicas.

En los enfoques acerca de la cultura organizacional podemos destacar tres perspectivas distintas:

- La perspectiva de la *integración,* cuando una cultura unitaria compartida por todos los miembros de la organización genera uniformidad en los comportamientos y actúa como fuerza unificadora.
- La perspectiva de la *diferenciación,* según la cual la cultura está encarnada en subculturas que actúan como fuerzas diferenciadoras. Aquí la cultura aparece como expresión de heterogeneidad.
- La perspectiva de la *fragmentación,* según la cual la cultura se manifiesta como una mezcla de identidades transversales y una sucesión de acuerdos y transacciones transitorios que guían las acciones en situaciones de cambio continuo.

Estas perspectivas (Martin y otros, 2006) se corresponden con diferentes formas organizacionales. La perspectiva de la integración se relaciona con el énfasis en la cultura corporativa que caracteriza las grandes burocracias. En estas organizaciones, el éxito aparece asociado al fortalecimiento de las culturas organizacionales y al papel crucial de fundadores y managers. Uno de los libros emblemáticos a este respecto es *Corporate Cultures* (Deal y Kennedy, 1982) que influyó fuertemente en toda una generación de autores y directivos al transmitir una visión monolítica de la cultura organizacional.

El enfoque de la diferenciación se vincula con el modelo orgánico de organización y su cultura adaptativa en el marco de las teorías de la contingencia estructural (Morgan, 1991). Edgar Schein (1988) señala la importancia de una cultura que otorgue una identidad central y duradera a la organización, y que a la vez posibilite el interjuego entre las subculturas existentes con la flexibilidad necesaria para cambiar según los requerimientos del entorno.

Finalmente, las nuevas formas organizacionales en red corporizadas, por ejemplo, en las alianzas estratégicas, las *joint ventures* o las redes de subcontratación modulares y relacionales (OEM u ODM), entre otras, pueden analizarse desde la perspectiva de la cultura organizacional concebida como fragmentación, con su carácter marcado por el encuentro entre culturas organizacionales diversas, en un escenario dinámico de cambios, discusión y acuerdos para el desarrollo de proyectos conjuntos. En este caso, como ya adelantamos agregándolo al esquema analítico de Schein, el problema básico que la cultura debe resolver es la integración externa.

Es bueno recordar, a modo de introducción del próximo punto, que los nuevos enfoques no sustituyen a los antiguos, sino que se suman a ellos introduciendo una mayor variedad en las formas posibles de organización. Todo depende, por lo tanto, de las problemáticas propias de cada caso concreto, que generalmente no responden a un modelo único y son, o bien híbridos, o bien situaciones de transición (Mintzberg, 1992, cap. 13).

La cultura en las organizaciones burocráticas

La burocracia presupone un alto nivel de uniformidad en la organización, que tiende a proyectarse con una identidad estable y duradera. De allí la visión de la cultura organizacional como una unidad. La necesidad de rutinizar los comportamientos en las organizaciones burocráticas con el propósito de que se reproduzcan y se perpetúen como tales encuentra en la noción de cultura integradora, monolítica, su denominación más apropiada. Corresponde al llamado "modelo burocrático", en el que un mismo esquema de significados dominante posibilita un alto nivel de consenso y de consistencia en la organización.

Los fundadores y líderes suelen ser en estos casos quienes generan los valores centrales, las normas y los marcos de interpretación conformando el contexto en el que se insertarán los miembros de la organización. Éstos se van integrando de un modo dinámico y recrean creencias e interpretaciones que, en una cadena de transmisiones, se difunden a los futuros integrantes como el "modo correcto de percibir y hacer las cosas" (Schein, 1988).

El caso de Procter & Gamble presentado por Deal y Kennedy (1982) muestra que a partir de dos supuestos básicos, "hacer lo correcto" y "la orientación al consumidor", los fundadores y sus sucesores fueron incorporando nuevos valores en la empresa y desarrollando nuevas estrategias cuyos aciertos cimentaron una cultura fuerte y centenaria que contó con el apoyo de empleados motivados y convencidos de lo bien fundado de las políticas inspiradas en ella.

Si bien las culturas organizacionales monolíticas ofrecen un marco de estabilidad a sus miembros, a veces su inclinación al *statu quo* y su escasa flexibilidad y sensibilidad a las señales del entorno –rasgo típico de las burocracias– pueden afectar las posibilidades de supervivencia de la organización, como veremos más adelante.

La cultura en las adhocracias

Según Schein, los fundadores típicamente tienen un rol esencial en el proceso de creación de una cultura –pues en su origen determinan la visión, la misión y valores que la organización adoptará– y más tarde en su difusión y mantenimiento-reproducción entre los miembros de la organización. Ellos mismos, o sus sucesores, también pueden impulsar procesos de cambio cultural, es decir, de cambio de los valores puestos en práctica.

Por su alta visibilidad entre los integrantes de la organización y por su lugar destacado en las estructuras informales de poder, los líderes ejercen, según Schein, una fuerte influencia al erigir su propio comportamiento en modelo para los demás: sus palabras y directivas se convierten así en guías para la acción de los miembros de la organización. Y, como ya dijimos, ejercen también un rol crítico en los procesos de cambio cultural pues son también ellos quienes inician y promueven cambios profundos en la cultura organizacional, necesarios para reorientar la estrategia, modificar la estructura o aportar soluciones ante situaciones críticas ("eventos críticos", dice Schein).

En este sentido, hay distintos gradientes de cambio cultural. A veces los cambios organizacionales pueden producirse en forma coherente con el paradigma cultural vigente (se trata, en este caso, de "innovaciones incrementales", o "menores", como veremos en el capítulo sobre el cambio organizacional y la innovación). En el otro extremo, las organizaciones enfrentan desafíos que ponen en crisis las presunciones y valores establecidos, "instalados". En este caso, el liderazgo promueve el cambio ("innovación radical") impulsando entre los miembros de la organización procesos de "redefinición cognoscitiva" de los supuestos y valores "puestos en práctica" (Argyris, 1976), eventualmente mediante procesos planificados que permitan reencauzar las voluntades en dicho sentido y vencer las resistencias que pueden surgir (Schein, 1988, p. 14).

En estos enunciados queda de manifiesto la impronta del modelo clásico, burocrático, *top-down*, en el enfoque de Schein y, merced a su influencia en el medio académico y de la consultoría, en el enfoque actual dominante en las empresas sobre el cambio cultural en las organizaciones (Clegg, 2007).

Bastaría, sin embargo, con tomar en serio el carácter discutible de los valores al cual se refiere Schein en su libro para liberarlo de esa acusación y, retomando el análisis de Mintzberg sobre el modelo adhocrático de organización, expresión ideal-típica de la organización concebida como un sistema abierto, adaptable a las contingencias del entorno, reconceptualizar la transformación cognoscitiva como un proceso de carácter participativo, cíclico, y radicular, en el que los nuevos valores crecen en múltiples lugares de la base de la organización, así como el liderazgo, que emerge también de esa base, cuya legitimidad no se funda en la posición jerárquica, sino en la competencia profesional, se basa en la legitimidad conseguida para realizar una síntesis –para separar la paja del trigo, según la fórmula de Mintzberg– entre los puntos de vista eventualmente divergentes de sus colegas (Mintzberg, 1992, cap. 12).

¿Cuáles son, entonces, las características propias de esta forma de organización y de los rasgos de su cultura?

Las adhocracias se distinguen por su capacidad para estructurarse y reestructurarse gracias a la comunicación abierta e informal entre sus miembros, que coordinan sus acciones mediante "ajuste mutuo" subordinando a los imperativos del trabajo conjunto las distinciones burocráticas de jerarquía y área funcional que, por supuesto, no desaparecen. Valores anclados en el compromiso mutuo, la información compartida y el aprendizaje colaborativo refuerzan la interdependencia entre los miembros de los equipos, sean éstos permanentes o ad hoc.

La cultura adhocrática supone, entonces, como presunciones básicas distintivas, la jerarquía basada en la competencia más que en el cargo, la capacidad de escucha y autocrítica, la iniciativa, el ensayo y el error como formas de aprendizaje, la apertura hacia nuevas miradas y puntos de vista, la prioridad asignada al fondo y no a la forma de resolver los problemas, la no aversión al riesgo, la tolerancia ante la ambigüedad y la insuficiente información.

Como contracara, este modo de funcionamiento, que empuja en forma constante hacia la creación de nuevos conocimientos y la búsqueda de vías de acción alternativas, genera un nivel de debate y de tensión altamente conflictiva y estresante. Los equipos interfuncionales que se estructuran y reestructuran permanentemente según las demandas sumen a sus miembros en un estado de inestabilidad y los exponen a un desgaste difícil de sostener durante largo tiempo. Es necesario hacer cada vez más con menos recursos para lograrlo.

La cultura de estas organizaciones aparece, entonces, condicionada por los problemas humanos y psicosociales que resultan de la ambigüedad estructural. De un estado de satisfacción por el ambiente dinámico y fluido de trabajo, los equipos pasan a uno de incertidumbre e inestabilidad, que atenta contra la necesidad del ser humano de sentirse seguro. Comparada con la burocracia, se ha pasado de las jerarquías, funciones y relaciones bien definidas y del empleo estable a una situación marcada por la sucesión inestable y variada de proyectos en respuesta a demandas cambiantes y a veces arbitrarias (cuando no planteadas en forma violenta).

Por otra parte, son comunes los conflictos intragrupales por el encuentro entre culturas profesionales distintas y "racionalidades limitadas" propias –con los consiguientes problemas de comunicación y dificultades de comprensión– de áreas funcionales diferentes. Son comunes también las dificultades para que las personas y/o equipos se identifiquen con la organización para la cual trabajan, en la que a veces se sienten de paso.

Las empresas orientadas a la producción audiovisual, editorial y musical, y entre ellas las productoras cinematográficas y de films publicitarios, son ejemplos típicos de organizaciones que presentan rasgos adhocráticos, con culturas propias de esa configuración estructural.

La cultura en las redes interorganizacionales

Las estructuras en red interorganizacional constituyen una nueva realidad en el mundo de las organizaciones. Aparecen cuando la forma adhocrática se ha difundido y generalizado.

Cuando intentamos analizarlas, se produce un salto de nivel: pasamos de organizaciones singulares al "campo de las organizaciones". Las "organizaciones compuestas por organizaciones" desarrollan relaciones multilaterales entre sí, lo cual requiere una perspectiva de abordaje enfocada en la red en su totalidad (*whole network* es el término acuñado por Provan, Fish y Sydow, 2007).

En términos generales, lo que caracteriza a las redes, sea cual fuere la forma que adopten, es el interés mutuo, cooperativo o colaborativo. Unidas con el propósito de lograr una diferencia sustancial en el desarrollo de un proyecto en común, la lógica de acción de estas organizaciones se centra en crear lazos, atravesar límites, fortalecer las relaciones de confianza y alcanzar objetivos colectivos.[11]

La denominación genérica de redes envuelve una multiplicidad de formas en las que se enhebran diferentes tramas de colaboración

---

[11] Más que confianza basada primariamente en la "atracción interpersonal" (*swift trust*), se trata en este caso de lo que Zucker denomina "confianza institucionalizada" (Humphrey y Schmitz, 1998).

entre unidades organizativas de un mismo o de diferentes ámbitos institucionales. Las organizaciones pueden ser públicas, de negocios o sin fines de lucro y sus relaciones pueden arrancar desde las más simples, de carácter diádico (entre dos organizaciones), hasta las enormes redes integradas por numerosas organizaciones.

En cuanto a los actores que integran las redes, encontramos una gran variedad de situaciones. Pueden involucrar relaciones entre firmas privadas (Fuji-Xerox, alianzas entre automotrices japonesas y norteamericanas), firmas privadas y empresas públicas (como las *joint ventures* entre empresas privadas occidentales y las firmas estatales chinas), firmas privadas y agencias gubernamentales (Microsoft-autoridades locales), agencias o firmas gubernamentales entre sí (YPF-CONICET), firmas privadas y organizaciones no gubernamentales (políticas de RSE), agencias gubernamentales y organizaciones voluntarias o comunitarias (gobierno-Caritas), organizaciones sin fines de lucro entre sí (cuando se asocian para trabajar en un mismo espacio local o para enfrentar un mismo problema, como Greenpeace en alianza con otras ONG para frenar el impacto del cambio climático o el Foro del Sector Social, federación de ONG en Argentina), entre muchas otras combinaciones interinstitucionales posibles.

Los flujos que circulan en las relaciones entre organizaciones consisten en recursos tangibles e intangibles, materiales, personas, herramientas e informaciones y/o conocimientos tácitos y explícitos. El grado de interdependencia depende de los aportes respectivos de recursos y de la intensidad y frecuencia con que dichos recursos circulan entre ellas (Cropper y otros, 2010).

La terminología que alude al campo de lo interorganizacional es amplia y las lógicas se combinan. Con frecuencia se mencionan formas jurídicas, tales como consorcios, uniones transitorias de empresas, *joint ventures*, franquicias, contratos de locación de obra, etcétera. En otros casos, se trata de formas institucionales como las asociaciones.[12] A veces se mencionan también herramientas de gestión, como los equipos interorganizacionales de proyecto (Walter,

---

[12] La lista es muy amplia: federación, *joint venture*, consorcio, *cluster*, constelación, coalición, partenariado, por citar sólo algunas (Cropper y otros, 2010).

2000). Una forma más conceptual de designar estas relaciones recurre también a términos como *clusters* (Porter, 2003), redes de subcontratación, cadenas de valor (Gereffi y Korzeniewicz, 1994), sistemas locales o nacionales de innovación (Lundvall, 1992), distritos industriales (Becattini, 2002[13]), entre otros. Cada concepto enfatiza diferentes aspectos de la relación.[14]

A continuación definiremos, a modo de ejemplo, sólo tres de las entidades jurídicas interorganizacionales a las que nos hemos referido: las *joint ventures*, las alianzas estratégicas y los contratos de obra o aprovisionamiento o, en otras palabras, las redes de subcontratación.

Una *joint venture* es una organización resultante de colaboraciones entre firmas que involucran la creación de una firma separada, autónoma y legalmente reconocida (generalmente se trata de acuerdos sobre acciones, aunque puede haber otros). Un caso es la *joint venture* o "newco" que Fuji Xerox creó inicialmente entre Fuji Film y Rank Xerox. Los ex países socialistas del este europeo, y luego China, adoptaron, como un paso en la transición hacia el capitalismo a partir de la caída del Muro de Berlín en 1989, una estrategia consistente en permitir la formación de *joint ventures* entre empresas privadas occidentales y empresas estatales locales, en las cuales la participación autorizada de las empresas extranjeras en el capital accionario fue creciendo con el tiempo hasta la liberación en el mercado interno de esos países de la inversión extranjera privada –y la creación de empresas privadas por empresarios locales– sin restricciones.

---

[13] El concepto de distrito industrial fue acuñado tempranamente por el economista Alfred Marshall. En *The principles of economics* (1890), los define como "concentraciones de sectores especializados en una localidad específica".

[14] Forzando un poco el argumento, podemos decir que el concepto de *cluster* enfatiza las relaciones entre firmas (que pueden adoptar la forma jurídica de uniones transitorias, consorcios, *joint ventures,* alianzas estratégicas, etcétera, dependiendo de la legislación de cada país). El concepto de sistema nacional o local de innovación enfatiza, por su parte, las relaciones entre organismos públicos y privados de ciencia y tecnología, y el concepto de distrito industrial combina ambos tipos de relaciones y toma en cuenta sobre todo la existencia de comunidades locales de oficio.

Las alianzas (en especial las estratégicas) son acuerdos cooperativos entre al menos dos firmas del mismo o de diferentes ámbitos institucionales que combinan sus capacidades y recursos para alcanzar objetivos individuales y colectivos.[15] Son definidas como un acuerdo voluntario de intercambio de recursos entre firmas involucradas en el codesarrollo o provisión de servicios, productos o tecnología. A diferencia de lo que sucede en las fusiones y adquisiciones, en este caso las organizaciones integrantes mantienen su autonomía.

Las alianzas más frecuentes son las relacionadas con los sectores de computación, telecomunicaciones, media, electrónica y robótica; también mantienen una fuerte presencia dentro de muchos eslabones de las cadenas de valor, especialmente en investigación y desarrollo, manufactura, márketing, servicios y *management*.

Las redes de subcontratos son una forma de organización típica de empresas que históricamente han funcionado en base a proyectos, como la industria de la construcción o la extracción de petróleo y gas. Hoy en día, funcionan también así, tras la desestructuración y la tercerización que siguieron a las privatizaciones de los años noventa, la facturación y la atención de reclamos –otrora realizadas por empresas estatales integradas verticalmente– en las empresas de provisión de servicios de telecomunicaciones. También funcionan así las redes de abastecimiento *(supply chains)*, por ejemplo, de grandes distribuidores mayoristas, supermercados o comercios minoristas.

¿Cómo se gesta una cultura de red?

En principio, es preciso observar los procesos que llevan a generar nuevos y diferentes tipos de relaciones entre las organizaciones

---

[15] Un interesante ejemplo de alianza entre una firma y una asociación es la alianza entre McDonald's y la Asociación Argentina de Productores de Aberdeen Angus que le garantiza a la marca de los dos arcos la provisión de carne de alta calidad para hamburguesas a nivel mundial.

que integran la red. Construir confianza, compartir poder, asumir riesgos e intercambiar conocimientos y aprendizajes son procesos que se van produciendo en un marco de flexibilidad para adaptarse a transacciones multilaterales y a nuevos comportamientos. De esta naturaleza son las interacciones que se juegan en la dinámica de una red y que van perfilando las particularidades de su cultura.

La cultura interorganizacional se va cimentando informalmente a partir de la experiencia adquirida por los miembros de organizaciones diferentes al trabajar juntos en proyectos o al realizar actividades en, para y/o con la contraparte. Para crear significados compartidos relacionales son precisas colaboraciones repetidas o durables que vayan creando patrones particulares de interacciones, comunicación y conocimiento mutuo entre los miembros de las organizaciones.

En su evolución, las redes van construyendo una "macrocultura" que opera como un patrón de recursos y reglas para los participantes, y posibilita la coordinación de las actividades conjuntas (Kong, 2008).

Ahora bien, como ya lo adelantamos, para desarrollarse, una cultura requiere una historia en común de cierta estabilidad, y las redes no siempre se caracterizan por ello. Tal es el caso de las acciones puntuales (Ruffier y Walter, 2010)[16] y los proyectos de corta duración o no renovados en el tiempo (Walter, 2000).[17] Como las redes están constituidas por organizaciones caracterizadas por su flexibilidad, es probable que la cultura construida en común

---

[16] En el caso que presentamos en la segunda parte del libro se trata de la reparación de un robot de inserción de componentes electrónicos, que no podría haberse realizado sin el vínculo cultivado por un ingeniero norteamericano (Harry) con los técnicos locales mientras instalaba el equipo. El mantenimiento de ese vínculo en el tiempo (en clave de amistad personal y de invitaciones a visitar Ushuaia durante las vacaciones) era central para la firma fueguina compradora del equipo.

[17] En Walter (2000) se describe el trabajo conjunto realizado por ingenieros argentinos y franceses que desarrollaron la ingeniería de detalle para obras realizadas en Tierra del Fuego (de procesamiento y bombeo del petróleo extraído en dos plataformas *offshore*). Se trató de un proyecto puntual, pero ilustra claramente el tipo de vínculos que se construyen en la interacción, que están en el origen de las culturas de cooperación interorganizacional.

tenga un carácter transitorio, o frágil, al ser la resultante de un orden negociado basado en acuerdos y arreglos puntuales y personalizados.

Para analizar la cultura de una red, es preciso también prestar atención a la heterogeneidad de los actores y de los procesos que tienen lugar en el ámbito de la red. El paso siguiente es identificar a los actores claves e indagar sobre sus intereses, sus estrategias, sus vínculos y su poder para influir sobre los procesos de la red: "El análisis cultural de una red tiene como propósito revelar las fuerzas motoras [*driving forces*] que están detrás de las interacciones encriptadas en las características de los actores [*actors' properties*], en su forma institucional, en su posición en la red de elementos interconectados, y en los contratos que anudan a los actores entre sí" (Todeva, 2007, traducción nuestra).

La variable fundamental en el análisis es aquí la distribución del poder entre las organizaciones de la red y la densidad de la interacción, factores que afectan la conformación de su cultura. Las organizaciones que ocupan el centro de una red –o las que controlan un recurso estratégico– seguramente ejercerán un papel dominante (Gereffi y otros, 2005; Gereffi y Korzeniewicz, 1994). Su reputación y visibilidad dentro de la red las ayudarán a identificar nuevos proyectos, reclutar empleados talentosos y formar alianzas. Al tener más poder, es altamente probable que estas organizaciones dejen su impronta en las pautas culturales de la red (Child, Faulkner y Tallman, 2005).

Ahora bien, la perspectiva cultural rescata el carácter de las redes como sistemas vivientes que pueden inventarse a sí mismos, modificar su estructura de relaciones y actuar sobre su entorno interno y externo. Para el análisis de ese proceso de creación y recreación de las redes y de construcción informal de confianza que garantiza su durabilidad es clave el concepto de *traducción* al cual nos referimos en el capítulo sobre la comunicación, ilustrado por la doble inserción del consorcio exportador citrícola Prestigio en una red local interinstitucional sobre la que asienta su capacidad innovativa, y en una multiplicidad de cadenas de valor desarrolladas por sus miembros y por el propio consorcio a lo largo de su historia (Walter, 2011).

En síntesis

A lo largo del capítulo hemos destacado que una cultura compartida reduce la incertidumbre, da consistencia a los esfuerzos que se realizan y es una fuente de motivación. El sentido que la cultura le da a la organización se expresa como identidad reflejada en su estructura, procesos, políticas, estrategias y formas de relacionarse con el medio.

Al referirnos a las diferentes perspectivas de abordaje de la cultura organizacional, hablamos de las perspectivas de integración, de diferenciación y de segmentación. ¿Cuál de ellas es la que mejor expresa la cultura organizacional?

Concluimos en que no hay una perspectiva hegemónica que relegue las otras a un segundo plano o que las elimine (Bez y Gothelf, 2007). La cultura organizacional puede ser a la vez universal y particular, estar integrada y fragmentada, y por lo tanto, puede reflejarse también en lo compartido y en lo diverso. Se trata de tres enfoques no excluyentes que nos permiten acceder a una mayor amplitud y a la vez profundidad en el análisis de las culturas organizacionales.

Dicho esto, en las organizaciones burocráticas, el modelo cultural vigente se caracteriza por un alto consenso, basado en un conjunto de normas, principios y pautas impuestos por los líderes fundadores con el propósito de alinear y controlar las acciones de los miembros. En las estructuras orgánicas, la cultura ya no es más un conjunto inmodificable de principios y pautas, sino el resultado de una construcción en la que éstos son reinterpretados y modificados por los individuos en función de necesidades de integración y de adaptación. En las redes de organizaciones, la "macrocultura" se va gestando en torno a proyectos en los que la comunicación intercultural, la "traducción", es la clave del proceso.

El rol que asume el liderazgo en la decisión del cambio y en su conducción en la dirección deseada –evitando consecuencias traumáticas entre los integrantes de la organización– es crítico. Un líder consciente de la necesidad de provocar un giro en la estrategia empresarial y de modificar los valores y comportamientos hasta ese momento válidos deberá articular una serie de iniciativas tendientes a acompañar los cambios propuestos e impulsar el proceso de redefinición cognoscitiva.

Ciertas iniciativas de cambio reciben un grado considerable de críticas y suscitan fuerte resistencia entre las personas que se sienten afectadas. La resistencia no sólo es normal, sino que es necesaria, y ello se debe a la dificultad para cambiar hábitos inconscientes, a lo cual se suma la natural tendencia de los dirigentes a instalar los nuevos valores basándose contradictoriamente en los que pretenden abandonar (como ilustra la fábula del barón de Münchhausen).

CASOS ILUSTRATIVOS

- Procter & Gamble
  Ejemplifica el rol del liderazgo de los fundadores como creador de la cultura y la cultura como un producto de la historia de la organización, en una organización más que centenaria.
- TM + X
  Ilustra el tan común choque y finalmente la coexistencia (versus la convivencia) entre dos culturas que deben trabajar juntas, pero nunca lo logran realmente. El ejemplo ilustra también las dificultades de comunicación entre organizaciones que se asocian para llevar adelante juntas un proyecto. En otras palabras, ilustra la problemática actual del *management* intercultural en las redes de organizaciones.
- Secobat
  Permite reflexionar sobre la dificultad para cambiar una cultura (¿en qué consistía esa cultura?) y sobre la importancia de la política para lograrlo.
- La reparación milagrosa de un robot en Tierra del Fuego
  La máquina no posee sólo piezas mecánicas, hidráulicas, eléctricas, electrónicas. Depende sobre todo de una red humana transorganizacional que la instaló, la mantiene en funcionamiento y es capaz de repararla cuando deja de funcionar.

5 | Relaciones de poder

JORGE WALTER Y ANA PARISI

Las relaciones sociales están impregnadas de distintas formas de poder y también lo están las organizaciones. Gestionar, administrar, representar a los demás son actos basados en relaciones de poder. Estudiar y adquirir conocimientos en esos órdenes es adquirir tecnologías para el ejercicio del poder.

El poder es un fenómeno relacional, es decir, social. Nadie tiene poder por fuera de la relación en la cual efectivamente lo ejerce sobre una segunda parte, que está, por lo tanto, en situación de dependencia. Existen, no obstante, enfoques del poder que lo consideran un atributo, algo que se posee independientemente de su ejercicio (éste es, por ejemplo, el punto de vista de Thomas Hobbes).[1]

Estos enfoques van, entonces, desde el ejercicio de algún tipo de influencia sobre otros hasta el extremo opuesto de obtener la obediencia mediante coerción o violencia física, posición cercana, de hecho, al enfoque del poder entendido como un atributo. En nuestro caso, nos interesan únicamente las formas "constructivas" (Litterer y Etzioni, 1964) de ejercicio del poder, que implican la posibilidad de oponerse y resistir, en función de su legitimidad.[2]

---

[1] "Hobbes definió el poder como la habilidad para asegurarse bienestar o ventaja personal 'para conseguir algún bien futuro aparente'. Considera que la gente tiene un 'poder natural' que proviene de cualidades internas tales como elocuencia intelectual, fortaleza física y prudencia", en http://changingminds.org/explanations/power/hobbes_power.htm.

[2] "Etzioni señala que los métodos coercitivos tienden a alimentar procesos disfuncionales de grupo tales como: aversión y rechazo, rabia y conflicto, conspiraciones y coaliciones, y reducen la motivación intrínseca", en http://leadandteach.wordpress.com/2007/10/07/leadership-and-power-types-etzioni.

Un autor clásico fundamental para comprender el fenómeno del poder en las organizaciones es el sociólogo alemán Max Weber. Comenzaremos refiriéndonos a la distinción que estableció entre autoridad formal y poder, así como su construcción teórica en relación con la noción de legitimidad.

Autoridad formal versus poder

La persona que formalmente ocupa un cargo en una organización no siempre es aquella a la cual consultamos cuando queremos resolver un problema y necesitamos ayuda. Para entender por qué sucede esto, sirve distinguir entre la "autoridad formal" que se tiene por diseño de estructura y el "poder informal", es decir, real, que se ejerce en virtud de otras consideraciones.

Max Weber definió la autoridad y el poder como "probabilidades". No hay nada mecánico ni inamovible en las relaciones de poder porque la legitimidad –es decir, la razón por la cual alguien acepta que otra persona decida por ella– se basa en la posibilidad de resistir, oponerse o negarse, ante el ejercicio del poder.

La autoridad se legitima sustentándose en:

- Las leyes o reglas: *autoridad formal* (en las organizaciones, se obedece al superior porque así lo determinan las normas de la organización).
- La tradición: *autoridad tradicional* (es el caso de las monarquías); en las organizaciones podemos verlo, por ejemplo, en el gobierno del líder fundador y sus herederos sucesores.
- El carisma: *autoridad carismática* (basada en algún signo especial de tipo trascendente o sagrado); vulgarmente, alude al conjunto de características de índole emocional que hacen especial a una persona para los demás, pero es un concepto de raigambre psicológica acerca del cual Freud y otros hicieron aportes.

Poder, niveles y formas de organización según los paradigmas organizativos

Las concepciones acerca del poder en las organizaciones han ido variando de acuerdo con el paradigma organizativo dominante en cada momento.

En los inicios de la sociedad moderna, la aparición de la burocracia como sistema de autoridad legitimada por la ley se identifica claramente con un *paradigma mecanicista*, con la equiparación de la organización a la máquina. Esta forma de legitimidad rompe con aquella basada en la tradición que, sin embargo, sobrevive en el capitalismo bajo la forma de la herencia.

Tras la Segunda Guerra Mundial comienzan a cambiar las conceptualizaciones. Se introducen visiones más abiertas del poder, con la idea de múltiples agentes, con múltiples intereses y objetivos diferentes, que tienen, en términos de March y Simon (1958), "racionalidades limitadas". Esto lleva aparejada la idea de que para gobernar se requieren negociaciones, acuerdos, y juegos políticos.

> Un individuo puede aprehender un número limitado de cosas al mismo tiempo. La interpretación de lo que sucede por parte de un gerente difiere mucho de lo que realmente sucede porque la realidad es demasiado compleja para ser aprehendida en todos sus detalles. Comportarse racionalmente equivale a sustituir la complejidad de la realidad por un esquema más simple que pueda ser utilizado en la toma de decisiones (March y Simon, 1958, 1961). Esta tendencia a simplificar para poder actuar tiene además un componente de selectividad. Los seres humanos tienen una percepción de la realidad fuertemente influenciada por sus deseos. Como dicen March y Simon, 'lo que una persona desea y quiere influye en lo que percibe y lo que percibe influye en lo que desea y quiere' (ibíd.: 148). Lo cognitivo es influido por lo volitivo, y viceversa. Además, el individuo no decide con un conocimiento exhaustivo de las informaciones necesarias sino a partir de una simplifi-

> cación y selección de las mismas subjetivamente condicio-
> nada. (Arocena, 2010, p. 177)

Se trata del *paradigma organicista*, que visualiza las organizaciones como sistemas abiertos, que operan en contextos turbulentos, sometidos a influencias múltiples, a presiones y regulaciones concretas provenientes del entorno. Los trabajadores son vistos como personas con múltiples pertenencias, intereses e inclusive con lealtades múltiples que se traducen en juegos de intereses en el seno de la organización.

Para analizar el poder en este paradigma, Henry Mintzberg (1992), Gareth Morgan (1991) y otros proponen el análisis del poder a través de los intereses de los actores que se relacionan entre sí dentro de las organizaciones. Éstas pueden, entonces, ser vistas como arenas de juegos de intereses, sistemas políticos y de gobierno o estructuras de poder.

Cuando el modelo orgánico de organización (cuya máxima expresión, en términos de Mintzberg, es la adhocracia) se generaliza, aparece una nueva forma organizacional que desborda la organización individual: la organización "transaccional", articulada en función de una red de contratos de diferente tipo (que dan origen a formas de gobernanza diferentes), a la cual nos referiremos en un último punto.

Los distintos enfoques, de alguna manera, sintetizan un análisis del poder en las organizaciones y entre organizaciones en términos de juegos o sistemas de intereses de los actores. El poder se entiende asociado a características grupales, a elementos de las estructuras organizacionales o al tipo de relaciones interorganizacionales.

El poder del experto en las estructuras burocráticas

Desde los inicios del capitalismo, y particularmente a partir de la Revolución Industrial, la emergencia del sistema de dominación racional-legal conocido como *burocracia* resultó indispensable para el desarrollo del sistema económico y social. Fue un

La organización burocrática según Max Weber

El sistema burocrático de organización, basado en la autoridad racional legal, tiene los rasgos siguientes (Mottez, 1972, síntesis nuestra):

- Las leyes son sistemas de reglas abstractas. Administrar consiste en aplicarlas a casos particulares. La autoridad de la jerarquía se ejerce en virtud de ese orden impersonal que rige también para ella, pues los subordinados obedecen a dicho orden, no a la persona del jefe. Es lo contrario de lo que sucede por ejemplo en los sistemas paternalistas, donde las conductas privadas de los trabajadores pueden ser sometidas a juicio y sancionadas.
- La organización define en forma precisa las competencias, los derechos y las obligaciones de sus miembros, estableciendo una clara y sistemática división del trabajo entre ellos.
- Sucede lo mismo con la pirámide jerárquica. Esto permite a los subordinados apelar ante una autoridad superior según un procedimiento claramente especificado.
- Por oposición al nepotismo o al clientelismo, sólo se accede a un cargo en virtud de la posesión de competencias bien definidas, y a través de un concurso.
- Los propietarios no pueden ocupar cargos de gerencia, para evitar que las decisiones administrativas sean influidas por lógicas ajenas al desempeño de la función.
- Se privilegia el procedimiento escrito, de modo tal que quede constancia formal de los actos administrativos, las decisiones y las reglas.

Según Max Weber, la razón del éxito histórico de este modo de organización es su superioridad técnica sobre los modos de organización vigentes hasta el momento, pues se basaba en reglas establecidas sin ninguna relación con los individuos. Su eficacia se debía justamente al carácter impersonal de las reglas, a su deshumanización.

Mottez se asombra de las similitudes entre el punto de vista de Max Weber (que reflexiona sobre la organización del estado) y el de Taylor y Fayol (que hicieron lo propio con relación a la industria). Y concluye que ello se debe a la eficacia de la nueva forma de organización debida, únicamente, a que "permite un mayor control y una fuerte previsibilidad. Aunque esta previsibilidad lograda gracias a la regla y la estandarización sea inseparable de la despersonalización y la deshumanización".

avance gigantesco para la humanidad pues permitió trascender las formas discrecionales de gobierno sujetas al carisma, la tradición o la mera prepotencia. Su surgimiento estuvo ligado a un cambio en la visión del mundo basada en la idea de que la explicación de los fenómenos estaba en los fenómenos mismos y no fuera de ellos, y en que el estudio de las cosas conducía a su conocimiento y manejo, y, por ende, a la instalación de una fe en el conocimiento técnico como la mejor forma de realizar cualquier cosa; entre ellas, gobernar. El poder debe atribuirse a los más aptos, a los que mejor conocen la técnica y el procedimiento para hacer las cosas.

La burocracia representa, entonces, el primer sistema de poder legítimo que articula en forma coherente medios y fines, que dispone recursos para la consecución de objetivos técnicamente meditados y, de ese modo, legitimados. Se trata de fines "racionales" por estar avalados técnica o científicamente. Llegamos aquí a la definición más básica de organización, que nos permite relacionar la idea de racionalidad con la idea del sistema de dominación orientado a la consecución de objetivos.

Esta nueva forma de organización acabó con la legitimidad basada en la tradición o el carisma. Las órdenes dejaron de basarse en caprichos o razones personales o afectivas. Son razones técnicas y en eso se sostiene la autoridad, en su carácter "racional-legal". Forma de legitimidad muy diferente a la de los reyes o sacerdotes que inició una nueva era social.

El círculo vicioso burocrático

Este punto también sintetiza un apartado del mismo libro del cual proviene el recuadro sobre Weber. La conceptualización del círculo vicioso la inicia Merton con su concepto de "desviación de objetivos" (Merton, 1952). El burócrata considera más importante el respeto de la regla que el cumplimiento de la finalidad para la cual fue concebida. El jubilado debe llenar bien el formulario, aunque muera en la cola antes de lograrlo. El respeto de la regla, un medio para alcanzar un fin (el tratamiento médico del jubilado), cuando el burócrata se escuda en ella para minimizar su esfuerzo, la convierte en un fin en sí mismo.

Ese tipo de comportamientos está en el origen del círculo vicioso burocrático, que Alvin Gouldner (1954) describe del modo siguiente: las reglas, que fueron concebidas para alcanzar un fin haciendo previsible el comportamiento de las personas a cargo de las tareas necesarias para que dicho fin se alcance, cuando se utilizan como un pretexto para la apatía, generan conflictos (con los destinatarios del servicio, y con los superiores que deben asegurarse de que el servicio se preste). Para resolver esos conflictos, se emiten nuevas reglas que se suman a las existentes. De ese modo, al haber cada vez más reglas en las cuales escudarse, cada vez hay más pretextos para la apatía que está en el origen de los problemas típicos –rigidez, incapacidad de adaptación– de esta forma de organización. Lamentablemente, la única herramienta que se considera legítima en este tipo de organizaciones para resolver problemas –la emisión de reglas– es la que está en el origen de los problemas. El círculo vicioso tiene como consecuencia una proliferación normativa que termina bloqueando el funcionamiento de la organización.

El poder distribuido en las organizaciones orgánicas

En su libro *El actor y el sistema* (1990, cap. 2), Crozier y Friedberg distinguen cuatro grandes factores de incertidumbre correspondientes a recursos de poder que son pertinentes para resolver problemas en una organización. El listado podría extenderse,[3] pero los factores de incertidumbre identificados por dichos autores son los siguientes:

1. Los que provienen de la necesidad de conocimientos (que en teoría sociológica denominamos *pericia)* y de especialistas

---

[3] Diferentes autores han establecido distintas clasificaciones.

funcionales, característicos, como vimos, de las estructuras burocráticas.

2. Los que provienen de las –variadas, como las formas mismas de organización– relaciones entre la organización y su entorno (Mintzberg, 1988).[4]

3. Los relacionados con el flujo de comunicaciones e información (que, como veremos más adelante, son característicos –aunque no exclusivos– de las redes interorganizacionales).

4. Los que se originan en las negociaciones en torno a la aplicación de las reglas organizacionales.

El primer recurso de poder es, entonces, la posesión de una competencia o de una especialización funcional difícilmente reemplazable. El experto es el único que sabe cómo hacer las cosas y el que dispone de los conocimientos y la experiencia que permiten resolver ciertos problemas cruciales para la organización. La relación entre este tipo de factor de incertidumbre y los recursos pertinentes de poder es ilustrada por el caso clásico del monopolio industrial.[5]

El segundo recurso de poder se vincula con las incertidumbres que son producto de las relaciones entre la organización y sus contextos.

No puede existir una organización si no establece relaciones con sus entornos (en plural: mercados, dimensiones políticas, económicas, impositivas, legales, geopolíticas, geográficas, etcétera) pues depende de ellos por partida doble: por un lado, para obtener los recursos materiales y humanos necesarios para su funcionamiento (financiación, personal, tecnología, proveedores, etcétera) y, por otro, para colocar o "vender" sus productos, sean bienes o servicios.

Los individuos y los grupos que, por sus múltiples relaciones de dependencia o por su capital de relaciones en tal o cual segmento del ambiente, puedan controlar –al menos en parte– esta

---

[4] A los factores exógenos de contingencia que afectan la organización, Mintzberg agrega dos de carácter endógeno: su edad y su tamaño.

[5] El monopolio industrial es el caso 4 que se presenta en la segunda parte de este libro.

zona de incertidumbre y amoldarla en beneficio de la organización dispondrán en forma natural de un considerable poder dentro de ella. Es el poder de un actor que participa en varios sistemas de acción relacionados entre sí y que puede, por ello, representar el papel indispensable de intermediario y de intérprete entre lógicas de acción diferentes e incluso contradictorias.[6]

El tercer recurso de poder se relaciona con la forma de organización de la comunicación y los flujos de información entre las unidades organizacionales, y entre éstas y sus miembros. La posición jerárquica es un recurso de poder porque, entre otras cosas, puede actuar como un nodo intermedio en el flujo de informaciones, en sentido horizontal o vertical (ascendente y descendente).

Los jefes suelen transmitir una imagen "mejorada" del funcionamiento del sector a su cargo ante sus superiores. Asimismo, cuando reciben órdenes, distribuyen el trabajo entre sus subordinados favoreciendo a "los más colaboradores". Ambas cosas –y esto vale para el uso del resto de los recursos de poder– son habituales y se consideran aceptables dentro de ciertos límites. El *abuso de poder*, es decir, el abuso en la manipulación de un recurso en beneficio propio (que sucede cuando, por ejemplo, la imagen que transmite el jefe no es mejorada sino francamente deformada), puede incitar al gerente a verificar directamente lo que los subordinados opinan de sus jefes, y viceversa: los subordinados pueden intentar comunicarse directamente con el gerente (se produce así un cortocircuito que rompe con el encadenamiento escalar).

La dependencia de la calidad de la información para la toma de decisiones genera también una importante zona de incertidumbre y por eso es interesante analizar las estrategias de control y de resistencia ante dicho control.[7]

---

[6] Tres ejemplos concretos: 1. durante los períodos de dictadura, ciertas grandes empresas de la Argentina invitaron a formar parte de su directorio a militares de alto rango; 2. el caso del viajante, con su cartera de clientes de la empresa (que puede "llevarse" a otra empresa); 3. el ejemplo del miembro de la Comisión Interna sindical, cuya pertenencia a un sindicato poderoso puede ser determinante en el desencadenamiento de una huelga dentro de la empresa.

[7] La gestión del conocimiento no puede hacer abstracción de este hecho.

El cuarto recurso de poder es la utilización de las reglas organizacionales. La zona de incertidumbre correspondiente puede –más que las otras zonas comentadas antes– ser creada por los propios actores. Además, puede ser interpretada como una respuesta de los directivos (en tanto diseñadores de la organización) frente al problema que plantea la existencia de las otras tres fuentes de poder pues, en efecto, es mediante reglas que se procura controlar dichos factores de incertidumbre. La paradoja reside en que no sólo no los controlan definitivamente, sino que, además, crean otros que pueden ser aprovechados por las personas cuyos comportamientos pretendían hacer previsibles. El mejor ejemplo lo ofrecen las negociaciones y los regateos en torno a la aplicación de las reglas que comentaremos a continuación.

> La regla es un medio en manos del superior para obtener el comportamiento que espera por parte de sus subordinados. Puesto que prescribe en forma precisa lo que éstos deben hacer, reduce su margen de libertad aumentando el poder del superior. Sin embargo, el efecto racionalizador de la regla no opera en un único sentido, pues si bien restringe la libertad de los subordinados, actúa de la misma manera con el margen de arbitrariedad del superior, quien, por ejemplo, sólo puede ejercer su poder de sanción en circunstancias muy precisas. Las reglas se convierten así en un medio de protección para los subordinados, que se pueden escudar detrás de ellas frente a la arbitrariedad del superior.
>
> Si se tiene en cuenta que para que una actividad se lleve a cabo es preciso generalmente hacer más que lo prescripto por las reglas y como, por otra parte, el superior es juzgado por los resultados que obtiene en el sector a su cargo, su situación es de debilidad pues no puede demandar a sus subordinados más que lo que la regla exige.
>
> [Es así como el análisis de una] organización desde el punto de vista de las relaciones de poder a través de las cuales los actores manipulan las zonas de incertidumbre –para negociar continuamente su apoyo y para, en la

medida de lo posible, imponer sus propias orientaciones a otros actores– nos revela una segunda estructura de poder, paralela al organigrama oficial.

[La identificación de esta segunda estructura] permite delimitar la magnitud y el alcance reales de la autoridad oficial que el organigrama confiere y apreciar el margen de maniobra real que tienen los diferentes actores. Esta estructura de poder constituye, de hecho, el verdadero organigrama de la organización, que completa, corrige e incluso anula las prescripciones formales. Las estrategias de los actores presentes en la organización toman forma y se orientan en función de ella (Crozier y Friedberg, 1990, cap. 2).

El análisis estratégico

"Análisis estratégico" es la denominación utilizada por Michel Crozier y Erhard Friedberg en el texto *El actor y el sistema* (1990), que acabamos de citar, para designar una perspectiva de análisis de las relaciones de poder en contextos organizacionales que enfrentan múltiples factores de incertidumbre.

Según la síntesis realizada por Jorge Walter (2001) con la finalidad de precisar el procedimiento metodológico del análisis estratégico, las nociones básicas de este enfoque son las siguientes: actor, estrategia y sistema de acción concreto, que se agregan a las nociones de recurso y zona de incertidumbre a las cuales ya nos hemos referido antes.

El *actor* puede ser tanto un individuo como un grupo de individuos que actúan con un objetivo común. No debe confundirse un actor con una *categoría*. Categorías son los operarios, los supervisores, los gerentes, etcétera. Actores son aquellos operarios, supervisores y/o gerentes que se comprometen individual o colectivamente en una acción.

A continuación nos referiremos a una distinción clave que es necesario efectuar, al analizar las estrategias, entre el objetivo del actor y su apuesta. La importancia de esta distinción es ilustrada mediante el caso de la empresa Secobat (Bernoux, 1985). No debemos confundir, para comenzar, el concepto de estrategia tal como se lo entiende en *management*.[8]

Entendemos por *objetivos* las metas que cada actor se propone alcanzar respecto a los fines de la organización. Consisten generalmente en propuestas de resolución de problemas que aquejan a la organización (por ejemplo, la falta de renovación de la gama de productos). La *apuesta* se refiere, en cambio, al propio actor, es decir, a los recursos (por ejemplo, habilidades de diseño de nuevos productos) que está dispuesto a utilizar –a apostar, pues le puede ir bien o mal– para resolver el problema.

La distinción es clave porque, como decimos en la "Guía de análisis" (capítulo 10), si las apuestas personales predominan sobre los objetivos organizacionales, la organización se convierte en un campo de batalla carente de una orientación propia. Que pueda haber discrepancias no significa, por supuesto, que no se pueda o deba negociar hasta acordar –concesiones de las partes mediante– un objetivo común.

Como producto de tales negociaciones, toma forma en la organización (o no, pues a veces se fracasa en el intento, como ilustra el caso Secobat) su "sistema de acción concreto", a saber: el conjunto de relaciones que establecen entre sí los miembros de una organización para resolver los problemas prácticos cotidianos. El organigrama formal no siempre da cuenta de ellas y por eso es importante conocerlas cuando queremos entender cómo funciona realmente la organización.

El caso del monopolio industrial nos muestra por qué lo formal y lo informal pueden no coincidir, y la importancia del razonamiento sobre recursos y zonas de incertidumbre si queremos comprender el porqué de la distancia que puede existir entre ambos. El análisis

---

[8] Nos referimos aquí a la distinción clásica en *management* entre estrategias corporativas (definidas a nivel de la casa matriz), estrategias de negocios (por ejemplo, negocio de camiones versus negocio de autos, en una empresa automotriz) y estrategias funcionales (de áreas funcionales responsables del márketing, las finanzas, los recursos humanos, etcétera), que aluden a diferentes niveles de la organización.

de este caso es, sin embargo, estático: nos muestra una foto de las diferencias que pueden existir en un momento dado. Si queremos entender cómo funcionan las relaciones de poder en un contexto como el actual, signado por variadas y constantemente cambiantes fuentes de incertidumbre, tenemos que preguntarnos por los actores que están en acción movilizando sus recursos, como en el caso Secobat, para controlar zonas de incertidumbre que afectan a la organización (pero que no todos perciben del mismo modo –"racionalidades limitadas" mediante– ni con la misma intensidad).

El caso Secobat nos permite reflexionar también sobre la dimensión institucional. El intento de cambio del sistema de acción consiste de hecho en el reemplazo de la gestión familiar –basada en la confianza interpersonal– por una gestión profesionalizada –basada en el mérito–, que implica un cambio en las formas de legitimidad del ejercicio del poder en la organización: pasar de la indefinición de funciones y la confianza interpersonal que caracteriza a las empresas familiares al principio meritocrático que caracteriza a la gerencia profesionalizada de las grandes organizaciones corporativas (es decir, burocráticas), en las que la toma de decisiones se basa en el poder del experto.

Como veremos, esta distinción es aún más clara en el caso TM+X, en el que ambos principios chocan frontalmente al producirse una fusión entre una empresa familiar y (la filial de) una corporación multinacional.

Gobernanza y poder en las redes interorganizacionales

A partir de los años ochenta tuvieron lugar procesos de reducción de tamaño *(downsizing)*, de difusión –a instancias del modelo Toyota– de formas adhocráticas de organización (conocidas en Occidente como *lean production)*[9] y de tercerización (interna y

---

[9] Término acuñado por Womack, Jones y Roos (1992), que algunos han traducido como "producción magra", "aligerada" o "escueta".

externa)[10] que progresivamente desestructuraron las antiguas organizaciones burocráticas-divisionales y dieron forma a nuevas estructuras en red interorganizacional.[11]

En este punto examinaremos las relaciones de poder en las redes de organizaciones de dos modos diferentes. En primer lugar, en las cadenas de valor que vinculan entre sí proveedores y clientes situados en diferentes áreas geográficas; en segundo lugar, entre las organizaciones presentes en el área geográfica donde están ubicados los proveedores. Este modo de enfocar la cuestión tiene que ver, como explicaremos más adelante, con la importancia que tienen en los países en vías de desarrollo las cadenas exportadoras de *commodities*.[12]

Las relaciones de poder en las cadenas de valor

Entendemos por cadena de valor el conjunto de actividades que realizan las organizaciones, que van desde la concepción de un producto (puede tratarse de un bien o un servicio) hasta su uso final. Incluye actividades como el diseño, la producción, el márketing, la distribución y el soporte al consumidor final, que pueden estar a cargo de una organización individualmente[13] o –como en el caso que aquí nos interesa, que podemos denominar *cadena extendida*– distribuirse entre empresas independientes. Las cadenas de valor pueden circunscribirse, por otra parte, a un área geográfica, por ejemplo nacional (en tal caso las denominaremos locales o domésticas) o tener alcance internacional (cadenas globales). Por último, la relación con el cliente final puede ser directa (canal

---

[10] Denominamos *tercerización interna* a la subcontratación de tareas que se realizan dentro de la organización y *tercerización externa* a la subcontratación de tareas que se dejan de hacer dentro de ella y se entregan a subcontratistas externos. En el fenómeno de la tercerización subyace la idea de enfocarse sobre las "competencias nucleares" de la firma (Prahalad y Hamel, 1990).

[11] En un artículo la denominamos *organización transaccional* (Walter, 2002) y originalmente Manuel Castells la denominó *empresa red* (1997).

[12] *Commodities*: materias primas, productos con bajo grado de diferenciación.

[13] Eso sucedía en la forma clásica, burocrática, de organización, que tendía a internalizar las actividades.

entero) o a través de intermediarios (canal intermedio).[14] Estas distinciones se ilustran más abajo con el caso Prestigio (cuadro 1) y también con el caso FECOVITA.

Al igual que en las relaciones internas, en las relaciones entre organizaciones, el análisis del poder se basa en el desequilibrio que resulta de la posesión, por parte de una organización, de recursos que otra organización necesita (conocimientos, informaciones, dinero, etcétera) para poder alcanzar sus objetivos. Ese desequilibrio puede tener un carácter estructural (Huxham y Beech, 2010, pp. 497-519) y adoptar formas diversas, a las cuales nos referiremos a continuación en cuanto modalidades básicas de "gobernanza interorganizacional".

Las formas de gobernanza propias de las redes interorganizacionales (formas de "gobernanza de las cadenas de valor" a las cuales nos referiremos más abajo) y de las jerarquías intraorganizacionales ("gobernanza corporativa") deben distinguirse de las relaciones instantáneas de compra-venta en el mercado que vinculan a las empresas entre sí (Thompson y otros, 1991).

En los mercados (típicamente los mercados spot, como el Mercado Central de Buenos Aires), el vínculo entre las firmas se establece en forma instantánea y directa sobre la base de un acuerdo sobre la relación calidad-precio del producto que se adquiere. Aludir al mercado por oposición a jerarquías y a redes (a *governance)* no implica, sin embargo, asumir que en los mercados está ausente toda forma de "organización",[15] pues en su caso la coordinación se realiza mediante la definición de clasificaciones y estándares de los productos (tienen gran importancia las convenciones en materia de calidad y el rol de coordinación de

---

[14] La distinción *entire channel* (canal entero) versus *half channel* (canal intermedio) proviene de Van der Laan. Canal intermedio es un distribuidor mayorista (que a su vez vende a supermercados o minoristas); canal entero es una cadena de supermercados o un comerciante minorista en contacto directo con el consumidor final (Van der Laan, 1993).

[15] "Las relaciones de mercado pueden predominar, pero el mercado está organizado", dicen Humphrey y Schmitz (2000, p. 11), apoyándose en Gibbon (1999).

los comerciantes internacionales)[16] y mediante el ofrecimiento de garantías al comprador fundadas en la reputación del vendedor[17] o en la posibilidad de realizar inspecciones directas.

En las estructuras divisionales (organizaciones burocráticas de gran tamaño, con divisiones especializadas por tipo de mercado, producto o cliente), la coordinación entre las unidades la realiza el nivel jerárquico superior, basado en la autoridad que le confiere su posición en la estructura. Una división puede abastecer a otra independientemente de los precios de los bienes o servicios que le entregue, si así lo decide la autoridad corporativa, por muy alejada que ésta esté del lugar de la transacción.

Las cadenas de valor, en las que las organizaciones están vinculadas entre sí por contratos de provisión de bienes y/o servicios, son por su parte un híbrido, intermedio entre las jerarquías formales y los mercados informales en los que la transacción se efectúa en forma presencial. Estos híbridos están coordinados de modos estructuralmente diferentes, que denominaremos formas de gobernanza interorganizacional.

En cuanto a los rasgos estructurales de la distribución del poder en las cadenas, dos economistas (Gereffi y Korzeniewicz, 1994) distinguieron dos tipos básicos de configuración: las cadenas controladas por compradores (como sucede típicamente con las redes de proveedores de las grandes cadenas de supermercados) y las cadenas controladas por vendedores (como sucede típicamente con las redes de concesionarios de la industria automotriz).

---

[16] Es claramente el caso de las normas Eurep-Gap, resultantes de un acuerdo entre cadenas de supermercados europeas para unificar sus normas de calidad. Por oposición a *regional governance* (las reglas vigentes en el mercado doméstico, donde la comercialización de fruta fresca con cancro cítrico es, por ejemplo, admitida), podemos calificar a estas normas como aspectos de una *global governance*, vigente en el principal mercado de destino de las exportaciones de frutas frescas argentinas.

[17] Como veremos en el caso Prestigio, el responsable comercial de la empresa utiliza este expediente para abrir nuevos mercados: para obtener pedidos de nuevos clientes en nuevos mercados (los árabes, por ejemplo) invoca como referencistas para que informen sobre sus prácticas a sus clientes en Europa.

En América Latina, las cadenas globales son generalmente controladas por los compradores porque prácticamente la totalidad de los países de la región es exportadora de *commodities*. El caso Prestigio ilustra justamente ese tipo de situación, a diferencia de FECOVITA, que exporta productos diferenciados –vinos finos– y de alto valor agregado.

En un artículo más reciente (Gereffi, Humphrey y Sturgeon, 2005), sus autores distinguen a su vez tres formas de gobernanza de las cadenas de valor. En la primera, el desequilibrio en favor del comprador es máximo, tiende a equilibrarse en la segunda y, sobre todo, en la tercera:

- **Cadenas cautivas:** En este tipo de redes de subcontratación, los pequeños proveedores dependen en la transacción de compradores más fuertes, que los hacen competir entre sí para obtener un mejor precio. Los contratos son de corto plazo y están basados en la reducción de costos. Típicamente, la forma de contratación clásica de los proveedores de partes en la industria automotriz. También ha sido la forma de subcontratación clásica de las cadenas de supermercados.
- **Cadenas modulares:** Los proveedores elaboran productos según especificaciones detalladas del cliente. El vínculo se establece sobre una base de mayor duración, con garantía de estabilidad de precios. Como el cliente necesita que el producto responda a exigencias importantes en términos de diseño, calidad y/o inocuidad, trata de fidelizar (compitiendo con otros clientes) a sus proveedores más confiables ayudándolos a desarrollar las competencias necesarias.
- **Cadenas relacionales:** Implican interacciones complejas entre compradores y vendedores que crean una dependencia mutua.[18] Como en las cadenas de producción y comercialización de productos orgánicos en las que, los clientes transfieren

---

[18] Gereffi, Sturgeon y Humphrey ejemplifican este tipo de vínculos con las relaciones entre firmas próximas espacialmente que forman parte de un mismo distrito industrial.

gratuitamente tecnología, por ejemplo, de control de plagas mediante "enemigos naturales" respondiendo a las demandas de sus proveedores (como ilustra la tarea que realiza en Francia la granja experimental de la cadena comercial Pronatura). Otro ejemplo en el ámbito agroalimentario: las cadenas de comercio justo.

La construcción territorial del poder en las redes

Para equilibrar las relaciones en el marco de una cadena extendida, las organizaciones que se encuentran en posición desfavorable suelen asociarse (bajo diversas modalidades jurídicas, como los consorcios, alianzas estratégicas, *joint ventures*, etcétera) entre pequeñas organizaciones, o entre pequeñas y grandes firmas líderes locales. Además, pueden apoyarse, cuando existen, en la colaboración con instituciones locales de formación de recursos humanos calificados (escuelas técnicas, universidades), en instituciones públicas o privadas de ciencia y tecnología, en bancos públicos o privados de apoyo a las inversiones, en ONG nacionales o internacionales de promoción del desarrollo, etcétera. Esta es la forma de razonamiento propuesta por Humphrey y Schmitz cuando, en un artículo clave, recomiendan articular dos problemáticas hasta ese momento desconectadas: la referida a los *clusters* territoriales y la referida a las cadenas de valor (Humphrey y Schmitz, 2000).

También pueden apoyarse, como ilustra claramente el caso Prestigio, en los propios y poderosos compradores, cuando han cultivado con ellos un vínculo de confianza (Walter, 2011).

La experiencia del consorcio importador y exportador argentino Prestigio muestra, además, que los productores locales nunca ponen "todos los huevos en una sola canasta"[19] y mantienen una inserción simultánea en cadenas locales (donde continúan colocando las

---

[19] Tampoco lo hacen las cadenas mundiales de supermercados, que hoy en día recurren a todo tipo de canales de comercialización (y no sólo a los supermercados). En este sentido, la estrategia de los productores es un espejo de la estrategia de los compradores.

variedades tradicionales y contaminadas con cancro,[20] estrategia que denominamos "de explotación") y las globales (donde colocan las nuevas variedades, libres de cancro, estrategia que denominamos "de exploración").[21] Muestra también que la combinación de canales locales y/o globales no se limita a la venta, sino también a la compra, y que tampoco se limita a los insumos y productos y se verifica también en materia de financiamiento, provisión de tecnología, servicios de mantenimiento, personal, etcétera.

Cuadro 1. La inserción de los productores de Prestigio en múltiples cadenas, individualmente y a través del consorcio

Formas de organización de los productores	Mercado (doméstico)	Cadenas múltiples				
		Redes				Cadena modular (global)
		Cadenas cautivas				
		Domésticas		Globales		
		Canal intermedio	Canal entero	Canal intermedio	Canal entero	
Consorcio			Prestigio	Prestigio	Prestigio	Prestigio
Productor individual	Prestigio	Prestigio				

Cuando, por otra parte, se analiza el modo en que históricamente se desplegó la estrategia multicanal de los productores, se constata un proceso de "sucesión organizacional"[22] no lineal entre los

---

[20] Un hongo producto de la humedad elevada en las márgenes del río Uruguay.

[21] "La esencia de la explotación es el refinamiento y la extensión de las competencias, tecnologías y paradigmas existentes. Sus retornos son positivos, próximos y predecibles. La esencia de la exploración es la experimentación con nuevas alternativas. Sus retornos son inciertos, distantes y a menudo negativos" (March, 1991).

[22] El término fue acuñado también por Gereffi, que lo define del siguiente modo: "La sucesión organizacional se refiere a un proceso por el cual los fabricantes comienzan produciendo para los segmentos más bajos del mercado y luego se mueven hacia compradores que se desenvuelven en segmentos más sofisticados: la sucesión de compradores extranjeros hace posible que los fabricantes vayan mejorando sus instalaciones en la medida en que comienzan a satisfacer demandas de productos más sofisticados por parte de los compradores" (1999, p. 53).

diferentes tipos de cadena en los cuales se insertan: los intentos estratégicos referidos a la exportación le sirvieron a Prestigio para posicionarse más tarde en el mercado interno, y no al revés, como presupone la literatura clásica sobre desarrollo económico, que parte del supuesto del desarrollo endógeno como precondición para la exportación.

La estrategia de inserción en múltiples canales equivale, en términos de organización de los establecimientos agropecuarios, a una combinación de estrategias de producción de variedades tradicionales (explotación) y de desarrollo y producción de variedades nuevas (exploración), esto último en una proporción normalmente menor[23] del conjunto del negocio.[24] Ello permite, por otra parte, diversificar los riesgos y aprovechar las coyunturas favorables en diferentes mercados, globales y locales.[25] Puede suceder, sin embargo, que los precios internacionales y los locales sean bajos simultáneamente, y puede haber combinaciones. La combinación más negativa es sólo una de cuatro posibles y, además, es siempre coyuntural.

Los intentos estratégicos de los productores para posicionarse en los mercados internacionales consisten en remontar la cadena para capturar una parte creciente del valor agregado[26] aumentando simultáneamente el valor mediante la prestación de servicios adicionales.[27]

Este concepto tiene, sin embargo, una connotación lineal que no se verifica en el caso Prestigio.

[23] Alrededor del veinte por ciento de la producción.

[24] Pero mayor, salvo coyunturas específicas, en términos de rentabilidad (alrededor del ochenta por ciento de los ingresos).

[25] A fines de los años noventa, los precios locales de la fruta fresca eran superiores a los internacionales, por ejemplo.

[26] Vía desintermediación, cuando, por ejemplo, se sustituye el comerciante mayorista –y la entrega de la fruta a granel– por el comercio directo con las cadenas de supermercados y la entrega de la fruta en la puerta de cada punto de venta mediante contenedores refrigerados.

[27] Por ejemplo, el fraccionamiento y el *packaging* en origen para la disposición directa del producto en la góndola en redes con la marca del cliente.

Sobre el rol de la traducción

Este punto tiene el objetivo de conectar brevemente este capítulo con el próximo, referido a la comunicación, y con la "Guía de análisis" (capítulo 10).

Como en el caso de las organizaciones individuales, en las relaciones interorganizacionales también es necesario distinguir entre los aspectos formales y los informales. En el análisis de organizaciones individuales, lo formal a considerar son los organigramas, reglamentos, manuales de procedimientos, etcétera. En el caso de las relaciones interorganizacionales, lo formal se refiere a los contratos que vinculan a las organizaciones entre sí y las correspondientes cláusulas de garantía. ¿Cómo analizar las relaciones informales en el caso de los vínculos contractuales?

El análisis de los casos Prestigio y FECOVITA ilustra la metodología a utilizar para su estudio recurriendo a la noción de *traducción*, a la cual nos referiremos en detalle en el próximo capítulo, dedicado específicamente a la comunicación. Esta noción es empleada por Michel Callon para analizar las comunicaciones entre miembros de las organizaciones que actúan como contrapartes cuando se ponen de acuerdo sobre la resolución de problemas de interés común. La traducción consiste, en efecto, en explicarle a la contraparte de un modo comprensible el problema para cuya solución se le pide ayuda (porque tiene un recurso pertinente). Al igual que en el caso de las organizaciones formales, esas comunicaciones informales[28] son un complemento indispensable de los contratos.[29]

La traducción clave en las cadenas de valor extendidas es la que establece el diálogo entre una oferta y una demanda.[30] Por

---

[28] Esencialmente de conocimiento tácito, como veremos en el próximo capítulo.

[29] Lo ilustran los esfuerzos que realiza el técnico norteamericano Harry desde Estados Unidos para encontrar una solución rápida y sin costo para el problema de mantenimiento que sufre una máquina que había sido instalada por él en una planta industrial de Tierra del Fuego (Ruffier y Walter, 2010).

[30] En los términos de la teoría del actor-red (Domenech y Tirado, 1998). En efecto, es eso lo que diferencia una invención de una innovación: la conexión de una buena idea o creación con una demanda concreta.

ejemplo, cuando el comprador necesita un determinado tipo de fruta para satisfacer a su clientela, se comunica con el gerente comercial de Prestigio (que activamente los visita cada año con esa finalidad) para que seleccione la fruta en función de esos requerimientos y/o para que estimule a los productores miembros del consorcio a invertir en el desarrollo y cultivo de nuevas variedades. Para que los productores puedan hacerlo, tomará contacto luego con instituciones locales bancarias, educativas y de ciencia y tecnología, cuyo apoyo será necesario para que los productores puedan realizar las innovaciones necesarias en sus explotaciones individuales.

CASOS ILUSTRATIVOS

Para burocracia:
- La Agencia Contable de París
  Ilustra el círculo vicioso burocrático.

Para organización como organismo:
- El monopolio industrial
  Aun ahí, donde todo parece estar formalizado, hay zonas de incertidumbre irreductibles (la rotura de máquinas).
- La empresa Secobat
  Múltiples zonas de incertidumbre y consecuentemente de recursos de poder, poder distribuido entre varios actores que negocian y hay que tener en cuenta para introducir cualquier cambio. A diferencia de las burocracias maquinales, en las que se piensa que algo es bueno si es técnicamente apropiado.

Para *cluster* y cadena de valor:
- La "reparación imposible" de un robot en Tierra del Fuego
  Ilustra el concepto de traducción y su rol en la constitución de la red humana sociotécnica, informal e interorganizacional, que asegura el mantenimiento de los equipos complejos.
- El *cluster* citrícola argentino-uruguayo y el consorcio argentino Prestigio
  En este caso vemos que las organizaciones están atravesadas por lógicas de redes –en el sentido de la cadena de valor que conecta la

oferta y la demanda, y del territorio local productivo– dependientes una de otra (la red territorial como base para la inserción en las cadenas de valor).
* La federación de cooperativas FECOVITA
  Ilustra el mismo fenómeno en el caso de una organización de la economía social.

6 | Comunicación

GRACIELA CARLEVARINO, JULIA ROFÉ Y JORGE WALTER

En este capítulo analizaremos a la comunicación dentro de las organizaciones y entre ellas. Nos interesa considerar el tratamiento del tema desde diferentes perspectivas teóricas, contextualizándolas y relacionándolas con los distintos paradigmas organizacionales.

Ubicándonos dentro de las teorías actuales, consideramos necesario comprender las organizaciones como una compleja red de comunicaciones internas y externas, formales e informales, que son interdependientes.

Así como la cohesión cultural es clave para la durabilidad y la solidez de las estructuras burocráticas, así como la riqueza de puntos de vista discrepantes y la negociación son fundamentales para la capacidad adaptativa de las organizaciones adhocráticas, la comunicación (del conocimiento tácito) es el asunto fundamental para el establecimiento de la confianza en las colaboraciones que irrigan las redes interorganizacionales potenciando la apertura, la iniciativa y la flexibilidad que las distingue.

La comunicación formal y sus niveles

> Las comunicaciones, el intercambio de información y la transmisión de significados, son la esencia misma de una organización.
>
> KATZ Y KAHN, 1989

Sabemos que sin comunicación no hay interacción ni puede haber cultura compartida. La comunicación está en la base de los sistemas sociales, culturales y organizacionales. Asimismo, resulta fundamental analizar cómo la cultura organizacional condiciona las acciones no sólo técnicas y operativas, sino también comunicativas.

La comunicación organizacional puede definirse como el proceso por el cual los miembros de una organización buscan, interpretan, utilizan y envían información relevante (Kreps, 1995).

Este proceso permite generar y compartir información para posibilitar el desempeño coordinado de las tareas y lograr metas organizacionales e individuales. Se trata, por lo tanto, de un mecanismo de adaptación. También permite responder adecuadamente a las exigencias y oportunidades contextuales motorizando los procesos de cambio y las relaciones con otras organizaciones, y por esa vía, la definición y redefinición de las propias fronteras de identidad. En este sentido, es un mecanismo clave para la innovación

Si bien podemos diferenciar en las organizaciones dos subsistemas de comunicación con distintas funciones –las comunicaciones internas y las externas– y considerar en ambos las comunicaciones formales y las informales, nos interesa destacar que se trata de subsistemas interdependientes. Por lo tanto, desde una perspectiva sistémica, lo interno y lo externo, lo formal y lo informal deben estar articulados para que la comunicación sea efectiva.

Podemos diferenciar procesos comunicacionales formales e informales entre diferentes actores a tres niveles: individual, grupal y organizacional, que presentan diferentes aspectos a tener en cuenta para su caracterización y análisis.

Dentro del sistema de comunicaciones internas podemos diferenciar los niveles interpersonal (cuando una persona se comunica con otra), grupal (las comunicaciones en una unidad organizacional) e intergrupal (entre grupos o áreas). En estos niveles tienen lugar procesos formales e informales de comunicación interrelacionados, cada uno con sus peculiaridades, efectos, ventajas y desventajas.

En cuanto a las comunicaciones externas, podemos distinguir las que se establecen con entes reguladores, asociaciones o sindicatos; las que se establecen para llevar a cabo un proyecto conjunto con o en otras organizaciones clientes, socias o proveedoras, y la comunicación masiva destinada a públicos heterogéneos a los cuales interesa llegar con cierto mensaje.

Estos procesos comunicacionales, predominantemente formales, deben ser tenidos en cuenta al analizar la comunicación institucional como herramienta estratégica para la construcción y/o consolidación de la imagen corporativa.

La comunicación informal y la transmisión del conocimiento tácito

Además de la estructura y las comunicaciones formales, sabemos que las organizaciones establecen también relaciones informales que son producto de relaciones espontáneas, del trato cotidiano, de las afinidades, del afecto y la solidaridad. Las comunicaciones formales y las informales son complementarias y es fundamental tener en cuenta ambas para explicar y comprender las características y dinámica de la comunicación organizacional.

Ambos tipos de comunicación son fundamentales para la gestión del conocimiento. Nonaka y Takeuchi diferencian dos formas complementarias de conocimiento: el conocimiento explícito y el conocimiento tácito, que se desarrollan y transmiten a través de la interacción social mediante procesos comunicacionales tanto formales como informales (1999).

El conocimiento explícito es transmitido a través de la comunicación que fluye por la estructura formal mediante un lenguaje codificado (en reglas, procedimientos, organigramas, fórmulas, etcétera) que provee informaciones necesarias para la realización del trabajo. El conocimiento tácito (o implícito) es, en cambio, personal (no público, como los saberes codificados que están disponibles para quienes lo deseen y estén autorizados a acceder a ellos), subjetivo, informal, basado en la experiencia personal de trabajo, en los modelos mentales, los valores, las vivencias y las intuiciones. Es difícil de explicitar, formalizar y comunicar.

Las comunicaciones informales son fundamentales para la transmisión de conocimiento tácito. El conocimiento es compartido en su mayor parte mediante interacciones de ese tipo, informales, cara a cara, por "adaptación mutua", y dan origen a una forma de aprendizaje de tipo relacional. La comunicación cara a cara, directa y no estructurada, hace posible, por otra parte, la instauración de la confianza necesaria para que el conocimiento tácito se transmita y la colaboración se establezca, creando las condiciones para la innovación.[1]

Ambiente semántico y lenguaje

La interacción entre los actores está basada en la búsqueda de entendimiento (Habermas, 1981), de acuerdo mutuo en torno a las acciones. A tal efecto se establece una interacción interpersonal de comunicación abierta que está regulada por la respectiva validación de valores y normas comunes. El lenguaje desempeña el papel de mediador en el logro de acuerdos y del entendimiento.

La perspectiva lingüística propone un desarrollo fundamental para la comprensión de los procesos comunicacionales, principalmente internos, a partir del análisis del lenguaje, tomando como unidad de análisis las conversaciones y las narrativas e historias que ellas generan (Echeverría, 2000; Gore, 2004; Pearce, 1989).

La organización no tiene comunicación, sino que es comunicación en sí misma y supone un "ambiente semántico" (Postman, 1977) o contexto de comunicación. Este concepto implica reconocer una estructura de roles (quién dice qué, en qué momento, de qué manera) en función de la cual las personas interactúan y se comunican de una determinada manera. El significado de lo que se dice depende no sólo del lenguaje, de las palabras utilizadas, sino, sobre todo, del contexto lingüístico en el cual se sitúan.[2] Y lo mismo vale también, y quizá sobre todo, para el lenguaje no verbal.[3]

---

[1] El caso del robot en Tierra del Fuego muestra claramente en qué consiste la transmisión del conocimiento tácito y su importancia para la resolución de problemas complejos (Ruffier y Walter, 2010).

[2] Piénsese por ejemplo en el significado diferente que puede tener una misma palabra en dos países de lengua española.

[3] Ciertos gestos y actitudes considerados normales en culturas latinas pueden resultar intolerables en un medio anglosajón.

Las organizaciones tienden, por otra parte, a reproducirse en sus relatos en forma conservadora. Las historias organizacionales –en muchos casos impulsadas por los fundadores y/o líderes– constituyen una manera a través de la cual las organizaciones construyen un mundo coherente que les permite definir su cultura, su identidad.

En el capítulo en el que analizamos la cultura organizacional, se ha señalado el papel de los fenómenos culturales en la construcción de la identidad organizativa (Schein, 1982; 1988) y sabemos que la cultura organizativa se expresa, entre otros elementos, en una "historia", una narración compartida entre sus miembros, cuya pertenencia e identidad están íntimamente relacionadas con la posibilidad de compartir esa historia.

De este modo, el lenguaje en las organizaciones opera no sólo como impulsor de las acciones, sino también como factor clave en la construcción de las características culturales.

La comunicación en las organizaciones burocráticas

De acuerdo con lo mencionado en capítulos anteriores, sabemos que la perspectiva tradicional, correspondiente a la metáfora mecánica (Morgan, 1991), se desarrolló a principios del siglo veinte. El paradigma mecanicista sostiene los supuestos de "eficiencia" de la comunicación formal, vertical, que centraliza los controles y las decisiones en función de estrictas reglas y reglamentos. La comunicación es considerada un proceso unidireccional, que se inicia en el emisor, figura activa, que emite mensajes codificados desde sus ideas e intenciones utilizando los canales más adecuados para llegar a los receptores pasivos. Ello garantiza la efectividad de la comunicación. Su interés está centrado en el sistema de comunicaciones internas.

En las organizaciones burocráticas se privilegia la comunicación formal sobre la informal. Se trata de "normalizar" esta última de modo tal que no escape al control de las autoridades.

El esquema clásico del proceso comunicacional, lineal y formal, se basa en la especificación de los siguientes elementos (Lasswell, 2001 [1948]):

1. ¿Quién comunica? (emisor)
2. ¿Qué? (mensaje / códigos / filtros)
3. ¿A quién? (receptor)
4. ¿Por qué medios? (canales / herramientas)
5. ¿Con qué efectos? (resultados / *feed-back*)

La comunicación en las organizaciones adhocráticas

Las teorías que alimentan la metáfora orgánica (Morgan, 1991) y el análisis cultural de las organizaciones desde una visión sistémica coinciden en analizar las organizaciones como sistemas abiertos de complejidad creciente. En ellas las comunicaciones, tanto formales como informales, internas como externas, son consideradas claves como herramientas indispensables para la eficacia organizacional y el bienestar de sus miembros. Constituyen el soporte y el canal para el mantenimiento y desarrollo de la cultura organizacional.

Según Joan Costa (1992), enmarcado en una perspectiva de sistemas abiertos y considerando a las comunicaciones organizacionales como herramienta estratégica, de adaptación ante una variedad de factores de contingencia, conviene agregar al proceso formal dos elementos adicionales:

1. ¿Qué se pretende alcanzar? (objetivos)
2. ¿De qué recursos se dispone? (inversión, recursos humanos, técnicos, de tiempo)

Para la teoría mecanicista desarrollada originalmente por Harold Lasswell (1948) y Shannon y Weaver (1949), la preocupación central estaba en la relación entre los códigos del mensaje y las capacidades de los canales utilizados, esto es, en el modo de enviar un mensaje con la máxima eficacia, sin tomar en cuenta las interpretaciones individuales que podrían deformarlo en el camino. Esto último, el aspecto informal de la comunicación que escapa a lo previsto formalmente, es la preocupación principal de los enfoques organicistas y contingenciales desarrollados a posteriori. Dichas teorías, en las cuales se fundamenta la comunicación informal adhocrática, plantearon "un salto cualitativo" en la manera de ver, pensar y gestionar las organizaciones que permitió pasar de un abordaje simple, lineal y funcional a uno complejo, espiralado e inestable, que considera el cambio, el aprendizaje y la innovación como el producto de una ruptura de los canales formales (y no como una mera desviación de lo previsto por los diseñadores).

En estas teorías (Habermas, 1981; Luhmann, 1998; Costa, 2003, entre otros), se otorga especial importancia a la comprensión de los mensajes por parte de los receptores. De esta manera, la comunicación, vista como un proceso de relación, supone un proceso bidireccional o bien, circular. En términos de Mintzberg (1988, cap. 12), ya comentados en el punto referido al enfoque contingente de la cultura, se trata de un proceso radicular y cíclico, en permanente renovación, opuesto al enfoque lineal, jerárquico y *top-down*, que considera la intervención de los operadores como una desviación que debe evitarse.

Para las teorías de la contingencia, la habilidad comunicativa se demuestra por la capacidad de detectar las señales de respuesta del receptor y adecuarse a ellas. La decodificación que realiza el receptor del mensaje comunicado es, por su parte, el acto más importante del proceso comunicativo. Ambas caras del proceso pueden sintetizarse mediante el término *traducción* (Callon, 1976), que definimos formalmente más adelante y que está en la base de los procesos de innovación.

Dicho en términos sencillos y concretos, ejemplificados abundantemente en otros puntos, la traducción consiste en explicar el propio punto de vista en términos que sean comprensibles para la contraparte. Ésa es la condición para que la colaboración y, con el tiempo, la confianza se instauren entre las partes para hacer posibles las innovaciones. Según Michel Callon (1986), las innovaciones son producto, en efecto, de una superación de las barreras comunicacionales entre disciplinas, áreas, niveles jerárquicos y fronteras entre organizaciones e instituciones.

La comunicación en las redes interorganizacionales

Un aspecto central respecto a las organizaciones en el mundo actual es la necesaria conectividad e interactividad que establecen para hacer frente a los desafíos que plantea la globalización avanzada y que se manifiesta en el entramado de redes de organizaciones que comparten y construyen relaciones estrechas entre ellas y sus socios, sus clientes, sus proveedores y la comunidad, utilizando para ello una variedad de herramientas tecnológicas y de gestión (Ritter, 2005, p. 73). Ello implica, sin dudas, un desafío para la gestión de sus comunicaciones.

El trabajo en red interorganizacional implica la "gestión del vínculo", de la comunicación, basada en el entendimiento (en la traducción) y en la creación de confianza.

El aporte de Callon, Latour y Akrich (2002) ha sido muy valioso para comprenderlo ya que pusieron el acento en la cuestión de la producción de acuerdos entre los actores. Debido a la horizontalidad de los vínculos y a la ausencia de reglas y reglamentos formalizados, prima la negociación como principal mecanismo de resolución de las controversias. Las redes son el resultado de negociaciones y procesos de coproducción en los que contexto y contenido, actores y proyectos se definen mutuamente. Así surgen los compromisos basados en la confianza y la transparencia que condicionan la supervivencia de estas configuraciones innovativas.

Para analizar los mecanismos de producción de la cooperación necesaria y de un aprendizaje conjunto, clave para la innovación, estos autores recurren, como ya dijimos, al concepto de *traducción*. Teniendo en cuenta que las organizaciones que conforman una red son unidades culturales y "ambientes semánticos" (Postman, 1977) con sus propias características, es necesario, para posibilitar el entendimiento entre ellas, el proceso de traducción, entendido como una "relación simbólica" consistente en "transformar un enunciado problemático particular en el lenguaje de otro enunciado problemático particular" (Callon, 1976, p. 19).

Las redes son intensivas en comunicación y tienen un alto grado de dependencia de las relaciones, por lo que la existencia de barreras culturales puede afectarlas seriamente. Para que funcione una alianza estratégica u otra forma de cooperación, es necesario superar dichas diferencias a partir de la traducción. Los actores necesitan traducir sus lenguajes, problemas, identidades e intereses en términos comprensibles para sus contrapartes.

Gordillo cita el caso de la conformación de una *joint venture* entre un inversor argentino y un inversor chino, y destaca la fuerte impronta de las diferencias culturales.

> La diferencia cultural entre el inversor chino y el argentino es un factor determinante cuando se inicia la negociación de una *joint venture*.
>
> [...] la falta de conocimiento de la cultura de la contraparte, más precisamente, en este caso, de la cultura del inversor chino, pone en peligro aspectos negociables que tienen que ver con la forma de vida e interpretación de ciertas conductas.
>
> El conocimiento de la cultura china contribuye a una buena comunicación en la que el emisor transmite cierta información y el receptor la recibe efectivamente, observándose una correlación entre el sentido original dado y el sentido final percibido.
>
> [...] la adaptación intercultural tiene lugar cuando los individuos adquieren niveles de compatibilidad que van en aumento con su nuevo ambiente cultural, como así también implican la interacción entre participantes culturalmente diferentes que derivan en la adaptación de los miembros de ambas culturas.
>
> Es importante que los socios se adapten no sólo a nivel de los negocios, sino también al de la cultura.
>
> Con la adaptación cultural, ciertas normas de conducta entre los socios pueden ir surgiendo de modo que la *joint venture* se organice y opere sobre una base cultural consensuada. (Gordillo, 2010).

El aprendizaje realizado en cooperación interorganizacional permite innovar tanto en los procesos de gestión como en las actividades y proyectos conjuntos. Sobre todo cuando entran en contacto culturas profesionales y organizacionales diferentes y/o condicionadas por culturas nacionales distintas, como ya ha sido dicho en el capítulo referido a la cultura y que se ilustra mediante el caso de la reparación de un robot en Tierra del Fuego.

Sobre la construcción de confianza en las relaciones interorganizacionales

La clave en las relaciones de cooperación interorganizacionales reside en la construcción de la confianza, que permite trabajar a cada contraparte con la tranquilidad de saber que la otra está haciendo lo que se espera de ella sin necesidad de controlarla. El logro de algo semejante no es fácil por la naturaleza inestable de las relaciones entre organizaciones basadas en proyectos y contratos. El mencionado caso de la reparación del robot fueguino muestra el rol que cumple la capacidad de traducción desarrollada, cuando la confianza ya se ha instaurado y la colaboración tiene lugar más allá del simple interés monetario, por solidaridad con los colegas que en el otro extremo del mundo tratan de resolver el problema. La construcción de las obras *onshore* para las plataformas petroleras *offshore* fueguinas (Walter, 2000), otro caso de resolución exitosa de problemas en "el fin del mundo", revela el proceso gracias al cual es posible instaurar la comunicación y la confianza bajo condiciones de extrema presión temporal y de gran distancia cultural entre las partes que deben imperativamente cooperar.

Los casos más interesantes no son, sin embargo, estos dos, sino el protagonizado por el consorcio Prestigio, porque da cuenta de la instauración de la confianza entre organizaciones que cooperan "de memoria" por haber sido consecuentes a lo largo de mucho tiempo con los intereses de la contraparte y los tratan como si fueran propios.

La literatura sobre la confianza en las relaciones interfirmas estableció, en este sentido, una distinción de sumo interés para los gerentes que se proponen generar y emprender nuevos proyectos en cooperación con otras organizaciones, entre la confianza basada en características (étnicas, comunitarias, nacionales) y la confianza basada en los procesos de negocios (Humphrey y Schmitz, 1998). La confianza basada en características (como la resultante de la común pertenencia a una comunidad étnica cuyos miembros realizan negocios entre sí) sirve como un iniciador de los negocios. En el largo plazo, tales vínculos son insuficientes pues la confianza inicial basada en los lazos comunitarios requiere ser revalidada mediante la seriedad en el cumplimiento de los compromisos de provisión y pago de las mercaderías.

De la comunicación lineal y unidireccional a la traducción

La comunicación es el soporte de toda relación social y el origen de toda cultura. Sabemos que el comportamiento de las personas en la organización es efecto de una "manera de ser y hacer", de formas de pensar, decidir, actuar y de reaccionar que se van configurando a lo largo del tiempo y se transmiten de unos a otros formal y, sobre todo, informalmente conformando un sistema de comunicaciones internas y externas, esto es, un ambiente semántico cuyos significados son compartidos.

En este sentido, las comunicaciones son la trama que sostiene la dinámica organizacional, que se desarrolla en un entorno crecientemente dinámico y complejo que la condiciona y sobre el cual procura influir. De allí la necesidad de comunicación con los miembros de otras organizaciones, no sólo las destinatarias de sus productos o servicios, sino también con una variedad creciente de *stakeholders* insoslayables y con la opinión pública en general. La variedad de factores de contingencia que enfrentan las organizaciones de forma adhocrática hacen necesaria una visión global e integrada de las comunicaciones internas y externas, formales e informales, en el marco de una planificación estratégica de la política comunicacional y, sobre todo, de una retroalimentación a partir de sus receptores.

En la concepción tradicional, la comunicación era considerada como un proceso que se iniciaba en el emisor, la figura más significativa en la transmisión de mensajes codificados en función de sus ideas e intenciones, que procuraba hacer llegar inmodificados a los receptores trabajando para ello en la mejora de los canales de transmisión, sin prestar atención a eventuales retroalimentaciones, salvo para corregir las "conductas desviadas".

Esta concepción lineal y descendente de la comunicación, que fue en su momento dominante, perdió vigencia –aunque continúe gobernando muchos comportamientos– porque no da cuenta de la complejidad y dinámica real de los procesos comunicacionales y, menos aún, del papel central de los receptores, que, según el enfoque contingencial, son quienes alimentan a los emisores en el inicio del proceso y funcionan como un "imán" al dar impulso, sentido y significado a los mensajes del emisor.

Desde una perspectiva integral de análisis de la comunicación, hay dos polos estratégicos que se retroalimentan: los receptores y los emisores institucionales. Para el desarrollo de una comunicación efectiva, es necesario articular armoniosamente la estrategia comunicacional de la organización con las estrategias receptivas y demandas de los diversos actores del contexto: "saber escucharlos".

Esta perspectiva queda consagrada por el concepto de *traducción* acuñado por Michel Callon para dar cuenta de las redes interorganizacionales multiactores presentes en los procesos colaborativos que dan origen a las innovaciones, cuyo problema central es la "integración externa" entre miembros de diferentes organizaciones, tributarias de culturas profesionales, organizacionales y nacionales diferentes.

CASOS ILUSTRATIVOS

- La reparación "milagrosa" de un robot en Tierra del Fuego
  El caso muestra la importancia de la comunicación informal entre miembros de dos organizaciones ubicadas en las antípodas, una proveedora y la otra usuaria de la tecnología provista. Cuando se descompuso un robot en Ushuaia, la producción se detuvo y nadie

sabía qué hacer para que volviera a funcionar. Las máquinas no funcionan sin una red informal de relaciones entre personas que se ocupen como resultado de que la comunicación entre ellas fluye y hace posible la traducción.

- El consorcio Prestigio

Las traducciones entre diferentes tipos de actores presentes en el territorio (comenzando por los propios productores) y en diferentes eslabones de las cadenas de valor que se fueron realizando a lo largo de la historia le permitieron a esta empresa posicionarse sólidamente, a la vez internacionalmente y en el mercado interno, lo cual la ha convertido en un verdadero modelo del género sobre lo que los pequeños productores familiares pueden hacer.

7 | Cambio e innovación

JORGE WALTER Y ALICIA CALVO

Comenzaremos este capítulo estableciendo una distinción entre el cambio tecnológico referido a las herramientas materiales (los equipos y las instalaciones, a menudo caracterizados como tecnologías duras) y el referido a las reglas, las herramientas inmateriales –como el *software*– y los sistemas de gestión (también denominadas tecnologías de gestión, blandas o invisibles).

Luego distinguiremos entre la reglamentación y la regulación. Para que el cambio organizacional suceda, debe cambiar la regulación (informal) y para ello no alcanza con modificar reglas (formales) de funcionamiento, tales como el organigrama o el manual de procedimientos.[1] Ahora bien, ¿por qué pueden diferir el funcionamiento formalmente previsto y el que informalmente sucede?

Como ya se dijo en el capítulo sobre cultura, para que una nueva regla recién dictada realmente se aplique debe producirse lo que Schein denominó "transformación cognoscitiva" (1988): el valor proclamado[2] debe transformarse en presunción básica subyacente. Ayudar a que se realice esa transformación es el rol del liderazgo, dice Schein, y, dado que las nuevas reglas son por definición "discutibles", para que sean aceptadas –es decir, para que estén dispuestos a hacerlo– deben poder discutirse. En primer lugar, porque quienes deben aplicarlas son quienes mejor conocen el contexto en el cual se aplicarán y luego –y sobre todo–, porque,

---

[1] El mismo razonamiento se aplica a una nueva máquina. Que haya sido incorporada no significa que será utilizada. Lo ilustra muy bien la implementación fracasada del sistema informático en Secobat.

[2] Por ejemplo, la nueva regla: "a partir de hoy las cosas deberán hacerse de este modo, diferente del acostumbrado".

como afirma Philippe Bernoux, es la condición para que las sientan como propias. Esta discusión nos lleva al segundo asunto: la forma de comunicación que hace posible la "apropiación" de las reglas por parte de quienes deben utilizarlas (Bernoux, 1981).

La forma de comunicación que hace posible la apropiación se vincula con una segunda distinción entre *invención* e *innovación*. Hay grandes inventores, muchas de cuyas creaciones no fueron útiles en su época (uno de ellos fue Leonardo da Vinci). Que un procedimiento, una máquina o un producto sean (en teoría) excelentes no garantiza que a alguien le interesará utilizarlos. Una innovación es, por el contrario, una invención que ha encontrado su demanda.

Para que una nueva regla se convierta en hábito, o para que aprendamos a utilizar un nuevo producto o un equipo, la clave es que tenga lugar una *traducción*.[3]

Es fundamental que en el interior de las organizaciones exista traducción, horizontal y vertical, entre sus miembros para que las reglas tengan sentido, para que los equipos no sean subutilizados. Pero la traducción es aún más importante en las relaciones entre miembros de organizaciones jurídicamente independientes, es decir, aquellas cuyos miembros, si bien trabajan en proyectos comunes, dependen de distintas jerarquías. La construcción de confianza necesaria para que haya colaboración entre trabajadores es más difícil en una organización en la que quienes deben aplicar la regla o utilizar el equipo no comparten el espacio cotidianamente. Si en las cooperaciones entre miembros de organizaciones diferentes no se presta cuidadosa atención a los puntos de vista e intereses de sus contrapartes de otras organizaciones, rápidamente surgirá entre ellos la tentación de cambiar de interlocutores.

Este desafío se plantea frente a dos tipos básicos de relación entre miembros de organizaciones que colaboran en proyectos que los involucran conjuntamente. Por un lado, relaciones entre miembros de organizaciones presentes en un mismo territorio;

---

[3] Cfr. Capítulo 6, "Comunicación".

por otro, relaciones entre miembros de organizaciones presentes en diferentes eslabones de una cadena de valor.[4]

Aprendizaje de circuito simple versus doble

Volvamos sobre la distinción entre reglamentación y regulación. Como dijimos, en materia de organización, innovar significa cambiar la regulación (Bernoux, 2004). La regulación no se refiere a las reglas formales preexistentes[5] ni a las nuevas reglas proclamadas que se desea poner en práctica, sino a las reglas en uso (que realmente se aplican y que pueden no coincidir con las reglas formales anteriores y/o las nuevas que se pretende instalar en un proceso de cambio).

En cuanto a las innovaciones de circuito simple y las innovaciones de circuito doble (Argyris, 1976) diremos que:

- Los cambios de circuito simple[6] son innovaciones de carácter incremental que caracterizan la mejora continua de lo existente. Se trata de pequeños cambios optimizadores que

---

[4] Cfr. Capítulo 1, "Formas institucionales y de organización". Este tipo de relaciones entre organizaciones se analiza mediante el concepto de gobernanza interorganizacional.

[5] Que, según el sociólogo estadounidense Alvin Gouldner (1954), pueden existir sólo como fachada (*mock bureaucracy*, que podemos traducir como falsa burocracia o burocracia simulada). Este autor lo ejemplifica con algo que sucedía en los años cincuenta con la regla de no fumar en las fábricas, que se simulaba respetar cuando venían las inspecciones (el simulacro era organizado por la gerencia, que avisaba a los jefes, que a su vez avisaban a los supervisores, que por último advertían a los operarios para que barrieran los pisos y escondieran los ceniceros porque venía una inspección). Hoy en día sucede algo parecido con las auditorías de sistemas de gestión de la calidad, la seguridad y/o el medioambiente certificados. Y cuanto más proliferan las normativas –a punto tal que la certificación se ha convertido en uno de los negocios de consultoría más rentables actualmente–, mayor es el riesgo de simulación (Bieder y Bourrier, 2014; Dekker, 2014), es decir, como diremos a continuación, de mera "declamación".

[6] El término *upgrading* –cuya traducción literal es "mejora"– es utilizado por algunos economistas para referirse a la innovación en general, si bien correspondería utilizarlo sólo para el caso de la mejora continua.

se efectúan dentro de la lógica de un nuevo sistema que se acaba de implementar.[7]

- Los cambios de circuito doble son, por su parte, de carácter radical y tienen que ver con la sustitución –que no debe confundirse con la reingeniería–[8] de la regulación existente por otra nueva, portadora de una nueva lógica. El propio Argyris, autor de la distinción, presenta un ejemplo muy interesante que conecta este tipo de innovaciones con la diferencia que existe entre la reglamentación (formal) y la regulación (informal).

Chris Argyris describe un experimento que llevó a cabo en un gran banco. El banco implementó una normativa para el reclutamiento de personal en sus sucursales. Una fórmula cuidadosamente diseñada permitía determinar cuántos cajeros, gerentes, etcétera, se necesitaban en cada sucursal. Según ese procedimiento, a medida que aumentaba el trabajo, se contrataba más personal. La fórmula era una especie de "termostato" de circuito simple[9] y parecía que funcionaba bien.

Argyris sugirió reemplazarla por un experimento de circuito doble: "Reunámonos con los trabajadores de la mitad de las sucursales (la otra mitad funcionaría como grupo de control) y dejemos

---

[7] Típicamente, la mejora continua (en japonés: *kaizen)* es el modo de innovación incremental que caracteriza el modelo de gestión japonés (Imai, 1986). Esa forma de innovación, como señaló Imai, aparece siempre tras un cambio radical (la sustitución de la cadena fordista por el sistema "justo a tiempo" y el método de abastecimiento Kanban, por ejemplo). Un ejemplo muy claro de ello son las versiones beta de un nuevo *software* que se ponen a disposición de la comunidad de informáticos a cambio de que identifiquen y comuniquen los problemas que inicialmente tienen, para ayudar a corregirlos.

[8] La reingeniería se refiere, en primer lugar, al rediseño radical de los procesos, o sea, a la modificación del diseño formal. Pero no alcanza al cambio en las presunciones básicas subyacentes, es decir, en la regulación. Uno de los autores del texto clásico sobre reingeniería (Hammer y Champy, 1994) reconoció, ante reiterados fracasos de las reingenierías, que le "habían advertido que la cultura organizacional era importante".

[9] Argyris considera que el termostato de la heladera es un claro ejemplo de innovación de circuito simple pues cuando se produce el "error" (es decir, cuando el proceso de calentamiento supera cierto límite) lo corrige, pero sin modificar la lógica del sistema.

que sean ellos los que decidan cuántos trabajadores hay que contratar. Si contratan menos de los que 'el termostato' indicaría, que les corresponda una parte de los beneficios económicos". Este último, de tener lugar, equivaldría a un aprendizaje de circuito doble porque sustituiría la fórmula de reclutamiento de circuito simple por otro sistema que comprueba y evalúa por sí mismo la validez de las reglas a aplicar.

El banco accedió y descubrió que las sucursales de doble circuito se resistían a contratar personal hasta que realmente lo necesitaban. Cuando aumentaba el número de clientes empresariales y el encargado de la banca de particulares no estaba muy ocupado, se acercaba a dar una mano. Al finalizar el año, las sucursales que formaron parte del grupo experimental habían realizado tantas o más operaciones que las otras, pero con un 25 por ciento menos de personal.

Experimentos similares realizados en General Foods para una fábrica de alimentos de animales permitió una reducción de personal del treinta por ciento, sin descenso de la producción comparativamente con otras plantas similares.

Las innovaciones incremental y radical son, en síntesis, dos formas complementarias de innovación mutuamente necesarias.[10]

Sin embargo, la mejora continua no debe minimizarse reduciéndola a la mera introducción de pequeños cambios o a la simple corrección de errores puntuales. Si se le asigna la misma importancia que le atribuyen los cultores del "modelo japonés", consiste nada menos que en el mentado y difícil proceso de transformación cognoscitiva que sucede a todo intento exitoso de cambio regulatorio, es decir, de un cambio radical.

[10] El argumento de Imai es el siguiente: cuando se está mejorando una tecnología existente –dura y/o blanda–, es importante prepararse para un salto futuro cuando el ciclo de vida de las mejoras en las tecnologías actuales llegue a la fase de agotamiento y declinación. Sabemos, por otra parte, que los ciclos de vida de los productos, los procesos productivos y las formas de organización se aceleran día a día reduciendo la vida útil de las tecnologías disponibles. Es muy interesante, a este respecto, el debate actual sobre el impacto ambiental de la obsolescencia programada.

Invención versus innovación

Reiteremos, por su importancia, la distinción entre invención (la creación de un nuevo producto, proceso o forma de organización) e innovación (su adopción, difusión u oferta en el mercado).

Invención significa creación de un objeto nuevo. Innovación indica que ese objeto ha encontrado –o ha creado– una demanda concreta, como propone Michel Callon (Callon, Latour y Akrich, 2002).

Figura 1. A la izquierda, máquina voladora de Leonardo da Vinci (entre fines del siglo quince y comienzos del siglo dieciséis). A la derecha, helicóptero Sikorsky de la Armada Argentina (fines del siglo veinte); foto de Jorge Núñez Padín.

Los socioeconomistas mencionan las innovaciones en productos, procesos productivos y áreas funcionales (organizacionales). Agreguemos las innovaciones interorganizacionales, es decir, en las relaciones entre organizaciones pertenecientes a un mismo o a diferentes ámbitos institucionales (público, privado, con y sin fines de lucro), que en el capítulo 5 denominamos *formas de gobernanza interorganizacional*.

Los economistas han mostrado que las innovaciones en productos permiten el posicionamiento o el reposicionamiento en los mercados, pero no tienen lugar sin innovaciones funcionales (sin el desarrollo de una estrategia de márketing, por ejemplo, para lo cual es necesario a veces crear en las organizaciones un área especializada en el tema),[11] y lo mismo vale para otras áreas, como la financiera, de ingeniería, recursos humanos, etcétera. Las innovaciones en procesos permiten, por su parte, el mantenimiento de las posiciones ganadas en los mercados (por ejemplo, las mejoras sanitarias o la reducción de costos de los productos fabricados).

Las innovaciones en las formas de gobernanza interorganizacional pueden tener lugar a nivel territorial o en las cadenas de valor. En el primer caso, contribuyen a la creación de un "entorno institucional habilitador" (a la constitución, por ejemplo, de un sistema local o nacional de innovación), es decir, propiciatorio de la inserción de los productores en cadenas de valor locales y/o globales de diferente tipo (ilustradas por la tipología introductoria del caso Prestigio), a saber:

- Relaciones interorganizacionales en un ámbito territorial. Se han acuñado diferentes conceptos para dar cuenta de ellas: "sistemas nacionales o locales de innovación" (Lundvall, 1992), *cluster* (Porter, 2003), "distritos industriales" (Becattini, 2002).
- Relaciones interorganizacionales en el sentido de las cadenas de valor. Incluyen tres formas básicas de coordinación entre organizaciones:
  - Jerarquía (cadena internalizada por la firma: "integración vertical").
  - Mercado (negociaciones cara a cara con el productor, con los productos "al alcance de la mano", como en un mercado spot, concentrador).
  - Redes de subcontratación (híbridos jerarquía/mercado), según diferentes formas jurídicas: alianzas, consorcios, *joint ventures*, etcétera, y con las siguientes variantes internas:
    ○ Cadenas cautivas: Cuando un gran comprador domina sobre varios proveedores del mismo producto y los pone a competir para lograr que reduzcan sus precios. Este tipo de cadenas se ha denominado también OEM. El

---

[11] Como ilustran los casos Prestigio y FECOVITA.

proveedor sólo fabrica a partir de patrones provistos por el comprador. Otro ejemplo es la provisión de *jeans* por parte de fábricas chinas a comerciantes occidentales que controlan el diseño y las marcas.

- ° Cadenas modulares: Cuando el proveedor es exclusivo y provee al comprador de innovaciones en insumos complejos. Este tipo de cadenas se ha denominado ODM. Es el caso del Keiretsu de empresas automotrices japonesas, en el que proveedores exclusivos innovan sobre las partes del vehículo que fabrican, para lo cual establecen con el comprador acuerdos de mediano y largo plazo.

- ° Cadenas relacionales: Cuando el proveedor y el comprador comparten algo más que la intención de hacer negocios. Por ejemplo, cuando se ayudan mutuamente en virtud de su pertenencia a una misma comunidad étnica. O cuando comparten valores, como sucede con la promoción del desarrollo regional sustentable en las cadenas del comercio ético.

- Relaciones territorio-cadena: Lo más importante reside en la articulación entre los vínculos interorganizacionales en un espacio territorial (de lo cual depende la fuerza del entorno habilitador) y la inserción de los productores en cadenas de valor globales. La posibilidad de realizar "intentos estratégicos" exitosos de posicionamiento en las cadenas globales de valor es fuertemente dependiente (Humphrey & Schmitz, 2000), sobre todo en los países en vías de desarrollo, de la existencia de redes locales que den sustento durable a los procesos de innovación necesarios.[12]

En las formas de gobernanza interorganizacional vale también la distinción entre reglamentación y regulación aplicada al análisis de las relaciones y los procesos de cambio en las organizaciones.

---

[12] Lo cual es ilustrado por la relación entre Prestigio y FECOVITA con el Instituto Nacional de Tecnología Agropecuaria (INTA) en Entre Ríos y en Mendoza, respectivamente.

Para que las innovaciones tengan lugar, más allá de los acuerdos o contratos que se firmen entre organizaciones independientes y de las correspondientes cláusulas de garantía, la clave reside en la construcción de confianza que hace posible que el conocimiento tácito circule entre los miembros de las partes en interacción (es muy importante tener en cuenta, en este sentido, la distinción entre la "confianza basada en características" y la "confianza basada en los procesos de negocios", que se desarrolla en el capítulo referido a la cultura organizacional).

Formas organizativas y formas de cambio en la regulación

La gestión del cambio tiene lugar de tres maneras diferentes en las formas organizativas presentadas.

El cambio en las burocracias

Burocracia e innovación son términos contrapuestos, lo cual no significa que las burocracias no cambien. Como ilustra el Caso de la Agencia Contable, para resolver los problemas provocados por el exceso de reglas, la burocracia recurre a nuevas reglas, lo cual da origen a un círculo vicioso que agrava el problema en vez de resolverlo. Esto conduce inexorablemente la organización hacia la crisis. El problema no reside tanto allí, sino en que el único modo aceptable de cambiar en una estructura burocrática es modificándolo todo. Todo cambio parcial es considerado por los miembros de la organización como arbitrario. A los largos períodos de estabilidad, propios de actividades caracterizadas por la rutina, suceden en este tipo de organizaciones breves momentos de profunda crisis, necesaria porque permite realizar los cambios estructurales precisos para que la organización retome su funcionamiento sobre nuevas bases.

Un ejemplo típico de crisis burocrática, cambio drástico y recomienzo sobre nuevas bases, es el de la privatización de empresas públicas en América Latina a comienzos de la década de 1990. Anteriormente, conseguir un teléfono fijo demandaba en Argentina varios años de gestiones, que muchas veces fracasaban. En el breve período de cinco años después de la privatización, se completó la digitalización de las telecomunicaciones (mediante el reemplazo de tecnologías obsoletas por tecnologías de última generación) y tener un teléfono se convirtió en un simple y rápido trámite administrativo. Algo parecido sucedió, más tarde o más temprano, en la mayoría de los países de la región (Walter y Senén González, 1998). Y aquellos países que, como Uruguay, decidieron –tras un referéndum– no privatizar o lo hicieron tardíamente, como Brasil, desmontaron de hecho las burocracias por la vía de la tercerización (Walter, 2002).

El cambio y la innovación en las organizaciones de tipo adhocrático.

La capacidad de resolver nuevos problemas innovando es un rasgo intrínseco de este tipo de organizaciones, cuya virtud principal reside en la capacidad de adaptación enfrentando situaciones contingentes mediante soluciones ad hoc, es decir, adaptadas a la particularidad del problema que se plantee. Ciertas organizaciones nacen adhocráticas (como la NASA). Otras buscan flexibilizarse recurriendo al mecanismo de coordinación típico de estas configuraciones organizacionales: la adaptación mutua. Recurren para ello al diseño de estructuras matriciales, a la creación de posiciones de enlace y gerencias integradoras y al trabajo en equipos (Mintzberg, 1988).[13] En este tipo de organizaciones, la innovación es producto del aprendizaje individual y colectivo realizado al participar en sucesivos proyectos.

¿Cómo logró la empresa mendocina IMPSA (Industrias Metalúrgicas Pescarmona) adquirir autonomía en la capacidad

---

[13] La existencia de equipos integrados por personas que no necesariamente pertenecen a la propia organización es un aspecto que está en el origen de la evolución de las adhocracias. Cuando se difunde hacia su "integración externa", se convierte en una estructura en red interorganizacional.

de concepción y fabricación de turbinas hidráulicas para centrales hidroeléctricas y venderlas luego en numerosos países, entre ellos varios latinoamericanos, China y Estados Unidos de Norteamérica?

Carlos Gutiérrez (2001 y 2013), historiador de la tecnología, indagó sobre los aprendizajes realizados por la empresa, proyecto tras proyecto, a lo largo de más de una década, mediante una investigación realizada a partir de los archivos de planos de obras de la compañía y entrevistas a los ingenieros que habían participado en ellos.

La clave para lograr la transmisión del conocimiento tácito que tenían los proveedores extranjeros de las licencias de fabricación de las turbinas consistió en una estrategia concebida e implementada personalmente por el más alto directivo, propietario de la compañía: que los ingenieros de IMPSA se instalasen durante largos períodos en las oficinas de sus proveedores de tecnología para participar junto a sus ingenieros en el diseño de los equipos.

El conocimiento tácito sólo puede transmitirse y adquirirse de manera presencial y en contacto directo y personal con quienes lo poseen (cfr. Capítulo 6, "Comunicación"). Para que esa presencia fuese autorizada por los proveedores de tecnología, IMPSA contó con el apoyo del gobierno argentino. Se condicionó la compra de cierto número de turbinas para instalar en represas locales a que fueran fabricadas en Argentina por la empresa mendocina. Ésta, para poder hacerlo, impuso al proveedor ruso de las licencias la condición de la participación directa de sus ingenieros en el proceso de diseño.

El cambio y la innovación en las redes de organizaciones

Así como las estructuras divisionales son una culminación de la forma burocrática de organización, las redes de organizaciones son una culminación de la forma innovativa adhocrática. La clave del dinamismo innovador de las redes de organizaciones actuantes en proyectos conjuntos reside en su aptitud para combinar el conocimiento tácito de los miembros independientes de la red.

El concepto de *innovación abierta* ilustra esta idea pues responde al tipo ideal de la comunicación-traducción. Respecto al determinismo tecnológico (a su énfasis en los procesos formales) que caracteriza a la reingeniería, la innovación abierta es una versión contemporánea del viejo enfoque sociotécnico.[14] Mientras la reingeniería pone el acento en el rediseño de los procesos productivos y administrativos basándose en el potencial transformador de las nuevas tecnologías (para recomponer la precedencia natural de los procesos de trabajo "desmigajados" por el taylorismo), la innovación abierta pone el énfasis en las relaciones interpersonales transorganizacionales gracias a las cuales el conocimiento tácito puede circular. Por supuesto, ello favorece (tal como sucede en el caso del IPOD analizado por Suzanne Berger en el cuarto capítulo de su libro) la convergencia de conocimientos sobre innovaciones tecnológicas realizadas en paralelo por diferentes empresas, especializadas respectivamente en nanotecnología, hardware, *software* y bases de datos (Berger, 2006).

La adaptación mutua entre miembros de diferentes organizaciones, o *integración externa,* es posible gracias a una forma de comunicación particular: la traducción (cfr. Capítulo 6, "Comunicación"). La traducción no tiene tanto que ver con la transmisión de conocimiento explícito, formalizado (condición necesaria, pero no suficiente), sino, sobre todo, con la comunicación del conocimiento tácito, no codificado, producto de la experiencia, que no sucede mientras no se logre instaurar un vínculo de mutua confianza, para lo cual suele ser necesario "decirse las cosas en la cara", comunicarse una emoción reprimida.[15]

Numerosas investigaciones han mostrado la importancia de las redes de organizaciones territorialmente localizadas y

---

[14] Cfr. capítulo 3, "Contexto histórico".

[15] El modo en que se logra construir ese vínculo bajo extrema presión está ilustrado en el trabajo conjunto que realizaron los técnicos de una compañía argentina y otra francesa que dibujaron –volcando en ellos, al hacerlo, sus respectivos conocimientos tácitos– los planos de ingeniería de detalle para las instalaciones *onshore* de plataformas petroleras que se construían en Tierra del Fuego. La confianza recién se instauró cuando se animaron a decirse frontalmente –y recibieron las consiguientes explicaciones sobre la racionalidad de lo que observaban– lo que mutuamente pensaban sobre lo chocante de algunos de sus respectivos hábitos de trabajo (Walter, 2000).

pertenecientes a diferentes ámbitos institucionales. Son casos clásicos Silicon Valley (Saxenian, 1990; 1991) o los distritos industriales italianos y, en Argentina, el *cluster* del vino en Mendoza (McDermott y Corredoira, 2011) y de la maquinaria agrícola en Rafaela, Santa Fe.

Uno de los más interesantes ejemplos locales de cooperación interfirmas en espacios geográficos determinados son los Consorcios Regionales de Experimentación Agrícola, o Grupos CREA. La innovación en las cadenas de valor es ilustrada por el caso Prestigio, en el cual reconstruimos la cadena histórica de traducciones que estuvo en el origen de las innovaciones que contribuyeron a su durable posicionamiento internacional como uno de los mayores y más dinámicos exportadores de cítricos de la región transfronteriza argentino-uruguaya del bajo río Uruguay.

Prestigio muestra que su inserción en las cadenas de valor más exigentes sólo fue posible gracias a una innovación institucional: la constitución del consorcio (gracias a que los productores familiares lograron asociarse venciendo su tradicional y acérrimo individualismo) y la cooperación estrecha entre el consorcio y un ente público de investigaciones y desarrollo varietal como el Instituto Nacional de Tecnología Agropecuaria (INTA). Se debió, pues, a innovaciones producto de la cooperación entre actores diversos presentes en la región de referencia de los productores. Se sumó a ello el apoyo financiero para la creación del consorcio y la construcción de sus instalaciones por parte del principal cliente extranjero de la nueva organización, sin el cual no hubiese podido constituirse. Fue una de las traducciones ocurridas entre los actores presentes en diferentes eslabones de la cadena de valor. Ambos tipos de traducciones (territoriales y en la cadena de valor) se reforzaron mutuamente y dieron origen al dinamismo exportador durable de los productores regionales de cítricos.

En forma muy pragmática, Etienne Wenger define las comunidades de práctica como un "grupo de personas que comparten un interés, un conjunto de problemas, o una pasión sobre un tema, y profundizan su conocimiento y experiencia en el área a través de una interacción continua que fortalece sus relaciones" (Wenger & Snyder, 2000).

La utilidad del concepto es bien ilustrada por el paso "De la vapeur au TGV" (DeTerssac y Lalande, 2002). También lo ilustra muy bien el paso de la tecnología del motor a pistón a la propulsión a chorro en el libro de Alejandro Artopoulos (2013) sobre el "avión peronista" Pulqui en los años cincuenta. En ambos casos, se observa que las tecnologías antigua y nueva son radicalmente diferentes en un plano cognitivo. La cultura ferroviaria respondía a la cultura del vapor. La electricidad fue, durante mucho tiempo, sólo un valor experimental, no aceptado por la comunidad ferroviaria tradicional. Esto se vio reflejado en graves conflictos entre la vieja coalición artesanal dominante y la nueva coalición ingenieril en vías de expansión, que fue ganando terreno a medida que los viejos trenes, que se habían dejado de fabricar, iban siendo sustituidos por los nuevos.

Es una manera interesante de constatar el carácter indisociable del razonamiento sobre el poder y la cultura. Construir la nueva coalición equivalía a un "trabajo cognitivo" con los nuevos valores, que fue progresivamente constituyendo la nueva comunidad de práctica.

CASOS ILUSTRATIVOS

- La empresa Secobat
  Innovación fracasada por la incapacidad del Sr. X para crear una coalición interna que sostuviera el proceso. La introducción del cambio, más allá de su valor técnico, involucraría una ruptura del equilibrio y pérdida de poder de ciertos grupos en favor de otros en situación de expertos, quienes impondrían mayor control y restricciones en toda la organización.
- La "reparación imposible" de un robot en Tierra del Fuego
  Ilustra el rol de la traducción para la solución de un problema complejo. El caso muestra que, más allá del conocimiento explícito (manuales, contratos), la transmisión de saberes tácitos es fundamental para la innovación.
- El consorcio Prestigio
  Muestra la importancia de la innovación como base para las iniciativas estratégicas que le permitieron al consorcio capturar porciones crecientes de valor escalando en las cadenas globales de valor.

8 | Individuo: del empleo a la empleabilidad

ZULEMA BEZ

El mundo organizacional en el que nos movemos hoy en día muestra un paisaje social completamente distinto al que conocieron generaciones anteriores. Desde las primeras organizaciones estudiadas por las escuelas clásicas de la administración científica en la sociedad industrial de los albores del siglo veinte hasta llegar al complejo entramado de las redes de organizaciones en la sociedad contemporánea de la información, se han producido cambios trascendentales en el modo en que las organizaciones enmarcan la vida de las generaciones que han impactado sobre la naturaleza del trabajo y sobre el significado social de la identidad constituida en ese ámbito.

Con un trasfondo signado por la globalización y la intensificación de la competencia, se ha ido perfilando un nuevo contexto laboral atravesado por abruptos cambios organizacionales y por la aparición continua de nuevas formas de organización. En este escenario se recorta la figura de un individuo ante una situación de creciente incertidumbre producto de la fluctuación y la pérdida de su estabilidad en el trabajo, que simultáneamente enfrenta nuevos requerimientos de competencias radicalmente diferentes.

El trabajo, considerado largo tiempo un pilar esencial de la condición humana como base de la identidad, cambia de sentido cuando la estabilidad deja paso a la flexibilidad y a la incertidumbre de los objetivos de corto plazo; cuando de la permanencia y el arraigo en una organización, el individuo pasa a la exigencia de la movilidad continua.

Para los individuos, las distintas formas de organización –los sistemas burocráticos cerrados preconizados por la gerencia científica, las organizaciones abiertas y capaces de enfrentar contingencias y, hoy en día, las redes de organizaciones asociadas para innovar– constituyen ámbitos de naturaleza muy diferente, cuyas lógicas modelan de un modo particular sus estrategias, el carácter de la relación laboral y los vínculos que construyen en dichos contextos.

A lo largo de este capítulo intentaremos arrojar luz sobre la naturaleza de los cambios que se han producido en la articulación entre los individuos y las organizaciones. Nuestro propósito es abrir algunas líneas de reflexión sobre las lógicas y mecanismos que guían las estrategias y acciones de los seres humanos en el mundo organizacional contemporáneo.

Individuos y organizaciones

Individuos, grupos y organizaciones en sus respectivos contextos fueron los niveles de análisis privilegiados por quienes se han interrogado sobre los comportamientos de las personas en las organizaciones.

Las primeras preguntas formuladas se referían a la motivación, el compromiso, la productividad y los conflictos entre los seres humanos, y al rol que debía desempeñar la gerencia para que la organización pudiese alcanzar sus objetivos.

La atención puesta en los grupos y en su importancia para el desarrollo de un sentido de pertenencia y de identidad de las personas fue un foco de análisis relevante no sólo por su valor psicológico para los individuos, sino, sobre todo, por sus consecuencias para el logro de las metas organizacionales.

Estos primeros interrogantes se gestaron en el marco de organizaciones con un grado considerable de estabilidad, con fronteras claras y delimitadas. En ellas, el modelo de trabajador convencional era el "regular", apegado a la organización en la que trabajaba, que le brindaba ocupaciones duraderas y protegidas.

Con el trasfondo de la globalización, la actualidad plantea escenarios muy distintos. Fusiones y adquisiciones, descentralizaciones y tercerizaciones mediante, las estructuras de las empresas se han vuelto cada vez más móviles y multiformes. Los procesos continuos de racionalización y reestructuración y la necesidad constante de innovación han impactado profundamente sobre la organización del trabajo y han traído aparejadas verdaderas mutaciones ocupacionales.

Esta nueva realidad organizacional transformó radicalmente los modos de vida, de trabajo y de gestión de los recursos humanos y, podríamos decir, alteró las relaciones entre trabajadores y organizaciones conformando nuevas pautas para la colaboración. Como sostiene Zygmunt Bauman en su libro *Modernidad* líquida (2008), la aparición de la sociedad líquida enfrenta a la condición humana a cambios radicales que imponen la necesidad de resignificar los antiguos conceptos que solían articularla. En su tesis acerca de la modernidad, este autor contrapone la modernidad pesada, sólida, sistémica, de gran parte del siglo veinte a una modernidad líquida, fluida, caracterizada por la "liviandad" de los lazos y compromisos sociales característicos de la sociedad contemporánea, a la que llama sociedad "retificada", es decir, en red.

En este nuevo marco, cuando fijamos la mirada en la conducta de los individuos y en sus lógicas de acción, nos preguntamos si los conceptos de motivación, compromiso y productividad, concebidos dentro de las fronteras de las organizaciones estables, siguen siendo apropiados para dar cuenta de las nuevas realidades.

Individuos y organizaciones burocráticas

En la teoría clásica de la administración, cuyos autores más representativos fueron Frederick Taylor y Henry Fayol, encontramos las primeras aproximaciones al análisis del comportamiento humano en las organizaciones.[1]

Desde una concepción de la persona como un instrumento de precisión actuante en una organización concebida a imagen y semejanza de la máquina, el taylorismo, y posteriormente el

---

[1] Otros autores que realizaron aportes muy importantes a la tradición teórica de la dirección clásica fueron J. C. Mooney, Alan Reilly, Luther Gulick y Lyndall Urwick (Morgan, 1991; Hall, 1993).

fordismo, aplicaron sistemáticamente el cálculo racional a la organización del trabajo. El control era la variable de ajuste del comportamiento del trabajador, quien vivía un proceso de creciente alienación y sentía que su trabajo fraccionado ya no le proporcionaba un sentido de realización ni de satisfacción por lo realizado. Refiriéndose al lugar del individuo en la modernidad sólida, Bauman (2008) señala:

> Algunos de los íconos fundamentales de esa modernidad fueron las fábricas fordistas, que reducían las actividades humanas a simples y rutinarios movimientos fuertemente predeterminados que debían seguirse de manera obediente y mecánica, sin intervención de las facultades mentales y manteniendo a raya todo sesgo de espontaneidad e iniciativa individual; la burocracia, afín al menos en su tendencia innata al modelo ideal de Max Weber según el cual las identidades sociales y los lazos sociales se dejaban en el guardarropa de entrada junto con los sombreros, paraguas y abrigos, de modo tal que las acciones de quienes ingresaban y durante el tiempo que se encontraban dentro se rigiesen solamente y de manera indiscutible según las reglas; bajo el *panóptico*, con sus torres de vigilancia y sus internos condenados a una vigilancia sin tregua (p. 31).[2]

Para completar el cuadro, faltaría agregar el análisis de Clegg, Courpasson y Phillips (2006), quienes destacan: "Taylor ve en el trabajador el 'locus' de la eficiencia: es un 'cuerpo' a reformar, a regular, para que haga puntualmente lo planeado para él dentro de la organización" (p. 66).

En la perspectiva weberiana del orden burocrático, la estructuración racional de puestos y tareas en un entorno de eficiencia y de

---

[2] Como ilustración del tema pueden verse las películas *Tiempos modernos* de Charles Chaplin y *La cuestión humana* de Nicolas Klotz, en las que se plantea la tendencia al totalitarismo subyacente en la homogeneidad sólida.

neutralidad divide a los individuos entre los expertos y ocupantes de cargos altos, que son quienes ejercen el rol directivo y toman las decisiones, y quienes se limitan a obedecer. Dentro de la organización burocrática, el trabajo se liga a un sistema de promoción-carrera acorde al rendimiento, de sujeción y ajuste del individuo al cargo previamente diseñado. El rasgo central de esta tradición teórica, tanto la tayloriana como la weberiana, es el énfasis en la despersonalización.

Con el desarrollo de las grandes organizaciones empresariales, aparece en escena la gestión científica (el *Scientific Management*), "un nuevo modo de gobernanza pensado sobre nuevos principios" (Boussard, 2008, p. 71). Según la célebre y premonitoria frase del conde de Saint-Simon, se trataba ni más ni menos que de reemplazar el gobierno de las personas por la administración de las cosas. Los dispositivos y las herramientas de gestión actúan según este enfoque como mecanismos neutrales de creación de reglas cuyo objetivo es normalizar los comportamientos de las personas convirtiéndose, según Alvin Gouldner (1954), en sustitutos de las órdenes dadas directamente por los superiores.

Individuos y organizaciones como sistemas abiertos: hacia las adhocracias

Frente al excesivo control y regulación del comportamiento de los individuos que postulaba la teoría clásica, los teóricos de la escuela de relaciones humanas enfocaron su atención en el comportamiento del obrero en el trabajo.[3]

Los trabajos pioneros –iniciados en la década de 1920 y con mayor fuerza en los años treinta– de Kurt Lewin, Elton Mayo, Chester Barnard (Hall, 1993)[4] y Roethlisberger y Dickson, entre otros, imprimieron una nueva visión sobre las organizaciones al

---

[3] Como en el estudio clásico sobre la regulación obrera de las cadencias de trabajo realizado en los años cuarenta por el sociólogo Donald Roy (Briand y Chapoulie, 2006).

[4] Según Hall, Barnard es una figura de enlace entre las escuelas clásica y de relaciones humanas.

resaltar el rol de las relaciones informales, los grupos primarios, la motivación y la satisfacción individual de necesidades.

Se inaugura así una nueva perspectiva con énfasis en las relaciones sociales y la satisfacción de los empleados, que fue el punto de partida del desarrollo del potencial de los individuos y, con él, del desarrollo de las organizaciones. La productividad del trabajador dejó de considerarse dependiente de los incentivos económicos, como postulaba el taylorismo, y comenzó a prestarse atención a la motivación operaria y el estilo de mando de la supervisión. La integración al grupo se convirtió en factor clave para el fortalecimiento del sentido de pertenencia y para la cooperación de las personas con la organización. Como sostienen Clegg, Courpasson y Phillips (2006), "la visión simple, formal y mecanicista del 'cuerpo' necesitó ser suplementada por un énfasis en el alma del individuo, en la autoridad del líder y en la cultura del grupo" (p. 67).

Las conclusiones aportadas por la perspectiva de las relaciones humanas fueron fuente de inspiración para las prácticas posteriores de la conocida "gestión de recursos humanos", a partir de las cuales las organizaciones, a través de estrategias de participación, de políticas de retribución y de rediseño del trabajo, intentaron convertirse en ámbitos satisfactorios para sus miembros y lograr, a la vez, el propósito de una mayor efectividad. Los aportes teóricos de Abraham Maslow, Frederick Herzberg y Douglas McGregor enriquecieron las teorías de la motivación al resaltar la necesidad de tomar en cuenta las necesidades individuales y no sólo las organizacionales.

Con la visión de las organizaciones como organismos, inspirada en la teoría de los sistemas abiertos del biólogo Von Bertalanffy,[5] se plantea la capacidad de adaptación de las organizaciones a medios diferentes y cambiantes como condición de su efectividad

---

[5] Al respecto, ver Morgan, 1991, cap. 2. La visión de las organizaciones como sistemas abiertos se popularizó a finales de los años cincuenta y principios de los sesenta con el trabajo de teóricos como March y Simon, Katz y Kahn, Lawrence y Lorsch, y los aportes de Trist y Bamforth sobre los sistemas sociotécnicos.

y supervivencia. Las organizaciones son pensadas como sistemas sociales diferenciados en los que las personas deben cooperar y comunicarse entre sí para favorecer la integración funcional y enfrentar contingencias.

Surgen en esta época las primeras organizaciones estructuradas en forma matricial (el modelo clásico es la NASA, como antes había sido Ford Motors para la gerencia científica) que combinan –ésta es una de las variantes más comunes– la diferenciación funcional y jerárquica clásica con una estructura transversal por programas (como el Programa Apolo) y proyectos (como Apolo 13), y el trabajo en equipos multifuncionales-multidisciplinarios, estructurados en forma ad hoc en función de la naturaleza de los problemas a resolver y del estado de las tecnologías duras y/o blandas disponibles para hacerlo. En otros términos, una forma de organización preparada para la innovación, que ciertos autores denominaron adhocrática (Mintzberg, 1988).[6]

A diferencia de las organizaciones de estructura simple, capaces de innovar con alto dinamismo cuando los problemas son de baja complejidad, las adhocracias son organizaciones capaces de resolver problemas complejos en entornos altamente dinámicos. La flexibilidad y la aptitud para la innovación constituyen sus virtudes principales.

Con este perfil de organización, la generación de conocimientos asume un papel preponderante de la mano de los expertos que, agrupados en equipos multidisciplinarios, utilizan sus saberes y unen sus esfuerzos para producir nuevos conocimientos. La reputación profesional confiere legitimidad a las intervenciones de los especialistas y posibilita la integración de las diferentes ópticas. Se produce así un viraje significativo en las expectativas de comportamiento, tanto de los individuos como de sus líderes.

---

[6] Este autor distingue dos tipos de adhocracia: "operativa" (cuando resuelve problemas de sus clientes) y "administrativa" (cuando resuelve problemas para sí misma). Las consultoras y las agencias de publicidad son exponentes de las primeras. La NASA (que concibe las naves espaciales, pero subcontrata su fabricación) se halla entre las segundas (Mintzberg, 1988, cap. 6).

Por una parte, la misma naturaleza de las adhocracias exige de las personas una apertura al aprendizaje y una revisión constante de sus marcos de interpretación de los fenómenos. Con el propósito de la creatividad y la innovación, más que de las habilidades adquiridas, en este tipo de organizaciones se pone énfasis en la apertura de los individuos a nuevas concepciones y a la exploración de nuevos modos de actuar. Tiene lugar, así, un pasaje de la idea de educación a la de aprendizaje y adquiere relevancia mayor el "aprender a aprender", según el cual la teoría interroga a la práctica, y viceversa, con el propósito de propiciar el desarrollo de nuevos abordajes para la resolución de los problemas.

En la cultura prevaleciente en este tipo de organizaciones, los valores centrales requeridos de las personas son el compromiso con el logro de los objetivos del proyecto –no tanto con la asunción de las responsabilidades atinentes al desempeño en un puesto de trabajo–, la iniciativa –no tanto el respeto de las reglas– y la solidaridad con los pares del equipo –más que el respeto de las jerarquías–. La participación en distintos proyectos con diferentes niveles de responsabilidad simultáneamente y el recambio permanente de los equipos pone en juego la capacidad de adaptación y flexibilidad de los expertos, así como su potencial para interactuar con personas pertenecientes a campos disciplinarios y organizacionales diversos. En este marco, resalta la figura del líder mediador que favorece la comunicación y las relaciones informales e interviene en los conflictos entre miembros de los equipos buscando una conciliación.

Individuos y redes interorganizacionales

Con el agotamiento del modelo fordista de producción en serie provocado por la saturación del consumo y las crisis del capitalismo, hacia finales de la década de 1960 se ingresó en una fase de transición. Se produjeron reconfiguraciones organizativas orientadas a flexibilizar la producción, la gestión y la comercialización, facilitadas por las nuevas tecnologías de información y comunicación, y con la fundamental finalidad de una reducción de los costos de producción. La principal de todas ellas tuvo que ver con el desmontaje de las viejas y anquilosadas estructuras burocráticas (empresarias, y por esa vía, también las sindicales) mediante la tercerización de actividades, inicialmente secundarias –como la jardinería, la restauración o la seguridad en los ingresos y salidas– y progresivamente vinculadas con los procesos centrales de la organización, como la producción y el mantenimiento, la administración o la comercialización (Drucker, 1997).

Junto con la tercerización, las innovaciones convergentes en la tecnología informática y de las telecomunicaciones, la organización de la producción adoptó la forma de la especialización flexible (Piore y Sabel, 1984) y la producción escueta (Womack, Jones y Roos, 1992). Fue tomando forma, así, el modelo de la gran empresa horizontal –con pocos niveles jerárquicos, es decir, con poco énfasis en el control– enfocada en los procesos, que recurre sistemáticamente al trabajo en equipo y a la colaboración con los proveedores y los clientes. Según los términos fuertemente sintéticos de Alonso (2004):

> Frente a la vieja idea de la creación de grandes estructuras productivas con fuertes integraciones verticales y horizontales –y a la "mano visible" de la gran organización sobre los mercados– la nueva estrategia obligó a la dispersión y a la red, diseminando y dinamizando tecnológica, geográfica y humanamente toda la empresa hasta desarrollar una permanente y total flexibilidad productiva, implicando a los medios de producción, al personal y a los proveedores (p. 27).

A partir de los años setenta se comenzaron a desarrollar con fuerza las redes interinstitucionales e interempresarias de carácter asociativo con énfasis en la innovación, tanto en el sentido territorial como de las cadenas de valor, según modalidades jurídicas diversas, dependientes de las legislaciones de cada país. Comenzaba una nueva etapa en la historia de las organizaciones.

Una fuerza de trabajo diferente

La nueva lógica de las redes condicionó fuertemente las trayectorias laborales de los trabajadores al imponer nuevas reglas de juego en el mercado de trabajo. Comenzó una etapa de transformación profunda del empleo en la cual cambió radicalmente la composición y el perfil de la fuerza de trabajo.

Con las nuevas estrategias comerciales de las empresas, las innovaciones tecnológicas y los cambios en los procesos de trabajo se desplegó un mercado de trabajo a escala global caracterizado por el enlace entre actividades productivas y grupos poblacionales estacionados en distintos continentes y países.[7] Surgió, entonces, una mano de obra en disponibilidad, flotante, sujeta a los cambios del mercado. El rasgo característico de esta etapa es el reajuste permanente de la fuerza laboral, con una sucesión de roles ambiguos y cambiantes en su desempeño. Se produce una profunda transformación de la sociedad del trabajo.

Los años setenta marcan una divisoria clara entre dos etapas: la etapa caracterizada por la vigencia del modelo laboral fordista, situada entre fines de la Segunda Guerra Mundial y los años setenta, y la etapa posterior a esos años, a partir de la salida de la crisis del petróleo. Una y otra se caracterizaron por patrones de empleo radicalmente diferentes.[8] De una primera etapa de crecimiento económico y social, con integración de la mano de obra,

---

[7] A este respecto resulta premonitorio el siguiente texto de Castells en *La sociedad red* (1997): "Los mercados laborales no son verdaderamente globales, excepto un pequeño pero creciente segmento de profesionales y científicos, pero el trabajo es un recurso global al menos de tres modos: las empresas de todas partes pueden escoger ubicarse en una variedad de emplazamientos de todo el mundo para encontrar la fuerza de trabajo que necesitan, ya sea en cuanto a calificación, costo o control social; las empresas de todas partes pueden solicitar mano de obra muy calificada de cualquier lugar y la obtendrán si ofrecen la compensación y las condiciones laborales adecuadas; y el trabajo entrará en cualquier mercado por iniciativa propia, llegando de cualquier lugar, cuando los seres humanos sean empujados de sus hogares por la pobreza y la guerra o impulsados hacia una nueva vida para encontrar esperanza para sus hijos" (p. 123).

[8] El concepto de patrón de empleo alude a un modelo de gestión del empleo que establece normas de trabajo y pautas para la contratación y el desempeño de los trabajadores en el mercado laboral.

asalarización regularizada y garantías colectivas bajo la protección del Estado de bienestar se pasa, a partir de los años setenta, a una segunda etapa que implicó la erosión del Estado benefactor y una reconfiguración de las relaciones contractuales en el ámbito del trabajo.

El nuevo esquema de división del trabajo delimitó claramente un antes y un después significativos en las formas de inserción ocupacional y en las capacidades y calificaciones de los trabajadores puestas en juego (Reich, 1993).

La nueva etapa inauguró un proceso de polarización laboral (Autor y Dorn, 2013; Goos, Manning y Salomons, 2009; Vallas y Prener, 2012) que ahondó la brecha entre los niveles más altos y los más bajos de la fuerza de trabajo. Los primeros conformaron un sector de mano de obra calificada capaz de responder a las exigencias de la polivalencia funcional. De ocupaciones convencionales con funciones a largo plazo pasaron a desempeñar ocupaciones flexibles, no fijas, con fluctuación entre diferentes puestos.

Para los segundos, el horizonte que se presentó fue el de una creciente precariedad del empleo: conformaron así una fuerza laboral con formación elemental que ejecuta tareas a menudo aleatorias y de alto riesgo (Walter, 2017), lo cual la coloca en situación de descarte (Bauman, 2005).[9] Estos trabajadores constituyen una franja extensa y periférica de mano de obra disponible en situación inestable, debido a la variabilidad de la demanda. En cuanto al "principio flexibilizador", dice Bauman (2008):

> La flexibilidad es el eslogan de la época, que cuando es aplicado al mercado de trabajo presagia el fin del empleo tal y como lo conocemos y anuncia el advenimiento del trabajo regido por contratos breves, renovables o directamente sin contrato, cargos que no ofrecen ninguna

---

[9] Según este autor, se trata de una "población superflua", cuyos integrantes describe con ironía como "víctimas colaterales" del progreso económico, imprevistas y no deseadas. En ese proceso, algunas piezas resultan dañadas sin arreglo, se convierten en residuos humanos.

> seguridad por sí mismos sino que se rigen por la cláusula de "hasta nuevo aviso". La vida laboral está plagada de incertidumbre (p. 157).

A los riesgos industriales clásicos se agregan, agravando sus consecuencias, los psicosociales derivados de la inestabilidad y la desprotección.

La flexibilidad, ya sea funcional, geográfica, de salarios, de equipos o de horarios, alcanza a efectivos de trabajo inmersos en una sociedad cuyo rasgo predominante es la desregulación, el cambio de norma de empleo y la transformación del derecho del trabajo.

En este nuevo escenario laboral se torna borroso el perfil del trabajador asalariado convencional. La inseguridad laboral y la permanente movilidad de los asalariados producen una integración cada vez más frágil y más fragmentada. "Se rompen las bases de la antigua solidaridad", señala Bauman en su libro *Identidad* (2007).

Otro factor que contribuye al debilitamiento del perfil de los trabajadores es el juego de contradicciones en el que se ven envueltos. Por un lado, se los impulsa a que integren equipos de trabajo flexibles con mayor participación, compromiso y capacidad de autogestión, pero esto no resulta compatible con el horizonte de posibilidades de empleo que tienen ante sí, caracterizado por ciclos cortos y contratos breves.

Por otra parte, los individuos enfrentan un proceso simultáneo de calificación y de descalificación. La necesidad de adaptabilidad y de polifuncionalidad y la demanda de formación permanente para adquirir nuevos contenidos constituyen hoy las bisagras que articulan las nuevas exigencias del mercado de empleo. Y, al mismo tiempo, esa necesidad de adaptación y de reconversión incesante de lo aprendido se convierte en factores que desestabilizan el núcleo de saberes y habilidades que conforman el capital de conocimientos de los trabajadores.

Como se observa en el cuadro 1, los cambios que se viven en el mundo del trabajo son numerosos y profundos. Su especificidad se detallará a lo largo de los siguientes puntos del capítulo.

Cuadro 1. Transformaciones en el empleo y calificaciones

Etapa: 1945-1970	Nueva etapa: 1970-hoy en día
Noción de empleo	Noción de empleabilidad
Habilidades o destrezas	Competencias abiertas a demandas futuras
Perfiles ajustados y funcionales	Perfiles altamente flexibles a los requerimientos del mercado
Oficios industriales tradicionales	Oficios caracterizados por la transversalidad de los saberes y en permanente mutación
Profesiones caracterizadas por el dominio de una *expertise*	Profesiones abiertas a la reconversión y a la innovación permanente
Carrera profesional apoyada en el trabajo continuo, de tiempo completo y duración definida	Ciclo biográfico que se fractura y fragmenta con entradas y salidas: no hay carrera en el sentido tradicional
Fronteras claras entre el tiempo de trabajo y el de ocio	Se diluyen las fronteras entre el tiempo de trabajo y el de ocio
Sociedad salarial de protección social	Sociedad de riesgo: aumento de la precariedad laboral y consecuente exclusión de la protección social
Predominio del trabajador en relación de dependencia	En paralelo, aparición gradual de trabajadores prestadores de servicios que negocian a nivel individual sus condiciones de empleo
El trabajo es un factor de identidad y reconocimiento social	Identidades múltiples: diferentes formas de empleo tienden a segmentar y a fragmentar las identidades
Ciclo de vida organizado en torno al trabajo	El ciclo de vida gira en torno a la noción de actividad

Fuente: Alonso (2004).

Del empleo a la empleabilidad

En esta nueva realidad laboral se producen dos cambios de carácter fundamental; uno se relaciona con la noción de empleo y el otro, con las cualificaciones requeridas:

- del empleo se pasa a la empleabilidad;
- de las destrezas se pasa a las competencias.

La empleabilidad alude a un concepto de naturaleza más individual que el empleo: se construye en función de las capacidades de los diferentes grupos para adaptarse al mercado.

En esta era de la flexibilidad, las posibilidades de adaptación resultan escasas para los oficios industriales tradicionales, en tanto aumentan las exigencias de las credenciales de formación para acceder al mercado de trabajo. Hay puestos que se eliminan mientras se crean otros nuevos. La mayor demanda de conocimientos y de innovación genera el crecimiento de las ocupaciones que requieren mayor preparación y educación superior (Castells, 1997, p. 257). Ello conduce a una acentuación de la fragmentación social, la división entre aquellos perfiles capaces de responder a los requerimientos cambiantes del mercado y de estar "en disponibilidad" y los perfiles que, por su nivel de formación o su pertenencia a sectores en desventaja, tienen menores posibilidades de "reconversión" y ocupan lugares de menor nivel de calificación o bien quedan marginados del sistema. Como bien sintetizó Alain Touraine: "Si la vida social se ha convertido en una maratón, podemos ver que algunos pugnan por ganar la competencia, muchos se esfuerzan por continuar en la carrera, otros muestran miedo a quedar rezagados y fuera de la competencia y, finalmente, están quienes muerden el polvo y abandonan el campo agotados" (1992, p. 183).

El cambio de cualificación en el trabajo es otro de los factores críticos que cambian en su esencia la expectativa de desempeño respecto del individuo que trabaja. De las destrezas basadas en la adquisición de habilidades se pasa a los requerimientos de competencias para enfrentar los desafíos relacionados con el cambio e innovación constantes. Ante la necesidad de competitividad empresarial, en la búsqueda y retención de los recursos humanos hay una valoración abierta de las "competencias" del individuo cada vez más amplias, tecnológicas, psicológicas y sociales, enmarcadas por la necesidad de ampliar permanentemente las respuestas y de maleabilidad para adaptarse continuamente a los cambios.

A estas capacidades de adaptabilidad y polifuncionalidad requeridas por el *management* deben sumarse capacidades de compromiso, de comunicación y capacidades relacionales para interactuar en un mundo en red.

La cuestión de la empleabilidad se torna aún más compleja si tenemos en cuenta que es atravesada por una gama de situaciones condicionantes:

- En primer término, se inserta en un mercado de trabajo en el que hay una variedad de situaciones laborales que no están encuadradas dentro de un marco legal preciso, lo cual imprime a la empleabilidad un carácter difuso.
- El requerimiento de flexibilidad funcional, geográfica, de horarios, de salarios o de equipos impone por su propia naturaleza limitaciones a la capacidad de adaptación de las personas y las somete a un nivel de presión que las supera.[10]
- Se vuelve difícil identificar las condiciones en las que se realiza el trabajo real; existen, de hecho, inserciones ocupacionales en espacios no considerados como trabajo. Así, los límites entre empleo y desempleo se vuelven borrosos, y ello afecta el potencial de empleabilidad de las personas.
- La línea divisoria entre trabajo y tiempo libre se diluye y ya no se distinguen los límites entre la vida privada y la vida laboral. La disponibilidad incondicional en cualquier tiempo y lugar, facilitada por las tecnologías de la comunicación y la información, plasma en el imaginario social una representación del trabajo donde éste aparece impregnando la vida entera del individuo.

En la nueva etapa, la escena en la que se juegan los vínculos entre el individuo y el trabajo es invadida por una "cultura moderna del riesgo" (Sennett, 2000, p. 91). Sus rasgos más notorios se caracterizan por:

- La necesidad de adaptabilidad permanente y la sensación de los sujetos de estar "en disponibilidad".
- La flexibilidad contractual.

---

[10] Se agravan así los riesgos psicosociales, como el estrés profesional *(burn out)*, el acoso moral sobre los trabajadores, que configuran lo que Phillip Cabin llama "el lado oscuro de las organizaciones", en tanto que Vincent de Gaulejac sostiene que "en la empresa hipermoderna, el objeto de control tiende a desplazarse del cuerpo a la psiquis, de la actividad física a la actividad mental" (citado por Jardin, 2005, p. 336).

- La valoración de la capacidad inmediata aplicada al presente, no de la experiencia acumulada a lo largo del tiempo.
- El cambio rápido de capacidades como norma y la frecuente necesidad de "partir desde cero".
- La preferencia por los más jóvenes en el mercado de trabajo debido a su mayor ductilidad y apertura al aprendizaje, basada en el supuesto de que "la flexibilidad es sinónimo de juventud; la rigidez es sinónimo de vejez" (Sennett, 2000, p. 97).
- La compresión de la vida laboral a partir de la entrada tardía de las capas más jóvenes y de un acortamiento del ciclo activo de los mayores.

Esta cultura del riesgo se convierte en un factor crítico pues constituye un poderoso marco dentro del cual se desarrollan las estrategias y las acciones de las generaciones actuales en relación con su horizonte laboral.

Todo lo señalado conlleva consecuencias importantes a nivel de las subjetividades. Parecería que hay una mayor libertad en todo sentido para el individuo, pero en realidad esa movilidad involucra un mayor control sobre él y una intromisión en los espacios de su vida privada y en sus tiempos de ocio (Sennett, 2000).

Con relación al contexto social en el que este fenómeno se produce, Lundvall destaca que nos hallamos en la transición desde sociedades "disciplinadas" hacia sociedades "controladas" y esto es posible por la difusión de las tecnologías de información (Lundvall, 2003).

Carrera

Frente a este panorama complejo: ¿cuáles son las posibilidades que tienen las personas para desplegar una trayectoria laboral que configure una carrera?[11]

---

[11] En un sentido tradicional, el concepto de carrera alude a la progresión laboral del individuo conformada por estatus profesionales ascendentes previsibles en el transcurso de su existencia, sea en el marco de una sola organización o en unas pocas.

"En general, la forma tradicional de trabajo basada en un empleo de tiempo completo, tareas bien definidas y un modelo de carrera profesional a lo largo del ciclo vital, se está erosionando de manera lenta pero segura" (Castells, 1997, p. 297). En efecto, el ciclo biográfico fordista se caracterizaba por un patrón de empleo que preveía la incorporación de una persona al mundo del trabajo hasta su jubilación. La antigüedad en el cargo se consideraba un valor para la promoción en cada nivel profesional, en tanto el título avanzado o superior era credencial segura y de por vida para ocupar niveles medios y altos en la estructura de competencias (Alonso, 2004).

Ese ciclo de vida laboral, de largas trayectorias estables en un único empleo, fue desapareciendo y, en la nueva realidad, el empleo se caracteriza por la extensión de situaciones de informalidad y de inestabilidad laboral. De un relato coherente y lineal se pasó a una situación en la que la narración laboral aparece fracturada y fragmentada por entradas y salidas permanentes del empleo regular.

En los niveles altos de ocupación, la noción de profesión está desvinculada de la organización estable. El individuo con niveles altos de formación ha pasado de ser un profesional de área funcional a convertirse en un profesional liberal, poseedor de capacidades portátiles que lleva de una organización a la otra. Entre los episodios de entrada y salida del mercado estable de trabajo, el profesional alterna o bien superpone actividades de consultoría o el ejercicio de actividades independientes, situación que diluye en cierto modo las fronteras entre trabajo y no trabajo.[12]

La carrera aparece de este modo como una construcción generada por el mismo individuo a partir de eslabones dispersos, con episodios de corta duración que transcurren en distintos ámbitos de trabajo. Así, las organizaciones se convierten en estaciones

---

[12] Observa Daniel Cohen: "Quien empieza su carrera en Microsoft no tiene idea de dónde la terminará. Comenzarla en Ford o en Renault significaba, en cambio, tener la certeza casi total de concluirla en el mismo sitio" (citado en Bauman, 2008, p. 64).

transitorias que sirven de plataformas de aprendizaje en las que la persona va incorporando los saberes y el *know how* que engrosarán su capital de conocimientos.

El *curriculum vitae* (CV) resume sus antecedentes: es la expresión de ese capital inmaterial que el individuo va incorporando a lo largo de su vida laboral. Ya sin la protección de una carrera estable y segura, el individuo itinerante va con su carrera a cuestas y carga con toda la responsabilidad por la orientación que imprime a su trayectoria de trabajo.

El currículum estratégico

El CV es una carta de presentación de quien se postula para ocupar un cargo en una organización o para participar en un proyecto más allá de sus fronteras. Frente a la presión por mantenerse "empleable", el individuo pone en juego su creatividad para delinear un CV que atraiga la atención de los responsables de selección por su coincidencia con el perfil requerido. Es así como, más que una biografía laboral, el postulante construye un retrato en el que estratégicamente enfatiza actividades y experiencias afines al cargo requerido, en tanto que recorta aquellos datos de su desempeño que resultan secundarios o que le restan posibilidades para acceder al empleo que desea. El cuidado en la construcción del CV es clave para el aspirante a la posición: de él depende que se abra o no la posibilidad de una entrevista laboral.

Del CV tradicional que describía la serie de posiciones ocupadas por el trabajador a lo largo de su carrera en una organización se pasa a uno *estratégico* –que corresponde a la nueva realidad del mercado laboral–, centrado en competencias y resultados alcanzados durante una trayectoria de alternancia entre el desempeño en el ámbito empresarial y la tarea como autónomo; los conocimientos y experiencias acumulados en uno y otro contexto son el activo que el CV debe mostrar.

Frente a la mirada de los entrevistadores, queda legitimado este nuevo CV ligado a una forma distinta de encarar la vida laboral, cuando en la anterior realidad del mercado de empleo estos mismos rasgos eran interpretados como falta de estabilidad y ausencia de compromiso por parte del trabajador.

La entrevista laboral adquiere en este caso un carácter más complejo. Frente a la aparición constante de problemas nuevos, que vuelven los organigramas inestables y cambiantes, la evaluación de competencias es crítica.[13]

La entrevista se convierte en un elemento determinante para la evaluación del candidato. Durante ella no sólo se investiga sobre la veracidad de los datos consignados en el CV acerca del pasado personal y profesional del postulante, sino, además, mediante centros de evaluación (*assessment centers*) en los que se utilizan tests y se realizan ejercicios ad hoc, se miden las competencias y el potencial requeridos para el desempeño esperado, que no se reduce al requerido para un puesto específico vacante.

En síntesis, la figura que prevalece hoy es la de un individuo que, lejos de seguir una vocación y una carrera, enfrenta una variedad de posibilidades que se abren a partir de relaciones e inserciones múltiples y de aprendizajes personales que se entrecruzan, con los cuales intenta definir una estrategia para hilvanar su historia laboral. Lo importante no es lo que la persona "hace en su vida" sino lo que "hace con su vida" (Sainsaulieu, 2005, p. 351). Lo suyo es, como señala Vincent de Gaulejac refiriéndose a la constante movilidad y vulnerabilidad social, "una lucha de lugares", esto es, una búsqueda permanente de un lugar en la sociedad (2013, p. 11). El individuo se transforma así en un "empresario de sí mismo" (Foucault, 2007, p. 264).

En este cambiante mundo del trabajo, los autores van modelando su relato identitario de un modo muy diferente. Como afirma Bauman (2008): "El 'trabajo' ya no puede ofrecer un huso

---

[13] Según Levy-Leboyer (1997): "Las competencias son un conjunto de conductas organizadas, que conforman una estructura mental relativamente estable y movilizable cuando es preciso [...] son consecuencia de la experiencia y constituyen saberes articulados, integrados entre sí y de alguna manera automatizados, en la medida en que la persona competente moviliza este saber en el momento oportuno, sin necesidad de consultar reglas básicas ni de preguntarse sobre lo apropiado o no de tal o cual conducta" (p. 40).

seguro en el cual enrollar y fijar definiciones del yo, identidades y proyectos de vida" (p. 149). Ello significa que el trabajo, como sinónimo de identidad y reconocimiento social, ha ido perdiendo su posición de centralidad en la vida de las personas.

El ciclo de vida durante la fase fordista aparecía organizado por el trabajo. En la historia biográfica de las personas se distinguían claramente tres etapas: juventud y educación, adultez ligada al trabajo y madurez unida a la jubilación. En esta última etapa, lo habitual era el pasaje del adulto maduro a puestos con menores niveles de responsabilidad antes de entrar en la inactividad. Para la fuerza de trabajo, la incorporación y salida generacional suave del mercado, protegida por regulaciones y prestaciones sociales y protección al desempleo, constituyó una fuente de estabilidad que posibilitó una planificación gradual de su futuro dentro de un horizonte de progreso.

El nuevo modo de regulación de la sociedad y el debilitamiento del compromiso social del Estado de bienestar dieron lugar a un mundo del trabajo en constante fluidez en el cual las formas de integración se volvieron mucho más frágiles y fragmentadas.

Como señala Alonso (2004):

> El trabajo se torna inestable: se suceden los cambios permanentes de ocupación y la aplicación de normativas y contratos (becarios, autónomos, subsidiados, jubilados) de carácter ambiguo van conformando un mercado balcanizado, institucionalmente desorganizado y generador de riesgos sociales permanentes (desempleo, exclusión social, desafiliación o nueva pobreza) con consecuencias en la pérdida de las relaciones sociales con la sociedad (p. 24).

En la situación anterior, el tiempo pasado en una organización era percibido en forma secuencial y progresiva, lo cual hacía posible la planificación y el control. Debido a la falta de estabilidad, el tiempo adquiere ahora una connotación totalmente diferente.

Estos cambios en el mundo del trabajo van produciendo una profunda marca en las subjetividades. El trabajo flexible y las exigencias del nuevo *management* provocan una corrosión del carácter de los individuos. La imposibilidad de estructurar una vida personal coherente y la participación en una sucesión de proyectos en cooperación con elencos cambiantes de personajes, en varios casos con líderes de equipo que actúan sólo como facilitadores, les impide plasmar vínculos de compromiso y responsabilidad.

En su libro *L'esprit du capitalisme,* Boltanski y Chiapello acuñaron el concepto de "ciudad de los proyectos" para describir el escenario en el cual los proyectos se despliegan multiplicando las conexiones y extendiendo en forma creciente la trama de la red (Vázquez, 2000). En la "ciudad de los proyectos", la noción de actividad es central: ésta se encarna en una multiplicidad de proyectos de todo tipo que se pueden realizar en forma sucesiva o concatenada. La noción de actividad tiende a diluir la oposición entre trabajo y no trabajo, entre la condición de estable e inestable, o de asalariado y no asalariado.

Refiriéndose a la construcción de la identidad en el trabajo, Renaud Sainsaulieu (2005) señala:

> En la empresa y el trabajo se construyó una parte importante de la identidad social y los recursos relacionales de los individuos. Pero las empresas son percibidas hoy como verdaderas máquinas de exclusión de la sociedad porque se ven obligadas a disminuir el empleo condenando a los jóvenes, a los adultos y a los mayores a perder su trabajo, y en consecuencia, su identidad social (p. 349).

Ha tenido lugar así un cambio sustancial. Mientras que el sujeto en la etapa fordista iba perfilando su vocación y delineando una carrera dentro de la jerarquía en el pasaje por diferentes tareas de creciente complejidad y nivel de responsabilidad, en el mundo actual de las redes interorganizacionales enfrenta un rompecabezas de posibilidades con las cuales debe armar su propia trayectoria laboral asumiendo la incertidumbre y basándose en la ductilidad de sus talentos y la variedad de aprendizajes condicionados por la movilidad geográfica, salarial y de pertenencias laborales.

Se trata de una verdadera reconfiguración de la vida social (o de una nueva lógica social) en la que la noción de carrera como proceso acumulativo de conocimientos, experiencias y responsabilidades se ha vaciado de contenido para transformarse en una trayectoria construida a partir de un ensayo continuo de proyectos que los trabajadores –al menos aquellos que cuentan con los recursos necesarios– utilizan como plataformas de aprendizaje para construir su CV (García Canclini, Cruces y Urteaga Castro Pozo, 2012).

Asistimos a cambios trascendentales en la vida de los seres humanos, que están transitando por caminos nuevos en la construcción de sus historias. Puede pensarse que la mirada desde la cual observamos hoy lo que sucede, inevitablemente crítica por la fragilidad y la precariedad que enfrentan los individuos, responde también al deseo de recuperar una realidad anterior. No es éste nuestro punto de vista. En nuestra opinión, lo nuevo requiere ser mirado desde una óptica diferente para aportar inteligibilidad a las estrategias de los sujetos y al rol de los actores sociales, como las empresas, el Estado y las organizaciones de la economía social, entre otros.

¿Es posible pensar en vías alternativas de abordaje? Proponemos considerar la noción de "carrera sin fronteras" (Rivero y Dabos, 2011) con el CV estratégico como herramienta.

En el Informe de la Comunidad Económica Europea de 1999, Alain Supiot y varios expertos enfatizaron la necesidad de que el derecho registre los cambios laborales y tienda hacia un derecho del trabajo ligado a las personas que asegure la continuidad de la protección social "más allá de los empleos ocupados" y asimile de ese modo la diversidad y la discontinuidad de los empleos (Alonso, 2004).

En la misma línea de pensamiento, Gaullier presenta un esquema que gira en torno a la idea de la pluriactividad en cualquier edad, según la cual se distribuirían de otro modo los tiempos sociales (de formación, de ocio, de trabajo, de vida familiar) a lo largo de una existencia.[14] La noción de pluriactividad remite, en este caso, a

---

[14] Citado por Alonso (2004, p. 41). El mismo Gaullier menciona la creación de contratos de pluriactividad en diversos países por un período de cinco años (mínimo), acuerdos entre un individuo y un colectivo (empresas, cámaras de comercio, colectivos locales, institutos, universidades, entre otras).

la idea de un sujeto involucrado en diferentes actividades con identidades plurales, un ser en evolución que gestiona su desarrollo y su envejecimiento en medio de tiempos inciertos y edades móviles.

Lo anterior supone un cambio radical de perspectiva ya que el foco se desplaza desde el tiempo de trabajo hacia el tiempo del trabajador. En este último caso, la reglamentación del tiempo social debe efectuarse en función del tiempo de existencia del trabajador y de sus diversas instancias de formación: trabajo productivo, ocio y trabajo voluntario. Se trata de un ciclo de vida flexibilizado que involucra la elección personal del individuo.

Uno de los temas centrales sobre los que es necesario debatir respecto a este nuevo enfoque se refiere a si todos los individuos tienen plena libertad para elegir. El tema es complejo y delicado por las consecuencias que pueda tener en cuanto a la profundización de la desigualdad social.[15]

Robert Castel sostenía al respecto que hay una zona gris, en la que "los individuos por defecto", en situación de precariedad laboral, no pueden aprovechar su libertad porque carecen de los soportes culturales, educativos y de herencia social que lo harían posible. En una realidad social que ya no está estructurada alrededor del empleo estable, se vuelve imperiosa la presencia de un Estado que reorganice las protecciones legales en los intersticios de la sociedad. En ese sentido, Castel propone un contrato de actividad con garantías personales que trascienda las discontinuidades y las diversidades de la vida ocupacional para centrarse en la seguridad con foco en la figura del trabajador (Castel, 2010). Este planteo suscita, sin embargo, varios interrogantes. Uno de ellos es fundamental: ¿quiénes serían los actores a incluir en la negociación social (sindicatos, empresas y Estado nacional y/o instancias supranacionales) y los alcances de su intervención en el proceso de

---

[15] No debe perderse de vista la baja capacidad de acceso y movilidad de ciertos sectores de la sociedad compuestos por individuos con menor formación y recursos, o más desprotegidos, como los jóvenes, las mujeres o los ancianos, entre otros, para quienes la pluriactividad está fuera del horizonte de posibilidades. Cabe interrogarnos al respecto sobre el rol del Estado en lo referente a la cuestión social y a la protección responsable de los miembros de la nueva sociedad en la que vivimos.

apoyar la creación y la vigencia de un estatuto profesional centrado en la persona del trabajador?

Asimismo, han tomado auge recientemente un debate y una serie de experimentos en diferentes países[16] referidos a la posibilidad y la conveniencia de establecer un salario básico de carácter universal.[17]

Sobre lo que no hay dudas es la necesidad de reorganizar o refundar un derecho del trabajo que mantenga el acoplamiento protecciones-empleo propio de la sociedad salarial, a la par que establezca nuevas regulaciones sobre las "zonas grises" entre el trabajo asalariado y el independiente, los empleos precarios y los temporarios, y proteja de la desocupación producto de las desreglamentaciones y la creación de nuevos empleos en situación de infraderecho en el tercer y el cuarto sector, entre otros factores.

Parecería, entonces, que la idea de centralidad del trabajo está siendo superada por la idea más abarcativa de la actividad en cuanto trayectoria diversa que no se estructura en función del acceso o no a un trabajo estable, sino en un contexto cada vez más móvil; problemática difícil por su nivel de complejidad y por la urgencia en la búsqueda de soluciones. La cuestión de fondo a debatir es la del nuevo lugar del individuo en la sociedad.

La cuestión humana y el mundo del trabajo

Si bien nos hallamos frente a un panorama complejo y contradictorio, consideramos que es posible rescatar el vínculo vital entre el ser humano y su trabajo.

---

[16] Mencionados en "Un ingreso universal que compense la pobreza y el desempleo", artículo de Eduardo Levy Yeyati en el diario *La Nación*, 1 de febrero de 2017 (disponible en http://www.lanacion.com.ar/1980605-un-ingreso-universal-que-compense-la-pobreza-y-el-desempleo).

[17] "La seguridad de ingreso es la primera precondición para una sociedad basada en la multiactividad. Aunque garantice a todos un ingreso de por vida, tendrá sin embargo un significado y una función fundamentalmente diferentes dependiendo de si el ingreso es (1) insuficiente o (2) suficiente para proteger a las personas de la pobreza" (Gorz, 2013, p. 297, la traducción es nuestra).

En el mundo de hoy, los seres humanos construyen su identidad profesional dentro y fuera de la empresa. Ya no es posible pensar en una identidad específica del sujeto sino en identidades móviles de un individuo que debe poner constantemente en juego su capacidad para adaptarse y gestionar por sí solo su lugar en el mundo del trabajo. Son estrategias que ponen en jaque la subjetividad y la resiliencia del individuo, su autovaloración y la fuerza de su motivación, que transcurren generalmente en un corto plazo dentro de las organizaciones o bien por fuera de los muros de organizaciones continentes.

En esta nueva era signada por la globalización y la flexibilidad, las lógicas de los proyectos personales son más independientes y abiertas hacia el exterior de las organizaciones. Para autogestionar su estrategia laboral por fuera del ámbito de las organizaciones particulares, más allá de la actualización de sus competencias profesionales, las personas necesitan desarrollar capacidades relacionales y apelar a la creatividad y la iniciativa en la búsqueda de oportunidades y alternativas de trabajo.

Las organizaciones se convierten en espacios de aprendizaje, en plataformas en las que los individuos que transitan por ellas acrecientan su capital de conocimientos. La posibilidad de involucrarse en las estrategias organizacionales, de participar en proyectos y experiencias de trabajo en común y en aprendizajes grupales constituye otros tantos elementos esenciales que contribuyen a fortalecer su sentido de realización y de autoestima. En entornos como éstos, la comunicación y la construcción de confianza interpersonal e interorganizacional tienen un rol fundamental.

Parecería que hay una mayor apelación a la libertad del individuo, por un lado, y que el trabajo en equipo y en proyectos multiplica las oportunidades para su ejercicio. Sin embargo, el control y la vigilancia gerenciales paradójicamente se han incrementado. El autocontrol por la vía de la internalización de los dispositivos de gestión así como los procesos de evaluación constante del desempeño y la productividad son herramientas poderosas. Las exigencias del trabajo son cada vez más intensas, pero la movilidad constante y la escasa permanencia en las empresas van minando el nivel de confianza y el compromiso necesarios para generar iniciativas en beneficio de la organización. En consecuencia, es evidente que las organizaciones deben tenerlo en cuenta y trabajar para mejorar el clima de trabajo y la participación.

La exigencia de mayores conocimientos y habilidades sigue un camino ascendente en el mercado de trabajo. ¿Quiénes deben hacerse cargo de la formación de los nuevos perfiles?: ¿las propias empresas?, ¿con o sin el apoyo y el impulso del Estado?, ¿qué rol tienen las organizaciones sin fines de lucro?

Por otro lado, hemos resaltado que los ajustes y cambios profundos del mercado de trabajo ocasionaron una enorme fragmentación social con un crecimiento notable de la masa de desocupados y excluidos, en su mayoría compuesta por personal poco calificado o no pasible de reconversión. A ello se agrega una clara tendencia hacia una progresiva reducción de las ocupaciones, sintomática de una verdadera revolución de la sociedad del trabajo.

Hemos iniciado un proceso de transición hacia una sociedad diferente. Es necesario imaginar iniciativas de reglamentación y acciones que posibiliten desde una óptica social el desarrollo de programas de protección de las personas, que les proporcionen seguridad básica y equidad distributiva inaugurando nuevos espacios de formación que las ayuden a fortalecer sus capacidades de inserción y reinserción social.

Son muchos los interrogantes que quedan abiertos. Es clave el debate sobre el rol que las organizaciones en general, las empresas, las ONG, las redes público-privadas y, fundamentalmente, el Estado pueden jugar mediante iniciativas de integración y activación de dinámicas sociales destinadas a fortalecer las capacidades de las personas.

CASOS ILUSTRATIVOS

- El currículum de Rogelio Puebla
  De barrer el piso a gerente general de una gran organización.
- El currículum de Ricardo Ontivero
  O cómo mantenerse, de proyecto en proyecto, en la cresta de la ola de la profesión.

9 | Organizaciones de la economía social

MARÍA CRISTINA ACOSTA,
ANDREA LEVIN Y GRISELDA VERBEKE

En las últimas décadas, como respuesta a quienes sostienen que el mercado es la única organización económica eficaz para la satisfacción de las necesidades sociales, ha reaparecido la idea de una economía social (ES) que expresa las aspiraciones de transformar las relaciones entre lo social y lo económico legitimando prácticas e instituciones no capitalistas y ambientalmente sustentables.

La ES promueve una sociedad de personas que busca la utilidad económica asociada a la utilidad social a través de actividades económicas llevadas adelante por organizaciones cooperativas, asociaciones, mutualidades y fundaciones que, gestionadas de manera privada, funcionan con una lógica asociativa no centrada en las ganancias, sino en las personas.

Las iniciativas de la ES, cualquiera sea la forma que asuman, nacen bajo la fuerte presión de necesidades no satisfechas y en el seno de un grupo social con identidad colectiva o destino común. Esto significa que se trata de iniciativas adoptadas colectivamente por grupos y comunidades organizadas, por lo que resultan, con frecuencia, muy marcadas por sus valores culturales propios.

En el ámbito académico, el conjunto de organizaciones mencionadas en este capítulo ha sido denominado de diversas maneras de acuerdo con distintas tradiciones y según se hayan enfatizado unos aspectos en particular. Algunas de estas denominaciones son: tercer sector, sector independiente, sector voluntario, organizaciones sin fines de lucro (estas dos últimas en la tradición anglosajona), economía social (de raigambre europea), sector asociativo y sector comunitario (como formas genéricas en varios países), organizaciones no gubernamentales y economía solidaria.

Es importante aclarar que, aunque utilicemos diversos rótulos, nos referimos en todos los casos a un espacio alternativo para el desarrollo de acciones orientadas a mejorar las condiciones de vida de la población. No obstante, haremos algunas referencias a la literatura acerca de la distinción entre economía social y tercer sector, y a la perspectiva de la economía solidaria.

Economía social y tercer sector

El concepto de ES se estructura a partir de las experiencias cooperativas, asociativas y mutualistas impulsadas por los trabajadores para enfrentar las consecuencias de las condiciones de vida generadas por la evolución del capitalismo industrial en los siglos dieciocho y diecinueve.[1] El término poco a poco se diluyó y recién en las décadas del setenta y ochenta del siglo veinte fue redescubierto como reacción ante los valores dominantes del capitalismo y la insuficiente acción del Estado coincidentemente con la época en que los movimientos cooperativos, mutuales y asociativos franceses consolidaron su reconocimiento institucional.

Así, en Francia, la *Charte de l'économie sociale* de 1980 define la ES como:

> el conjunto de entidades no pertenecientes al sector público que, con funcionamiento y gestión democráticos e igualdad de derechos y deberes de los socios, practican un régimen especial de propiedad y distribución de las ganancias, empleando los excedentes del ejercicio para el crecimiento de la entidad y mejora de los servicios a la comunidad.

En Bélgica, el Conseil Wallon de l'Économie Sociale, define en 1990 la ES como aquella parte de la economía integrada por

---

[1] Aunque el término apareció por primera vez en la literatura económica en 1830 cuando Charles Dunoyer publicó el nuevo tratado de economía social.

organizaciones privadas que comparten entre sí cuatro notas características:

- Finalidad de servicio a los miembros y a la colectividad en lugar de finalidad lucrativa; se entiende que la generación de eventuales excedentes es sólo un medio para llevar adelante la actividad, aunque no el móvil principal.
- Autonomía de gestión; este criterio distingue a las organizaciones de la economía social de la producción de bienes y servicios realizados por los poderes públicos. La autonomía de los poderes públicos constituye un resorte esencial de toda dinámica asociativa.
- Procesos de decisión democrática; la democracia remite al principio central del cooperativismo "una persona, un voto" y no "una acción, un voto". Los votos dentro de las organizaciones de la economía social no pueden estar ligados al número de acciones que tienen las personas.
- Primacía de las personas y del trabajo sobre el capital en la distribución de los beneficios; este aspecto cubre prácticas muy variadas en el seno de las empresas de la economía social.

Algunos años más tarde, en 1999, el Comité Consultivo de la Comisión Europea de las Cooperativas, Mutualidades, Asociaciones y Fundaciones (CMAF) incluyó de forma expresa las fundaciones entre las organizaciones integrantes de la economía social; y en 2002 la Conferencia Europea de Cooperativas, Mutualidades, Asociaciones y Fundaciones (CEPCEMAF), antecesora de la actual Asociación Europea de Economía Social (Social Economy Europe),[2] introdujo como principios la conjunción de los intereses de los miembros usuarios y del interés general, la defensa y aplicación de los principios de solidaridad y responsabilidad, y el destino de los excedentes a la consecución de objetivos a favor del desarrollo sostenible.

---

[2] Social Economy Europe es la institución representante de la economía social en el ámbito de la Unión Europea.

Con respecto al tercer sector, en la década del noventa, Salamon y Anheier (1992, p.16) establecieron cinco criterios que deben cumplir las organizaciones sin fines de lucro:

- Estructuradas: supone la presencia de cierto grado de formalidad y de permanencia en el tiempo, aunque no es indispensable que las organizaciones cuenten con personería jurídica.
- Privadas: que estén formalmente separadas del Estado, aunque está contemplada la posibilidad de que reciban fondos públicos y/o que funcionarios del Estado formen parte de su directorio.
- Autogobernadas: que tengan la capacidad de manejar sus propias actividades y de elegir sus autoridades.
- Que no distribuyan beneficios entre sus miembros: este criterio supone que las ganancias generadas por la institución no deben ser distribuidas entre sus miembros.
- Voluntarias: de libre afiliación.

Los criterios descriptos plantean ciertas convergencias y divergencias con el enfoque de economía social. Los tres primeros, el criterio de formalización, el carácter privado y el de independencia o autonomía de gestión, son criterios muy cercanos a aquellos que prevalecen en las organizaciones de la ES. Asimismo, la tradición del voluntariado queda cubierta en la práctica por la mayor parte de las organizaciones de la economía social. Por último, bajo cualquier modalidad, la finalidad de no lucro, es decir que no se hayan creado con el objetivo principal de generar beneficios ni de obtener una rentabilidad financiera, es común a ambos enfoques.

Las divergencias radican en que el centro de gravedad conceptual del enfoque de las organizaciones sin fines de lucro, o tercer sector, es la restricción de no distribución de los beneficios. Ello significa que los beneficios –si es que existen– se reinvierten dentro de la organización, contrariamente a las organizaciones lucrativas, en las que los beneficios se distribuyen entre los propietarios, y a las organizaciones públicas, en las que se orientan al Tesoro.

El criterio de no redistribución aparta a las cooperativas que, en su mayoría, distribuyen una parte de los excedentes entre los socios. Las cooperativas, que conforman el núcleo determinante de la ES, ponen el énfasis en la búsqueda de la democracia económica.

En el enfoque de la ES, en general, son excluidas aquellas entidades no lucrativas que no tengan un funcionamiento democrático (como es el caso de las fundaciones empresariales), aunque se acepta la inclusión de entidades voluntarias no lucrativas que proporcionan servicios a personas o familias de forma gratuita o a precios que no son económicamente significativos.

Una tercera diferencia consiste en que la ES sitúa en el centro de sus preocupaciones a las personas; éstas constituyen su razón de ser y la finalidad de sus actividades. Pueden ser personas físicas, hogares o familias en calidad de consumidores, empresarios o productores individuales. En contraposición, en el enfoque del tercer sector no existe ningún criterio que sitúe el servicio a las personas como objetivo prioritario.

La perspectiva de la economía solidaria

Otra perspectiva es el enfoque de la economía solidaria desarrollado en Francia y en algunos países latinoamericanos a partir de 1990, vinculado al crecimiento que el tercer sector ha experimentado en el ámbito de las entidades cuya actividad se orienta a la producción y distribución de algunos de los denominados *bienes sociales o preferentes*.[3] Se trata de problemas relacionados con las condiciones de vida que afectan a las personas mayores, a los inmigrantes, a las minorías étnicas, a niños y adultos víctimas

---

[3] Los bienes sociales o preferentes son aquellos acerca de los cuales existe un amplio consenso social y político en que su disfrute es imprescindible para una vida digna y, por lo tanto, deben ser accesibles para toda la población, independientemente de cuál sea su nivel de renta o capacidad adquisitiva, por lo que los poderes públicos deben proveer su producción y distribución garantizando su gratuidad o subvencionándolos, de forma que se pueda acceder a ellos a precios muy inferiores a los de mercado.

de maltratos y abandono, a los desempleados de larga duración, entre otros. Este sector reagrupa simultáneamente a un conjunto de nuevas organizaciones y de nuevos campos de intervención.

El enfoque de economía solidaria, de carácter plural, constituye una tentativa de articulación entre los tres polos (mercado, Estado, reciprocidad) del sistema, de tal manera que las experiencias concretas constituyen formas híbridas de economías de mercado, de no mercado y no monetarias, y en las que los recursos tienen un origen plural, sean de mercado (venta de bienes y servicios), de no mercado (subvenciones públicas y donaciones) o no monetarios (voluntariado) (Eme y Laville, 1999). Se destaca que este concepto se presenta como un proyecto alternativo al capitalismo.

Naturaleza de las organizaciones de la economía social

Como las fronteras de la ES no son herméticas, es difícil establecer límites claros para la inclusión o exclusión de actores y organizaciones. Habitualmente, se incluyen en la ES tres tipos de organizaciones –cooperativas, mutualidades y asociaciones–[4] que están unidas por el conjunto de principios y valores que guían el funcionamiento de las organizaciones de este campo (Defourny, Develtère y Fonteneau, 2001).

La base societaria de las empresas de ES puede ser muy diversa: consumidores o usuarios de bienes y servicios, pequeños productores, trabajadores, etcétera, que han constituido una empresa colectiva para resolver demandas de personas, hogares o comunidad. En ellas el objetivo se orienta a satisfacer las necesidades de los socios antes que a la maximización de las utilidades.

---

[4] Se incluyen otras formas organizacionales tales como fundaciones, empresas recuperadas –públicas o privadas– y autogestionadas por sus trabajadores, mercados solidarios, redes de ayuda mutua, comunidades territoriales y étnicas autoorganizadas, huertas comunitarias, empresas sociales, entre otras.

La figura 1 presenta un esquema de las dimensiones a través de las cuales se expresa su naturaleza: sus miembros (quiénes), su actividad (qué) y su gestión (cómo).

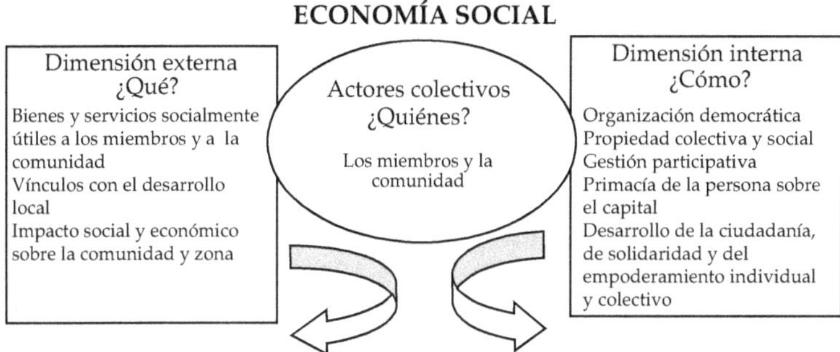

Figura 1. Dimensiones de la economía social.

Fuente: elaboración propia a partir de Guide for Analysis of Social Economy Enterprises. Réseau d'investissement social du Québec, Montreal, Quebec, 2005.

La dimensión colectiva se refleja en los métodos operativos, particularmente en términos de procedimientos participativos de toma de decisiones y distribución de beneficios. De esta manera, se da una complementariedad de valores de democracia y participación que derivan de la posición objetiva que tienen los agentes decisores y beneficiarios de la actividad en la estructura societaria.

La naturaleza específica de la economía social se define no sólo por los bienes y servicios que produce (dimensión externa a la organización), sino también por el modo en que los produce (dimensión interna a la organización).

Los tres sectores de la sociedad

Henry Mintzberg sostiene que en Occidente vivimos en sociedades en las que conviven tres sectores que describe como fuertes: un sector privado, uno público y un sector intermedio, ubicado entre aquellos (1996). El autor agrega que nuestras sociedades así conformadas se encuentran equilibradas y que los diferentes tipos de organizaciones tienen un rol que cumplir dados los diferentes aportes que pueden hacer en las diversas áreas de interés para la sociedad. El sector aquí identificado como intermedio está compuesto por las organizaciones de la ES.

Las diferencias entre la ES y el sector privado con fines lucrativos y el sector público están dadas por su origen y mecanismos de gestión, la sustitución del interés particular por el social y de los principios mercantiles de representación de la voluntad societaria por la democracia y autogestión, junto con la presencia de finalidades económicas y sociales.

Los rasgos que determinan la pertenencia de las organizaciones a la ES son su finalidad y los modos de funcionamiento. Específicamente, se pueden destacar la forma en que toman las decisiones, la participación de los miembros y la distribución de los beneficios.

Finalidad

La finalidad de las organizaciones de la economía social es la producción de bienes y servicios para los miembros y para la comunidad, y el lucro es una cuestión secundaria. La generación de eventuales excedentes es sólo un medio para llevar adelante la actividad y los beneficios que de ella se obtienen no son la meta fundamental. Esto las diferencia del sector privado, en el cual los propietarios son los principales beneficiarios, y del sector público, que se orienta al bienestar general.

Gobierno

En la ES, el gobierno es tan sólo uno de los actores en la gobernanza,[5] y en sus distintos niveles hay actores formales e informales en las estructuras que se han diseñado para llevar adelante las decisiones. Existe una gobernanza con múltiples actores (*stakeholders*),

---

[5] Definimos la *gobernanza* como el proceso de toma de decisiones para determinar la utilización de los recursos en una organización y el proceso por el cual pueden ser implementadas esas decisiones (World Bank, 1992).

como trabajadores, voluntarios, usuarios, donantes, comunidades etnoculturales, sindicatos, entre otros, a diferencia de las empresas de capital, en las que la gobernanza es ejercida por los accionistas poseedores del capital *(shareholders)*.

Por diversos factores, tales como la antigüedad, el desarrollo de la competencia, las dificultades de acceso a la financiación y la complejidad técnica, las organizaciones de la ES se enfrentan al constante desafío de mantener la naturaleza democrática de la gobernanza. En esta dinámica pueden surgir configuraciones diversas que van desde la más participativa (colectivo) o partenarial (red) hasta la más autocrática (Richez-Battesti y Malo, 2012).

Distribución del poder

La naturaleza participativa de la toma de decisiones diferencia a las organizaciones de la ES de las empresas lucrativas privadas y de las empresas públicas, en las cuales las condiciones para participar y tomar decisiones son impuestas por el mercado, en un caso, y por el voto, en el otro.

Las organizaciones incluyen, a través de sus leyes y reglamentos, un proceso de toma de decisiones basado en la participación, en el empoderamiento y en la aceptación de la responsabilidad individual y colectiva. Esto requiere una asamblea general independiente, un cuerpo directivo elegido, la obligación de que los resultados se publiquen y que los miembros conozcan sus roles, derechos y responsabilidades.

Las cooperativas, las sociedades mutuales y las asociaciones se rigen por el principio de "una persona, un voto", mecanismo cuyo objetivo consiste en asegurar que las contribuciones de los miembros sean reconocidas del mismo modo y que ninguna otra forma de ingreso (como por ejemplo, el dinero) reciba mayor peso en la organización ni incida en la toma de decisiones.

El grado de participación en la toma de decisiones puede variar ampliamente de un tipo de empresa u organización a otra, incluso entre las organizaciones que comparten el mismo estatus legal. De allí resultan formas de gestión particulares tales como:

- La autogestión, en la que se concede a todos los miembros (y, algunas veces, a los trabajadores y usuarios) el derecho a participar en la gobernanza y gestión de la organización a través del voto sobre asuntos que requieren decisiones. Este modelo de control de la gestión por parte de los miembros es típicamente aplicado en organizaciones pequeñas en las que los miembros son a la vez trabajadores y beneficiarios.
- La gestión colectiva, en la que los miembros gestionan colectivamente las organizaciones, aunque desempeñan diferentes roles. Este tipo de gestión es ampliamente utilizado en organizaciones sociales y solidarias de mediano y gran tamaño (CIF-OIT, 2011). Al igual que en la autogestión, la estructura de gobernanza y gestión permanece uniforme, pero los miembros desempeñan diferentes papeles.

Distribución del excedente

En las empresas de la ES, la afectación del excedente no está ligada de una manera directa con la posesión del capital como ocurre en las empresas lucrativas. El principio que refiere a la distribución del beneficio es fundamental para determinar cuándo una empresa debe considerarse de la ES o de la economía capitalista, ya que este comportamiento afecta también la toma de decisiones.

La formulación de este principio se refleja en prácticas muy variadas en las empresas de la ES: remuneración del capital limitada a cierto nivel de interés, distribución parcial o total de los excedentes entre los trabajadores o entre los miembros usuarios bajo la forma de bonificaciones, reserva de excedentes para la consecución del objeto social o para futuras inversiones, afectación inmediata para fines sociales, entre otros.

En las sociedades cooperativas, el principio de la distribución se expresa en que la aportación al capital social por parte del socio no es el referente sobre el que pueda basarse la remuneración, sino que su participación en la actividad cooperativizada (entrega de productos agroalimentarios, trabajo, etcétera) es la que lo hace acreedor a los retornos. Es por ello que si el capital social se remunera, se hace con un interés fijo y limitado. Esto no impide reconocer la necesidad de ofrecer al capital una remuneración lo suficientemente atractiva para permitir, en particular a las cooperativas, desarrollar sus fondos propios.

En síntesis, las organizaciones de la ES llevan a cabo actividades económicas con la finalidad de servir a las personas, quienes tienen prioridad frente a la propiedad, y/o al interés general. La gestión interna de la organización se basa en una adhesión a los valores democráticos y de participación y en una orientación social externa que expresa la solidaridad, el voluntariado y la cooperación. Estos rasgos permiten comprender la particularidad organizacional de la ES, la diferencia sustancial entre ellas y las sociedades lucrativas y lo público. En el cuadro 1 se reúnen los aspectos principales.

Las organizaciones de la economía social en Argentina

Cooperativas

La Alianza Cooperativa Internacional (1995) define:

> Una cooperativa es una asociación autónoma de personas que se han unido voluntariamente para hacer frente a sus necesidades y aspiraciones económicas, sociales y culturales comunes por medio de una empresa de propiedad conjunta y democráticamente controlada.

El movimiento cooperativista se inicia en Argentina en el último cuarto del siglo diecinueve promovido por los inmigrantes que llegaron de Europa. Las cooperativas comenzaron como un fenómeno típicamente rural y paulatinamente se fueron extendiendo hacia otros sectores, especialmente hacia aquellas actividades poco rentables para las empresas de capital privado (Roiter y González Bombal, 1999). Así, surgieron cooperativas para proveerservicios públicos, como electricidad, agua, gas y comunicación, y también se desarrollaron cooperativas de crédito, seguros, trabajo y vivienda vinculadas con el ámbito urbano.

Cuadro 1: Principales rasgos de las formas organizacionales según sectores de la sociedad

	Sector de la economía social	Sector público	Sector privado con fines de lucro
Finalidad	Brindar bienes y servicios comerciales y no comerciales a los miembros o a la comunidad con primacía de las personas y el trabajo sobre el capital.	Ofrecer servicios de naturaleza colectiva en beneficio de toda la comunidad.	Brindar bienes y servicios comerciales a la comunidad logrando la maximización de beneficios de quienes tienen el capital (propietarios o inversores).
Actores	Cooperadores, socios, miembros en representación de la voluntad colectiva.	Autoridad pública sometida al control democrático indirecto por parte de los ciudadanos.	Los propietarios, accionistas, socios que tienen el dominio de la propiedad.
Forma de gobierno	Procesos de decisión democrática. El poder lo ejerce el usuario-propietario, socio sobre la base de "una persona, un voto" de conformidad con la legislación vigente para cada tipo jurídico.	La distribución del poder es externa a la organización. Sus tareas son encomendadas desde afuera y no pueden ser modificadas por iniciativa propia.	El poder lo ejerce el inversor-propietario según la cantidad de acciones que tiene. Una acción, un voto.
Distribución de utilidades o excedentes	Distribución de beneficios en proporción a las operaciones, a los servicios utilizados o al trabajo efectivamente prestado.* El interés sobre el capital es limitado.	Los beneficios corresponden al fisco nacional, provincial y/o municipal que los redistribuye (sistema tributario).	La distribución entre los propietarios es a través de distintos medios (renta, interés o dividendo) en relación con su aporte de capital. Los dividendos sobre las acciones no son limitados.
Propiedad y sujetos de derecho	Sujeto de derecho privado, regido por la ley de cooperativas, la ley de mutuales, la ley de fundaciones y el Código Civil y Comercial para las asociaciones sin fines de lucro.	Sujeto de derecho público que normalmente adopta las formas de sociedad del Estado, empresas del Estado, sociedad de economía mixta y sociedad anónima con participación estatal mayoritaria.	Sujeto de derecho privado que normalmente adopta la forma de una sociedad comercial de conformidad a los tipos previstos en la legislación vigente.
Condiciones de ingreso	Libre adhesión. No se puede imponer límite estatutario al número de asociados.	En las sociedades de Estado sólo éste puede integrarlas, y en la sociedad anónima con participación estatal mayoritaria se reserva el derecho de determinar en qué casos y condiciones puede aceptar otros socios.	Las empresas lucrativas privadas son fundamentalmente cerradas. Se requiere el acuerdo unánime de los socios para la incorporación de uno nuevo.

** Este principio se aplica solamente en las cooperativas; no en los otros tipos de organizaciones de la ES.*

Las cooperativas combinan un grupo de personas y una empresa recíprocamente ligados por una relación de actividad y una relación de asociación. Los principios que guían la práctica cooperativa tienen su origen en los estatutos de la primera cooperativa de consumo de Rochdale y en 1937 fueron formulados de manera precisa por la Alianza Cooperativa Internacional (ACI) y posteriormente reformulados en el 31° Congreso de la ACI en Manchester en 1995.

La Sociedad Equitativa de los Pioneros de Rochdale, fundada en 1844 por 28 artesanos y obreros de la industria textil en Inglaterra, fue la primera que expuso formalmente un conjunto de principios y normas de funcionamiento dentro de un sistema productivo. Este modelo sirvió a las demás cooperativas que se expandieron por el mundo. Sin embargo, no constituye la primera cooperativa pues fue precedida por numerosas experiencias.[6]

Al considerar la naturaleza de las cooperativas, es necesario destacar que son empresas creadas por un grupo de personas con necesidades comunes que se asocian para satisfacerlas a través de una acción concertada en un ámbito de ayuda mutua y de funcionamiento democrático. Según Bleger y Vuotto (2005), la concreción de los principios se corresponde con un conjunto de reglas que rigen las prácticas cooperativas:

- Relativas al grupo de personas: igualdad de los socios, "una persona, un voto".
- Relativas a las relaciones grupo de personas-empresa: generan una relación de actividad.
- Relativas a las relaciones empresa-grupo de personas: se expresan en el reparto proporcional. Los excedentes no se distribuyen en proporción al capital suscripto, sino a las operaciones o actividades que cada socio ha realizado a través de la cooperativa.

[6] Ver http://www.rochdalepioneersmuseum.coop.

- Relativas a la empresa: creación de un patrimonio común irre-
partible. Estas reglas conciernen a la empresa en tanto tal ya
que tienen por finalidad el desarrollo de un patrimonio social
que no puede ser reintegrado a los socios.

La relación que se establece entre los miembros de una cooperativa es multidimensional, es decir, se trata de clientes-usuarios que
son propietarios y que, al mismo tiempo, participan de la gestión.
En este proceso continuo de redefinición y reproducción de la
organización, la aparente dualidad de los objetivos económicos y
sociales deber ser interpretada como la manifestación de un proceso en el que los objetivos sociales se logran a través de actividades
económicas y en el que en la membresía se unen las funciones
sociales y económicas (Fairbairn, 2005).

En Argentina, el Instituto Nacional de Asociativismo y Economía
Social (INAES) tiene a su cargo la fiscalización pública y la aplicación
del régimen legal de las cooperativas. Lleva el Registro Nacional de
Cooperativas y también debe concurrir a su promoción y desarrollo.

El marco jurídico nacional vigente en Argentina es la ley
20.337/73 y, que las reconoce como entidades fundadas en el
esfuerzo propio y la ayuda mutua para organizar y prestar servicios. Asimismo, especifica los caracteres particulares que traducen
los principios del cooperativismo.

Las cooperativas se desarrollan en diferentes ámbitos
económicos y sociales, y desempeñan simultánea o sucesivamente
diversas funciones.

Existe una dificultad al tratar de establecer una clasificación
general y única, en primer lugar, porque no existe campo de
actividad en el cual no se haya manifestado el cooperativismo.
Así, en Argentina, la ley establece una clasificación de acuerdo
con los campos específicos de actividad: agropecuarias, consumo,
crédito, provisión, seguros, servicios públicos, trabajo y vivienda.

En segundo término, porque las cooperativas suelen desarrollar
diversas actividades simultáneamente (Drimer y Drimer, 1981).
Por otra parte, es necesario considerar que las cooperativas, como
reflejo de una construcción social e histórica, incluyen modalidades
que varían según cada contexto nacional, la particularidad

de sus regímenes jurídicos y la capacidad como sector para incorporar en un contexto dinámico las demandas de actividades innovadoras. Entre las diversas tipologías organizacionales que se han construido basadas en una o varias dimensiones, se destaca la propuesta de Claude Vienney (cit. por Bleger y Vuotto, 2005), que agrupa a las cooperativas en grandes bloques teniendo en cuenta tanto las relaciones de actividad y de asociación con sus miembros como las características socioeconómicas de estos últimos. Así, establece cuatro grandes categorías de cooperativas:

- Cooperativas de *empresarios individuales* agrupados para ejercer todas las actividades necesarias para el funcionamiento de su "explotación principal". Por ejemplo, cooperativas agrarias, de pesca, de transportistas, de comerciantes.
La Cooperativa agropecuaria SanCor es una empresa agroalimentaria argentina creada en 1938 por 16 cooperativas de productores tamberos que se asociaron sobre la base de principios cooperativos con el fin de alcanzar el crecimiento económico socialmente equitativo y con cuidado del medioambiente.
- Cooperativas de *producción, obreras o de trabajo asociado*, que agrupan a trabajadores.
La Cooperativa de Trabajo Ferrograf nació en la ciudad de La Plata en 1977 formada por obreros gráficos y ferroviarios que sufrieron la represión durante la última dictadura militar. En el comienzo fue sociedad de hecho; luego, sociedad de responsabilidad limitada y, finalmente, en 1985 se convirtió en cooperativa de trabajo. Desde sus inicios, los tres principios que guiaron a Ferrograf fueron: no explotar a nadie, trabajar sin medir sacrificios y ser solidario con el integrante de la cooperativa y su familia. La entidad creció hasta convertirse en una de las principales empresas de su sector. Integra la Red Gráfica Cooperativa.
- Cooperativas de *consumidores*, en el sentido amplio del término, que agrupan a sus miembros como "usuarios" de bienes y/o servicios suministrados por la empresa que constituyen con esta finalidad (de consumo propiamente dichas, de vivienda, seguros, etcétera).

La Cooperativa Obrera Limitada de Consumo y Vivienda se fundó en 1920 en una asamblea integrada por 173 trabajadores. Apoyada en la movilización obrera y en las experiencias de cooperativas agropecuarias y de consumo desarrolladas previamente en la provincia de Buenos Aires tuvo como finalidad instalar un molino y una panadería para evitar a los intermediarios y la especulación en el precio del pan. Actualmente, la "Coope" representa la mayor organización cooperativa de consumo del país, tanto por su volumen de operaciones y número de asociados como por el personal empleado. Se encuentra entre las veinte cooperativas de primer y segundo grado de mayores ventas en el país. Se posiciona octava entre las empresas del sector Hipermercados y Supermercados de distribución minorista.

- Cooperativas de *ahorro y crédito*, que podrían incluirse en la categoría *relativa al grupo de personas* o *relativa a las relaciones empresa-grupo de personas*, según si sus miembros utilizaran principalmente el crédito como empresarios o como familias. No obstante, las consideramos en un grupo diferente a los anteriores.

El Banco Credicoop Cooperativo Limitado en la actualidad es la única experiencia cooperativa en el campo financiero. Creado en 1979 a partir de la fusión de 44 cajas de crédito cooperativo en base al principio solidario de ayuda mutua, tiene por objeto prestar servicios financieros a sus asociados. Como banco comercial de carácter universal, presta todos los servicios de banca empresaria y personal. Es el primer banco privado de capital ciento por ciento nacional, ocupa un lugar destacado como banco privado y dentro del sistema bancario. Los asociados participan en la vida institucional a través de las comisiones de asociados que funcionan en las más de 250 filiales que tiene en todo el país, y eligen, bajo el principio de "un asociado, un voto", a los miembros del Consejo de Administración.

El supuesto central del gobierno de una cooperativa radica en dos premisas que integran la vertiente política (Chaves Ávila y

Soler Tormo, 2004). Están gestionadas democráticamente por sus socios, quienes participan activamente en la fijación de políticas y en la toma de decisiones. Los socios elegidos para representar y gestionar las cooperativas son responsables ante el conjunto de los miembros.

De acuerdo con el principio de dirección democrática, los miembros, también dueños de estas organizaciones, constituyen la asamblea general (AG), organismo soberano para la toma de decisiones. Desde un punto de vista formal, la asamblea de asociados en las cooperativas es el ámbito en el que se elaboran todas las decisiones básicas respecto a la estructura y actividad de la cooperativa. La realización de la AG y la participación de los asociados constituyen requisitos para la concreción de la democracia económica.

La asamblea elige democráticamente un Consejo de Administración (CA), que es responsable de la gestión y de implementar las decisiones tomadas por la AG.[7] La AG elige una sindicatura (que puede ser unipersonal o plural), que desempeña la supervisión y el monitoreo de la gestión de la cooperativa. Este comité es responsable de asegurar que el CA y el personal empleado realicen sus funciones de acuerdo con los reglamentos de la cooperativa, que se cumpla la legislación y las resoluciones de la AG y de cuidar los intereses de los miembros. La aplicación de la gestión democrática es compleja por el continuo crecimiento de las cooperativas, por la amplitud de su actividad económica y por la coyuntura socioeconómica a la que se ven expuestas.

El sistema económico de las cooperativas se distingue de las prácticas de la empresa tradicional con fines de lucro no sólo por la administración democrática, sino también por el vínculo económico que establecen los socios y la cooperativa. La práctica

---

[7] Para lograr este objetivo, el CA tiene la potestad de contratar al personal que lo ayudará en la realización de las funciones. Tanto los administradores como los directivos deben rendir regularmente cuentas a los asociados sobre la marcha de las operaciones.

más extendida de este vínculo es la distribución del excedente,[8] que pertenece a los miembros y se debe repartir de manera que se evite que un miembro se beneficie a expensas de otro (Fairbirn, 2005).

Los miembros pueden asignar los excedentes resultantes de las actividades a diversos propósitos. En todos los casos, el destino debe ser el resultado de una decisión democrática que establece en qué proporción o cantidad serán distribuidos. Los excedentes se distribuyen en forma de retornos y en proporción con sus transacciones con la cooperativa.[9]

El capital social de una cooperativa se constituye por cuotas sociales indivisibles y de igual valor, establecido en el estatuto. Al no tener el capital un papel decisivo, tanto en la dirección de las operaciones sociales como en la apropiación de los beneficios que resultan de sus actividades, recibe una compensación limitada, si es que la hay, pues se admite la posibilidad de no abonar interés alguno (Drimer y Drimer, 1981).[10]

Los socios no participan sólo con capital, como en las sociedades anónimas, sino que además aportan una actividad, ya sea comprando en la cooperativa, vendiendo materias primas o trabajando en ella.

Así, la visión solidaria de las relaciones que establecen la cooperativa y sus asociados es el medio para el pleno desarrollo de su capital social.

---

[8] Se consideran excedentes repartibles sólo aquellos que provengan de la diferencia entre el costo y el precio del servicio prestado a los asociados.

[9] De este modo: a) en las cooperativas o secciones de consumo de bienes o servicios, en proporción al consumo hecho por cada asociado; b) en las cooperativas de producción o trabajo, en proporción al trabajo efectivamente prestado por cada uno; c) en las cooperativas o secciones de adquisición de elementos de trabajo, de transformación y de comercialización de productos en estado natural o elaborados, en proporción al monto de las operaciones realizadas por cada asociado; d) en las cooperativas o secciones de crédito, en proporción al capital aportado o a los servicios utilizados, según establezca el estatuto; e) en las demás cooperativas o secciones, en proporción a las operaciones realizadas o a los servicios utilizados por cada asociado.

[10] En caso de retiro, exclusión o disolución, los asociados sólo tienen derecho a que se les reembolse el valor nominal de sus cuotas sociales integradas, deducidas las pérdidas que proporcionalmente les correspondiera soportar.

Asociaciones

En la normativa jurídica argentina, una *asociación civil* es conceptuada como una persona jurídica privada, constituida por un conjunto de personas físicas (llamadas *socios)* que, con la debida autorización del Estado, se unen para realizar actividades que no sean contrarias al interés general o al bien común, sin perseguir una ganancia comercial o económica.[11]

A lo largo de la historia, han surgido numerosas experiencias asociativas en Argentina como respuesta a crecientes necesidades sociales. En la época previa a la consolidación del Estado nacional, se destaca la labor de las congregaciones religiosas que atendían a pobres y marginados y realizaban importantes obras educativas y culturales. Con posterioridad, grupos autónomos desarrollaron actividades hasta entonces en manos del Estado.

A partir de la segunda mitad del siglo diecinueve aparecen entidades vinculadas con las comunidades migrantes de Europa, y desde comienzos del siglo veinte, acompañando los procesos de crecimiento económico y modernización social, se fueron desarrollando las asociaciones profesionales, uniones empresarias, sindicatos obreros y organizaciones de base territorial (clubes barriales, sociedades de fomento, etcétera).

En el contexto de los gobiernos militares, las organizaciones sociales fueron reprimidas al tiempo que se fueron formando nuevas entidades culturales y científicas.

Durante el período de transición a la democracia, y particularmente después de su restitución en 1983, se desarrollaron múltiples y diversas organizaciones abocadas a causas sociales y a la defensa de los derechos ciudadanos y del medioambiente (derechos humanos, derechos de las mujeres y reducción de la pobreza, entre otros).

La década de 1990, signada por la importante disminución en las áreas de intervención del Estado, impulsó la ampliación,

---

[11] En Argentina, el marco normativo no hace referencia a la naturaleza democrática de las asociaciones como en otros países, por ejemplo, España.

diversificación e intensificación de la actividad de las organizaciones sociales. Las crecientes demandas de vastos sectores de la población sumidos en situaciones de pobreza propiciaron la creación de organizaciones de base orientadas a resolver las múltiples necesidades alimentarias, sanitarias y educativas, y cobraron mayor visibilidad las organizaciones de género y las vinculadas a minorías sexuales, así como el asambleísmo informal expresado fuertemente desde la crisis de 2001 (Vuotto, 2010).

En el contexto de la irrupción de las asambleas vecinales surgidas de la movilización de fines de 2001, la gestión colectiva de la asamblea de Palermo Viejo fue la primera que tuvo sede legal y personería jurídica en calidad de asociación civil. En el año 2007 inauguró, en el Centro de Abastecimiento Municipal Torcuato de Alvear, el espacio de venta directa de los productores, bajo los principios de la economía solidaria y el comercio justo. En los puestos se comercializan sin intermediarios productos de entidades de todo el país, libres de químicos y transgénicos, alimentos elaborados artesanalmente, obras en telar, artesanías, objetos de madera, tejidos, productos textiles, cosmética natural.

En cuanto a la normativa jurídica en Argentina el nuevo Código Civil y Comercial de la Nación que entró en vigencia en 2015 regula las asociaciones civiles sin fines de lucro[12] y requiere que su objeto no sea contrario al interés general[13] o al bien común.[14]

El organismo de contralor a nivel de la jurisdicción nacional es la Inspección General de Justicia (IGJ), que legisla su propia normativa.

Las asociaciones civiles funcionan mediante la articulación de diferentes órganos que las integran:

---

[12] Desde el artículo 168 hasta el 186 inclusive.

[13] El interés general se interpreta como el respeto a las diversas identidades, creencias y tradiciones, sean culturales, religiosas, artísticas, literarias, sociales, políticas o étnicas que no vulneren los valores constitucionales.

[14] Nuestro Código también trata lo referente a las llamadas simples asociaciones (en los artículos 187 a 192). Hay que tener en cuenta, por otra parte, que las "agrupaciones de colaboración" son contratos asociativos que no implican formación de una nueva persona jurídica.

- La Asamblea de socios o asociados es el órgano soberano. Allí se adoptan las decisiones de mayor trascendencia como, por ejemplo, modificación de estatuto, aprobación de balances, expulsión de algún miembro, etcétera.
- La Comisión Directiva administra y conduce la asociación y ejecuta las decisiones de la asamblea de socios.
- La Comisión Revisora de Cuentas realiza la fiscalización interna y está compuesta, en general, por tres miembros.[15]

Las asociaciones civiles podrán adoptar el estatuto que estimen adecuado. El estatuto establece la designación de autoridades, los representantes legales, la declaración de principios, la determinación de su objeto social, los órganos que la componen, la periodicidad de las elecciones para designar autoridades, las condiciones para ser socio o asociado y la aprobación de los balances contables.[16]

Fundaciones

En la normativa jurídica argentina, las fundaciones son personas jurídicas que se constituyen con un objeto de bien común, sin propósito de lucro, mediante el aporte patrimonial de una o más personas destinado a hacer posible sus fines.

Las fundaciones están fiscalizadas por el Estado a través de la Inspección General de Justicia, organismo que otorga la personería jurídica a las distintas formas societarias y autoriza su funcionamiento. Esto implica que aprueba también sus estatutos.[17]

---

[15] Las asociaciones con más de cien socios deben contar con un órgano de fiscalización unipersonal o no, con miembros asociados o no. En caso de que el número de asociados sea menor, no es obligatorio.

[16] Las asociaciones civiles pueden no prever en el estatuto el pago obligatorio de cuotas sociales si demuestran que, mediante otros ingresos económicos, pueden desenvolverse y cumplir su objeto. Los bienes que pertenezcan a la asociación no pertenecen a ninguno de sus miembros y ninguno de ellos ni todos están obligados a satisfacer las deudas de la asociación.

[17] La modificación del objeto sólo se permite cuando el establecido por el fundador es de cumplimiento imposible.

Deben destinar la mayor parte de sus ingresos al cumplimiento de sus fines. La acumulación de fondos únicamente se lleva a cabo con objetos precisos, como la formación de un capital o el cumplimiento de programas futuros de mayor envergadura.

Las fundaciones tienen una estructura jurídica y funcional cerrada sin asociados ni asambleas. El gobierno y administración está a cargo de un consejo de administración, integrado por un mínimo de tres personas que tienen todas las facultades necesarias para el cumplimiento del objeto. El estatuto puede prever la delegación de facultades de administración y gobierno en favor de un comité ejecutivo integrado por miembros del consejo de administración.[18]

Algunos autores distinguen entre las fundaciones de bien público y las fundaciones privadas (Gijselinckx, 2008). Las primeras persiguen objetivos no lucrativos que sirven a los intereses de la comunidad como, por ejemplo, la Fundación para el Estudio e Investigación de la Mujer (FEIM) y Fundamind. Las fundaciones privadas también persiguen objetivos no lucrativos, aunque pueden estar incluidas o no en el campo de la economía social, ya que frecuentemente son actividades desarrolladas por grandes empresas multinacionales o nacionales, como los casos de las fundaciones de las empresas Coca-Cola o Pérez Companc.

Finalmente, cabe destacar la actividad de las fundaciones empresariales como resultado, en parte, de la difusión de la responsabilidad social empresaria.

Por otra parte, la ausencia de gobernanza participativa en la mayoría de las fundaciones constituye una fuente de críticas a este tipo de organizaciones y el motivo de mantener abierto el debate acerca de su inclusión en la economía social.

Mutuales

Son asociaciones mutuales las constituidas libremente sin fines de lucro por personas inspiradas en la solidaridad, con el objeto de

---

[18] Las decisiones se toman por mayoría absoluta de votos de los presentes, salvo que la ley o el estatuto establezcan mayorías especiales.

brindarse ayuda recíproca frente a riesgos eventuales o de concurrir a su bienestar material y espiritual, mediante una contribución periódica.

Estas asociaciones son entidades orientadas por el principio de la solidaridad y no por la beneficencia o caridad. Los socios de la mutualidad contribuyen a la financiación de la organización con una cuota periódica que permite la prestación de servicios a los socios.

El mutualismo ocupó un lugar importante entre las prácticas asociativas de Argentina de fines del siglo diecinueve y principios del siglo veinte dado que no existía infraestructura de establecimientos asistenciales adecuados para absorber la demanda de una población creciente por el aporte de los inmigrantes europeos, que integraron entidades mutualistas para poder, además de establecer mecanismos de asistencia en materia de salud y enfermedad, fortalecer sus sentimientos patrióticos y conservar sus tradiciones a través de la ayuda mutua. Así, el desarrollo de la seguridad social a partir de las nacionalidades fue típico de nuestro país.

Desde la segunda mitad del siglo veinte, las mutuales, también conocidas como sociedades de socorros mutuos, protección recíproca y previsión social o mutualidad, se expandieron en diferentes áreas por la iniciativa de los propios interesados para dar respuesta a los problemas que resultaron de las transformaciones socioeconómicas que sufrió nuestro país. Brindan numerosos servicios, como prestaciones en salud, consumo, ayuda económica y otras conforme con las necesidades de los asociados.

En 1945 se aprobó la primera ley orgánica de mutualidades y en 1973 se promulgó la ley Orgánica de Mutualidades 20321, hoy vigente, que las regula.

Los siete principios sobre los que se basa el mutualismo, oficializados en el Cuarto Congreso Nacional de Mutualismo en 1979, son:

1. Adhesión voluntaria.
2. Organización democrática.
3. Neutralidad institucional, política, religiosa, ideológica, racial y gremial.
4. Contribución acorde a los beneficios a recibir.

5. Capitalización social de excedentes.
6. Educación y capacitación social y mutual.
7. Integración para el desarrollo.

Las mutuales, al igual que las cooperativas, son fiscalizadas por el INAES y tienen gran importancia en el campo de la salud, los servicios sociales y, fundamentalmente, son reconocidas por su capacidad para disminuir las desigualdades y contribuir al bienestar común.

En las mutuales no existen aportes especiales de los asociados que contribuyan específicamente a formar el capital. El patrimonio no pertenece a ningún asociado individualmente ni a todos ellos en conjunto, sino a la entidad como tal y con él responde ante terceros por las obligaciones que contraiga.

En caso de disolución y una vez pagadas las deudas, el remanente se destina íntegramente a entidades sin fines de lucro o al INAES, según lo dispuesto en el estatuto de cada entidad.

Las mutuales se caracterizan por un espíritu de servicio y ausencia de lucro. En ellas, la fijación de una cuota social está acorde con las necesidades de los servicios que brinda y se irá generando un capital propio que permitiría mejorar los servicios que presta. Su patrimonio está constituido por:

- las cuotas y demás aportes sociales,
- los bienes adquiridos y sus frutos,
- las contribuciones, legados y subsidios y
- todo otro recurso lícito.

El capital social se determina mediante la diferencia entre el activo y el pasivo, es decir, no existen aportes especiales de los asociados para formar el capital.

La Comisión Directiva es el órgano de administración de la mutual. Sus integrantes son asociados elegidos por la asamblea, a la cual deben rendir cuenta de su desempeño. La ley de mutualidades prevé la existencia de un órgano específico para ejercer el control o fiscalización interna de las entidades que funciona a modo de "una suerte de fiscal de los intereses de los asociados ante la administración de la entidad mutual" (Cracogna, 1992).

La Asociación Mutual Transporte Automotor (AMTA) es una institución mutual sin fines de lucro creada en el año 1970 por las empresas y cámaras del transporte automotor de pasajeros. Su objetivo principal es otorgar cobertura médica asistencial a sus asociados. En el año 1978, la mutual adquirió el actual Sanatorio AMTA. En el presente, por intermedio de convenios de colaboración, brinda sus prestaciones tanto a la comunidad como a los asociados y afiliados de mutuales, obras sociales, empresas de medicina prepaga y organismos oficiales. Adicionalmente, ofrece a sus asociados los beneficios de Ayuda Económica por Fondo Compensador, subsidio por sepelio y turismo, entre otros.

En síntesis

Las organizaciones de la economía social responden a una dinámica diferente de la gestión capitalista y de la iniciativa económica del Estado. La economía social no se define por alguna rama particular de actividad; tampoco se puede pensar *a priori* que alguna actividad productora de bienes o servicios pueda estar incluida en ella. Lo que podemos decir, en cambio, es que la ES se inscribe dentro de un conjunto de actividades económicas autónomas cuyos objetivos y procesos de funcionamiento se basan en los valores de solidaridad y democracia, y constituyen a menudo las únicas formas accesibles para las personas que no pueden movilizar suficiente capital u otros recursos para desarrollar actividades económicas y mejorar las condiciones de vida. El objetivo, entonces, es encontrar soluciones y satisfacer necesidades que cambian y evolucionan constantemente.

No obstante estas características, el concepto de ES no se concibe de la misma forma en todos los países; la diversidad de los marcos jurídicos nacionales, la pluralidad de tradiciones asociativas y las particularidades de los contextos sociales, culturales y políticos dificultan la construcción de una definición que contemple todas las diferencias y dé cuenta de la identidad según cada realidad nacional o regional.

En Argentina, la ES ha adquirido una creciente visibilidad económica, social y política al mejorar las condiciones de vida y desarrollar estrategias e instrumentos para asistir a las personas en la búsqueda de una mayor participación y democracia económica. En este sentido, durante los últimos años, ha recibido el reconocimiento y estímulo del Estado y forma parte integral de iniciativas y programas gubernamentales, tales como los que promueven la inclusión en el mercado de trabajo a partir de la constitución de cooperativas de trabajo.

El impacto que ha tenido el sector también se manifiesta en la participación en la planificación de políticas públicas implicando nuevas formas de asociaciones entre la sociedad civil y los actores públicos, y dando lugar a numerosas vinculaciones institucionales tanto en el espacio propio de cada sector como con organismos gubernamentales y con otros actores sociales.

En efecto, la necesidad de colaboración y de establecer estrategias de cooperación llevó a que muy tempranamente las organizaciones de la ES conformaran redes. Éstas constituyen espacios de identificación, reconocimiento e intercambio entre actores diversos, quienes establecen patrones constantes de relaciones para gestionar acciones en forma conjunta y mejorar su capacidad de representación y colaboración. Esto ocurrió particularmente en las cooperativas, que se fueron integrando por sectores de actividad, por regiones, países y en organizaciones de grado superior.

Teniendo presente la misión de la ES, centrada en alcanzar el desarrollo económico con justicia social, la integración con otras entidades de los sectores privado y público a través de la consolidación de redes adquiere carácter primordial para responder a las expectativas y demandas de las personas y la comunidad. Asimismo, permite enfrentar los desafíos sociales, económicos y políticos como una opción que sustenta un desarrollo inclusivo y ambientalmente sostenible.

En suma, se trata de organizaciones fundadas sobre reglas de funcionamiento diferentes a la lógica del sector tradicional capitalista, que se forman con el objetivo de transformar las relaciones económicas y políticas y permitir así el desarrollo de una sociedad más justa y solidaria que se sostiene en valores como la democracia, el interés social y la justicia distributiva.

CASOS ILUSTRATIVOS

- La federación de cooperativas FECOVITA
  El caso de la privatización de una empresa estatal (Bodegas y Viñedos Giol) que pasó a ser controlada por una cooperativa de segundo grado, una federación de cooperativas vitivinícolas.
- El consorcio Prestigio
  Nació como cooperativa y luego se convirtió en sociedad anónima, pero la forma de tomar decisiones en la cooperativa dejó una fuerte impronta en el funcionamiento posterior.

10 | Guía de análisis

JORGE WALTER

La redacción de esta guía parte del supuesto de que cuando se abordan organizaciones complejas en su conjunto, o redes de organizaciones, es imposible profundizar y que, por consiguiente, es conveniente acotar la observación ya sea con relación a un problema o proyecto específico (respecto al cual se examina la intervención de varios sectores u organizaciones) o bien respecto a un área circunscripta de la organización sobre cuyas actividades se cuenta con mejor información, o resultan más accesibles o interesan especialmente al observador.

Originalmente, esta guía fue pensada para realizar diagnósticos en el propio lugar de trabajo. Esperamos que sirva de orientación y ayude a clarificar el modo práctico de utilización de las nociones básicas del análisis organizacional: estructura, cultura, poder y comunicación.

El objetivo de la guía es facilitar el análisis de los rasgos formales y el funcionamiento informal de las organizaciones y de las relaciones entre organizaciones.

En cuanto al aspecto formal, el primer elemento para tener en cuenta es el marco institucional en el cual la organización se desenvuelve y, por lo tanto, las formas de gobierno y los agentes y actores específicos que la caracterizan, tratados en los capítulos 2 y 9. En cuanto al análisis de la organización formal, esto es, al medio utilizado por la institución para alcanzar sus fines, nos apoyaremos en el capítulo 2, es decir, en las distinciones establecidas allí entre los niveles de análisis, los mecanismos de coordinación y los parámetros de diseño que caracterizan las tres formas organizacionales básicas (burocracia, adhocracia, red), que son el *leitmotiv* de todo el libro.

La primera dimensión de análisis del lado informal de la organización que abordaremos en este capítulo se refiere a las relaciones de poder, enfocadas en el diagnóstico de los problemas y los conflictos relativos al funcionamiento o a los procesos de creación o cambio de la organización; para ello recurriremos a los conceptos definidos en el capítulo 5: actor (recurso, apuesta, objetivo), sistema de acción concreto y factor de incertidumbre.

A continuación nos referiremos al análisis de la cultura organizacional que, en torno al análisis de eventos críticos (equivalentes a los *factores de incertidumbre* cuando se analizan las relaciones de poder), permite dar cuenta del origen y utilidad de las prácticas vigentes en una organización, y de las dificultades y desafíos que se plantean cuando se intenta modificarlas. En el capítulo 4 definimos las nociones de artefacto, valor y presunción básica subyacente, y nos referimos al rol del liderazgo en los procesos de formación, desarrollo, reproducción o cambio en las culturas organizacionales. Poder y cultura están articulados por lo que Hirschman (Mintzberg, 1992, p. 27) caracterizó como las opciones "voz" y "lealtad", constitutivas del liderazgo.

En un tercer punto nos referiremos al análisis de las comunicaciones, que es particularmente pertinente para dar cuenta del modo en que se instauran los vínculos entre miembros pertenecientes a diferentes áreas organizacionales y/o a diferentes organizaciones involucradas en proyectos conjuntos, al calor de la resolución de problemas de interés común que los involucran desde diferentes perspectivas. *Traducción* es la forma de comunicación que permite entenderse sobre dichas soluciones mutuamente satisfactorias que, en la medida en que progresivamente construyen una red informal de relaciones (que en el análisis de las relaciones de poder denominamos *sistema de acción concreto)*, instaura entre ellos la confianza.

Se trata, en síntesis, de tres formas complementarias del análisis organizacional para tener siempre en cuenta, al modo de una caja de herramientas, cuando se abordan los problemas de creación, funcionamiento y cambio organizacional e interorganizacional.

Esas formas no son incompatibles entre sí, sino que se enriquecen mutuamente. De un modo muy general, podemos decir que la cultura nos remite, si queremos entenderla, a la historia de la organización (o de las organizaciones, en plural, cuando enfrentamos problemas de comunicación entre ellas); el poder se refiere, por su parte, al presente de la organización (o, nuevamente, de las organizaciones en plural) y a sus negociaciones –el énfasis está aquí en las discrepancias de puntos de vista y en el modo de resolverlas a través de la negociación– para enfrentar las incertidumbres del presente, mientras que la comunicación alude al establecimiento cooperativo de nuevos vínculos para crear nuevas soluciones mediante la apertura hacia nuevas perspectivas. No por casualidad el concepto de traducción procede de la sociología y la antropología de la innovación.

Marco institucional y datos organizacionales introductorios

El análisis de casos comienza mediante una caracterización del ámbito institucional en el cual se desenvuelven las organizaciones a título individual (empresa, administración pública, organizaciones sociales) o en cuanto a las modalidades de su relación (gobernanza interorganizacional) si de proyectos y/o actividades conjuntas se trata.

Es necesario caracterizar inicialmente el marco jurídico formal que regula la actuación y, en consecuencia, la forma de gobierno y los actores correspondientes (con las consiguientes problemáticas específicas de la toma de decisiones), así como la relación entre organizaciones (concesiones, consorcios, alianzas, *joint ventures*, etcétera).

Para realizar esta tarea, es necesario reunir informaciones sobre el marco legal de la actividad (formas de propiedad y los sujetos de derecho), sobre la índole de los actores (accionistas, donantes, etcétera) y sobre las formas de gobierno y toma de decisiones, cada una con sus formas de legitimidad y sus problemáticas específicas (ilustradas brevemente al final de esta guía por el caso particular de las organizaciones de la economía social).[1] Lo mismo en cuanto al vínculo entre organizaciones.

---

[1] Para más detalles, remitirse a los capítulos sobre institución y organización, sobre poder (el tema de la legitimidad) y al cuadro de síntesis que se presenta en el capítulo sobre organizaciones de la economía social.

En cuanto a las organizaciones (y sus vínculos), la información que se recoja inicialmente deberá servir para que el lector sitúe globalmente el tipo de organización (u organizaciones) de que se trata y el/los contextos/s en los que actúa, el tipo de actividad que realiza, el destino de lo que produce y los medios de producción (materiales y humanos) que utiliza para ello.

La unidad de análisis puede ser un área de una organización, una organización, un proyecto en el cual participan varias organizaciones bajo alguna figura jurídica (alianza estratégica, consorcio, *joint venture,* etcétera) o una red (por ejemplo, de subcontratación) vinculada mediante convenios de cooperación o contratos. Estos datos, normalmente, están disponibles como información secundaria,[2] por ejemplo, en páginas web o en folletería institucional.

Si se trata de una organización, un elemento básico de presentación que da una idea de su tamaño y grado de diferenciación interna es el organigrama, en el que se puede indicar el área específica que será objeto de estudio.

Si se trata de una cadena de valor o una red de subcontratación, el elemento de presentación es un dibujo que identifique los diferentes eslabones y las organizaciones actuantes en cada uno de ellos; se debe indicar el rol específico que cumplen en ellas.

Lo mismo si el análisis trata sobre una red de organizaciones situada territorialmente (por ejemplo, una red de ONG de ayuda social en un barrio), en cuyo caso se utilizará un diagrama que identifique cada organización, su pertenencia institucional, su tamaño, su rol, su ubicación, esto es, cualquier información que se considere pertinente para entender su posición y su rol específico en la red.

Si se trata de un proyecto, sus fases (concepción, implementación, funcionamiento, evaluación, por ejemplo) y la procedencia y tipo institucional (una o varias organizaciones o instituciones) de quienes participan en él, así como el rol que desempeñan.

---

[2] Información primaria es aquella, original, que recogemos, por ejemplo, mediante entrevistas. Información secundaria es aquella que está disponible públicamente en forma preelaborada.

En otras palabras, la forma de graficación que resulte más conveniente dependerá de la naturaleza del problema que se aborde y de los aspectos formales e informales que el análisis deba poner de manifiesto. La creatividad es muy aconsejable en tanto sirva para precisar la naturaleza del objeto de estudio y las fronteras espaciales y temporales del caso que se analizará.

El análisis organizacional

En el comienzo de este capítulo decíamos que las nociones de poder, cultura y comunicación nos permiten dar cuenta del funcionamiento informal de la organización, más allá del formalmente previsto al diseñar las estructuras organizacionales (teniendo en cuenta un determinado marco institucional) o de lo definido en los contratos o convenios que vinculan a las organizaciones –a veces pertenecientes a instituciones diferentes– en actividades comunes o de subcontratación.

En las figuras 1 y 2 presentamos los elementos que, en el análisis del poder, la cultura y la comunicación, corresponden respectivamente a los aspectos formal e informal de la acción colectiva organizada.

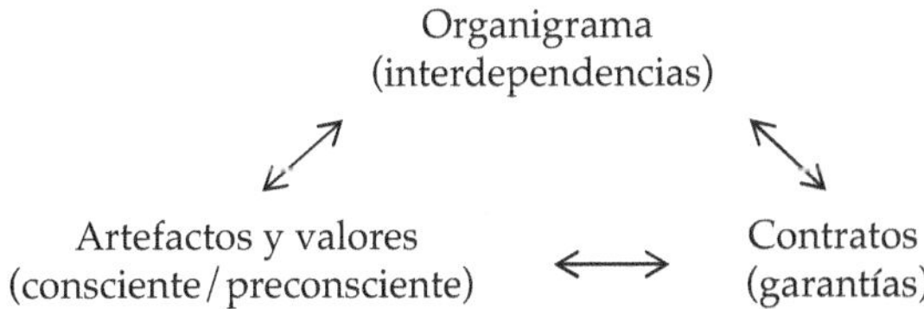

Figura 1. Lo formal.

Lo formal incluye las interdependencias predicadas por el organigrama y por la normativa que regula el funcionamiento de la organización, habida cuenta del tipo de institución a la cual pertenezca, y de los contratos que la ligan con otras organizaciones del mismo o diferente ámbito institucional. Los artefactos culturales son esos mismos elementos, en cuanto apariencia visible de un modo de funcionamiento que es necesario examinar luego en la práctica.

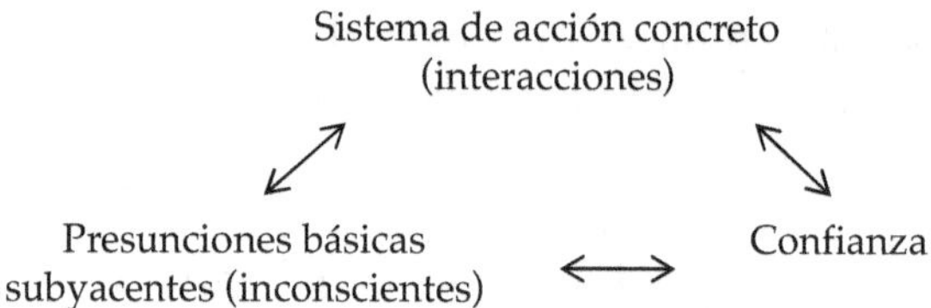

Figura 2. Lo informal.

El examen de las interacciones informales permite dar cuenta del funcionamiento real de las organizaciones y de su distancia con las interdependencias previstas formalmente por el organigrama, los reglamentos, los contratos, etcétera. El sistema de acción concreto se refiere a las interacciones tal como se despliegan en la práctica; las presunciones básicas se refieren a las normas que realmente gobiernan las conductas, más allá de las que han sido escritas y proclamadas, y la confianza alude al tipo de vínculo que relaciona entre sí las organizaciones (confianza cuya existencia es necesario comprobar o descartar mediante el análisis de las interacciones).

El análisis de las relaciones de poder

El objeto del diagnóstico puede ser un problema relacionado con el funcionamiento en el día a día o con la introducción de un cambio en la organización. La técnica de aproximación es diferente en cada caso.

Cuando se desea diagnosticar un problema de funcionamiento, se parte de una descripción de la estructura formal –de las reglas vigentes en la organización– para contrastar lo que prescribe con la conducta efectiva –informal– de los miembros de la organización. Se parte de la hipótesis de que el buen funcionamiento de la organización es incompatible con una distancia excesiva entre ambas.

Cuando se analiza un problema relacionado con la introducción de un cambio, el trámite es inverso: se comienza describiendo lo informal (la conducta de aquellos actores que realmente intervienen en la introducción del cambio, tanto los que actúan a favor como aquellos que lo hacen en contra) para comprender el porqué de las dificultades o del éxito en la institución de un nuevo modo de funcionamiento. Obsérvese que, pese a su trámite opuesto, en ambos casos lo informal –es decir, lo menos visible y manifiesto– es el núcleo central del análisis.

En lo que respecta a la metodología a utilizar, lo que acabamos de decir implica que cuando se desea analizar un problema de funcionamiento organizacional se debe tomar en cuenta el conjunto de los actores presentes en el ámbito organizacional observado; cuando se analiza un proceso de cambio, se debe tomar en cuenta únicamente a quienes actúan, ya sea a favor o en contra de él.

Partiremos, entonces, de una descripción de la organización formal para descubrir, por contraste con el funcionamiento real, la organización informal.

Descripción de la organización formal

- El sistema jerárquico (organigrama explícito o implícito). Siempre es útil comenzar el análisis dibujando y describiendo el organigrama formal pues, aunque de hecho no esté disponible, siempre hay una jerarquía formal que puede explicitarse. Ejemplo: el médico es "jefe" de la enfermera, quien, a su vez, tiene autoridad de hecho sobre la secretaria del consultorio.

- A partir del organigrama, examinar el sistema de comunicaciones horizontales y verticales relacionadas con la rutina de trabajo. ¿En qué medida se respetan las vías formales –jerárquicas– de comunicación?, ¿es habitual el "puenteo"?[3]

---

[3] El "puenteo" puede ser vertical u horizontal: saltar un nivel jerárquico (un empleado que recurre al gerente saltando a su jefe) o saltar una frontera funcional (dos empleados, de dos sectores diferentes, que se comunican entre sí sin advertir a sus jefes). Ambos tipos de puenteo pueden combinarse (un empleado de un sector que se comunica directamente con el gerente de otro sector).

- El sistema de división del trabajo y de distribución de tareas entre los trabajadores (¿quién, con qué calificación, hace qué, con qué medios?). El proceso de trabajo puede graficarse mediante un flujograma, un *lay-out*, etcétera. Precisar también el grado de formalización, por ejemplo: ¿hay manuales de tareas?, ¿hay un sistema de categorías por niveles de calificación?, ¿en qué medida se respetan?
- Sistema remuneratorio, de premios y sanciones. ¿En qué medida se cumple?

Descripción del funcionamiento informal

El objetivo de esta descripción es comprender cómo suceden las cosas realmente, más allá de lo que ha sido formalmente previsto. Entran en juego ahora ciertas nociones que permiten hacer explícitas con mayor precisión las discrepancias percibidas al diagnosticar la organización formal, para aportarles una explicación. Por ejemplo, la noción de *zona de incertidumbre*.

Cuando la rutina bancaria se altera…
La rutina bancaria se altera cíclicamente a fin de mes cuando se acumulan los pagos y se forman colas de clientes. En ese momento, cuando la organización es sometida a una mayor presión, quedan a la vista los problemas latentes de funcionamiento. Surgen conflictos entre el personal y se observan claramente –se manifiestan y eventualmente se forman– los grupos informales que en períodos de rutina no son tan fácilmente perceptibles.

Otro truco del oficio de analista organizacional que revela la utilidad de la noción de zona de incertidumbre para ayudarnos a percibir más claramente el funcionamiento informal de la organización, paralelo al formal,[4] consiste en focalizar el análisis sobre

---

[4] El funcionamiento real es, de hecho, el producto de una combinación de formalidad e informalidad. Sólo que lo formal es explícito mientras que lo informal debe

el modo de resolución de un problema imprevisto y aleatorio (por ejemplo, un pedido inhabitual, la rotura de una máquina, una catástrofe natural, un atentado, etcétera), e intentar registrar en qué medida se respetan en esa ocasión las relaciones formalmente previstas y cómo funcionan los sistemas jerárquicos y de comunicación.

Otra idea de utilidad práctica derivada del concepto consiste en centrar el análisis en un acontecimiento que haya generado un conflicto o en un conflicto que estaba latente entre ciertos individuos o grupos y que se haya manifestado abiertamente en alguna ocasión. Como veremos más adelante, las relaciones afectivas, ya sean de carácter negativo –como en el caso de un conflicto latente– o empático (cuando manifiestamente determinadas personas se llevan muy bien entre sí), reflejan relaciones de poder (coaliciones, cuando son positivas; oposiciones, cuando son negativas) cuya razón de ser es el control de las zonas de incertidumbre.

Por último, tal como sugerimos en el punto referido a la descripción de la organización formal, es conveniente describir cómo funciona la organización al margen de presiones cíclicas, acontecimientos imprevistos o conflictos abiertos o larvados. ¿Las disposiciones formales son habitualmente respetadas? Si éste no es el caso, ¿por qué?, ¿en beneficio de quiénes?

Las relaciones informales se manifiestan en la organización como relaciones afectivas entre individuos y, sobre todo, entre grupos. Es por eso que describir el funcionamiento informal equivale a describir relaciones afectivas (positivas, negativas o neutrales).[5] ¿Tal grupo es indiferente, agresivo y hostil o simpático respecto a tal otro?, ¿las opiniones negativas sobre la capacidad y el esfuerzo de los otros se vinculan con defectos verdaderos o con el deseo de que se aplique una política diferente? La hipótesis que subyace en este modo de aproximación a lo informal es

---

ser descubierto. Henry Mintzberg denomina a esta combinación "constelaciones de trabajo". En toda organización suele haber varias, a veces entrecruzadas (Mintzberg, 1988).

[5] Para el análisis estratégico, las relaciones afectivas no reflejan afinidades naturales. Son indicios de la existencia de relaciones de poder.

que una competencia entre individuos o grupos no reconocida formalmente engendra una tensión muy fuerte que se traduce en agresividad.

Veámoslo en un ejemplo concreto. Tras el cambio de la ley penal impositiva argentina (que incrementó fuertemente las penalidades) posterior a la hiperinflación de los años 1989-1990, el responsable de la contabilidad de impuestos de una importante empresa petroquímica solicitó el reclutamiento de nuevos empleados para su área y, dada la mayor responsabilidad que estaba asumiendo tras el cambio legal –y que era capaz de asumir gracias a sus conocimientos y relaciones–, pidió una promoción a la categoría de Jefe de Impuestos (categoría cuya creación solicitó, debido al fuerte aumento del número de personas que debería tener de ahora en más a su cargo). El gerente de Administración –su superior jerárquico– se opuso a ambas cosas y tomó el pedido pero sin transmitirlo a sus superiores. Tras largas discusiones y conflictos resultantes de la reticencia del gerente a gestionar el reclutamiento del personal que necesitaba el contador para hacer frente al incremento de sus tareas, este último renunció. La empresa se atrasó seriamente en el pago de sus impuestos y fue poco tiempo después clausurada por la agencia nacional recaudadora de impuestos.

Al fin de cuentas, lo que se intentará detectar es dónde reside el poder real y no sólo el formal. ¿Quién, más allá de las apariencias, comanda y decide efectivamente?, ¿coincide el lugar del poder real con el del poder formalmente atribuido? La clausura de la empresa prueba el poder real del experto en impuestos. La falta de reconocimiento en la organización implicó que ésta perdiese el control de una nueva e importante zona de incertidumbre.

Ahora bien, para entender cabalmente la conducta de los actores involucrados en un conflicto, resta aún una serie de conceptos que es la misma cuando se aplica al conjunto de los actores integrantes de un sistema organizativo o cuando se toma en cuenta únicamente a quienes, en el seno de dicho sistema –como en el caso que acabamos de relatar–, intentan realizar un cambio o se oponen a él. Definiremos tales conceptos a continuación.

Análisis del cambio organizacional

Cuando se analiza un proceso de cambio, hay que intentar definir con claridad los objetivos de cada actor y lo que está en juego (lo que apuestan a título personal) en la acción que lleven a cabo.

Entendemos por *objetivos* las metas que cada actor se propone y que pueden ser explicitadas en la organización.[6]

Lo que cada actor *pone en juego* en esa acción es, en cambio, el valor que, por razones de índole personal, no organizacional, le atribuye a dichos objetivos.

Por ejemplo: proponerse batir un récord de producción (objetivo organizacional) y ganar así una promoción (apuesta personal). Otro ejemplo: resolver el problema impositivo de la empresa y convertirse en jefe. Decimos "y" y no "para" porque no damos prioridad a las apuestas individuales por sobre los objetivos organizacionales.[7] Sin embargo, como vimos en el ejemplo del contador renunciante, esto no implica que apostar al poder –reclamar reconocimiento formal para una capacidad demostrada de resolver problemas reales y concretos que enfrenta la organización–[8] no sea bueno ni necesario.

Lo que el actor –un individuo o un grupo– pone en juego, entonces, es su poder. Los actores, particularmente cuando ocupan una situación estratégica que es crucial para que la organización alcance sus objetivos resolviendo sus problemas concretos y cotidianos, no pueden escapar al juego del poder e, incluso, a la cuestión de la conquista del poder.

Como dijimos en el capítulo sobre el poder, éste se funda en el control de recursos que son pertinentes para el control de

---

[6] La solución que propondrá el actor dependerá del modo en que defina el problema a resolver o, según la terminología del análisis estratégico, del modo en que controle una "zona de incertidumbre" importante para la organización.

[7] Dar prioridad a las apuestas individuales es la reacción habitual de sujetos inmersos en la organización. Se trata de una modalidad espontánea del análisis organizacional que refleja la dificultad natural para tomar distancia que caracteriza a personas sumergidas en la realidad que intentan explicar.

[8] El reconocimiento formal opera como un refuerzo para dicha capacidad (pues da legitimidad, apoyo organizacional, a las decisiones fundadas en ella).

determinadas zonas de incertidumbre importantes para la subsistencia o el desarrollo de la organización como, por ejemplo, conocimientos, informaciones, posiciones jerárquicas, relaciones y contactos, capacidad para negociar la aplicación de las reglas (Crozier y Friedberg, 1990, pp. 68-75).

Los actores (que pueden ser individuos o grupos, y que jamás deben considerarse tales *a priori*, es decir, por el hecho de que la organización les ha conferido formalmente un poder de decisión) conquistan poder cuando logran controlar una zona de incertidumbre (aun cuando ese poder no les sea reconocido formalmente). Pues, aunque las zonas de incertidumbre existan "objetivamente",[9] como bien señalan Crozier y Friedberg en el texto que acabamos de citar, quien logra controlar una zona de incertidumbre sobre la base de un recurso que sólo él tiene –y que puede intentar monopolizar haciéndolo esotérico, es decir, inaccesible a los demás– se convierte él mismo, es decir, su conducta, en un factor de imprevisibilidad.

Según nuestro punto de vista, el análisis estratégico –es decir, el análisis del poder en las organizaciones– gira enteramente en torno a la paradoja que acabamos de comentar, que puede resumirse en los siguientes términos: cuando una organización logra controlar una fuente objetiva de incertidumbre (resolver un problema concreto),[10] dicha incertidumbre se traslada del lado de los sujetos que asumieron la responsabilidad, pues ahora son sus conductas las que se han vuelto imprevisibles.[11]

La cuestión que preocupa centralmente en el análisis estratégico es la discrepancia entre la organización formal y sus sistemas

---

[9] Ejemplos: el gobierno modifica los marcos regulatorios de la actividad empresarial, los competidores adquieren nueva tecnología y desarrollan nuevos productos, las máquinas se rompen, el personal se enferma y falta al trabajo…

[10] Ante situaciones de este tipo, el análisis estratégico recomienda proceder a un reconocimiento formal del poder real emergente cuando éste es esencial para la supervivencia de la organización.

[11] Esto, como ya dijimos, puede dar lugar a estrategias de monopolio de los recursos, tendiente a volverlos esotéricos e inaccesibles (provocando fenómenos de hipertrofia de ciertas funciones en detrimento –la atrofia– de otras). Frente a esta situación, el análisis estratégico formula el siguiente tipo de recomendaciones: control del poder real retirándole prerrogativas formales cuando, habiendo sido reforzado por estas últimas, cae en la tentación de abusar de ellas.

de acción concretos o, en términos de Philippe Bernoux (2004), "aquellas situaciones donde los actores, no obstante su interdependencia, ya no interactúan entre sí" (p. 149). El concepto central que integra ambos aspectos es el de "interdependencia estratégica" que, según Friedberg, "es el único capaz de conciliar libertad y constricción, autonomía de los actores e integración de sus comportamientos" (1993, p. 227).

Los sistemas de acción concretos

Llegamos ahora al concepto principal, estructurante del análisis, tanto del funcionamiento como del cambio organizacional. Las relaciones entre los actores y sus alianzas constituyen "sistemas de acción concretos" que el análisis debe intentar poner de manifiesto.

El sistema de acción concreto es el conjunto de relaciones que establecen entre sí los miembros de una organización para resolver los problemas concretos cotidianos. Dichas relaciones no son previstas por la organización formal y las definiciones de funciones. Se trata de reglas informales, necesarias para el funcionamiento de la empresa y generalmente bien conocidas en ella. En todo caso, quienes pretendan introducir cambios en la organización no pueden ignorarlas (Bernoux, 1985, pp. 154-155).[12]

Digamos por último que la aplicación de esta metodología es ilustrada por los casos del monopolio industrial y Secobat. En el primero se ilustra la relación entre zonas de incertidumbre y recursos de poder pertinentes. En el segundo se ilustra la aplicación de la noción de sistema de acción concreto (mediante el dibujo de un organigrama informal, paralelo al formal), resultante del análisis de los actores y sus estrategias (es decir, de sus recursos, sus objetivos y sus apuestas).

---

[12] En nuestra opinión, no hay gran diferencia entre las *reglas informales* a las cuales se refiere Bernoux y las *presunciones básicas subyacentes* a las que se refiere Schein, que no por ser respetadas son "bien conocidas" –conscientemente– en la organización.

El análisis de la cultura organizacional

A continuación se presenta una apretada síntesis del apartado metodológico del libro de Edgar Schein sobre cultura organizacional y liderazgo (1988, pp. 120-127).

Como se ha dicho ya, el aspecto formal de la organización se encarna en este caso en los artefactos (en las apariencias externas) y en los valores proclamados por las autoridades (como la declaración de la visión y la misión, o el reglamento interno de funcionamiento). El funcionamiento informal se vincula con las presunciones básicas subyacentes, que por definición no son explícitas ni conscientes, y que por lo tanto son difíciles de detectar en un primer abordaje. Por eso es tan importante hacerlo recurriendo a un método de aproximación.

Métodos antropológicos versus entrevista clínica reiterada

El análisis cultural se apoya en la *entrevista clínica reiterada*, que Schein prefiere a los métodos antropológicos, a los que, sin embargo, no desdeña.

La entrevista es clínica porque no se realiza a quien no lo demande. Se trata de una serie de encuentros y exploraciones conjuntas entre el analista y distintos interlocutores interesados en participar que pertenecen a la organización y que, gracias a su antigüedad, conocen los motivos por los cuales, en determinados contextos históricos, determinadas personas o grupos decidieron hacer las cosas –o cambiar el modo de hacerlas– de modos específicos que luego se convirtieron en habituales. El recurso a este tipo de entrevistas se funda en el supuesto de que sólo mediante un esfuerzo conjunto y prolongado pueden descifrarse las presunciones básicas subyacentes y su coherencia.

El esfuerzo conjunto permite:

1. Controlar la subjetividad del observador. Los sujetos integrados (es decir, insertos en la cultura) pueden corregir sus interpretaciones erróneas escuchando la interpretación que hacen otras personas, que también estuvieron presentes, sobre

los mismos acontecimientos. Las primeras interpretaciones son casi siempre erróneas porque se necesita tiempo para:

- captar los matices semánticos
- entender:
    - cómo se conecta un conjunto de categorías con otro,
    - cómo los significados se plasman en conductas,
    - cómo las conductas se aplican a las situaciones.

Inevitablemente tendemos a aplicar nuestras propias categorías de significado a los eventos que observamos.

2. Tomar conciencia del carácter construido de la cultura. El sujeto integrado se percata de ello al tratar de explicarles a terceros las razones subyacentes en aquellas conductas que los sorprenden.

Para lograrlo, se necesita tiempo y distancia por la dificultad para descubrir la "carta robada" (que Sherlock Holmes dejó intencionalmente sobre la mesa).

Metodología de la entrevista

El objetivo de la entrevista es reconstruir históricamente la forma en que el grupo resolvió sus principales problemas de integración y adaptación, y la clase de soluciones que aplicó, que funcionaron reiteradamente hasta quedar asumidas como las más apropiadas. El medio para alcanzarlo consiste en interrogar a nuestros interlocutores sobre los sucesos críticos de la historia del grupo empleando las categorías de problemas (de integración interna, de adaptación externa y de integración externa) como referencia mental para constatar que todo está siendo abarcado (cuadro 1).

El listado de problemas es indicativo y cuando abordemos los casos concretos posiblemente convenga replantearlo en términos aún más concretos y específicos. En cuanto a la adaptación externa, podemos preguntarnos, por ejemplo, por lo sucedido en la organización o en su vínculo con otras organizaciones ante eventos críticos bien conocidos que seguramente pusieron en jaque su supervivencia (como las crisis financieras, las hiperinflaciones, las devaluaciones, la apertura externa o el cierre intempestivo de las fronteras, la elevación o la reducción de las tasas de interés, el aumento de la presión impositiva, sin olvidar los atentados terroristas, las catástrofes climáticas, las rupturas en las cadenas locales o internacionales de abastecimientos), así como de eventos relacionados con riesgos colectivos inherentes a cada tipo de actividad (como los conflictos sindicales, las contaminaciones ambientales, las intoxicaciones masivas o los accidentes laborales de trascendencia pública, en organizaciones que realizan actividades de riesgo tecnológico). En lo que respecta a los problemas de integración, internos o externos, podemos interrogarnos sobre conflictos laborales, accidentes en el trabajo o *in itinere,* tasas de rotación, conflictos con compañeros o superiores, etcétera, tanto propios del funcionamiento como de la introducción de cambios tecnológicos y organizacionales, así como en la forma de relación con otras organizaciones (por ejemplo, constitución de consorcios o *join ventures,* fusiones y adquisiciones, procesos de tercerización y reducción interna de efectivos). En tales procesos, pueden plantearse discrepancias en la comunicación entre miembros de culturas nacionales y organizacionales diferentes, pero también afinidades (Walter y Pinot, 2008).

Cuestionario básico

Nuestros interlocutores deben recapitular la historia de la unidad bajo estudio para descubrir sucesos históricos claves y la manera en que fueron manejados. Para ello, el observador les efectuará preguntas como las siguientes:

1. ¿Cuándo se fundó la organización?, o bien, ¿cuándo, cómo, para qué se estableció el vínculo entre ambas organizaciones?, ¿qué hechos recuerda con relación a ello?
    - ¿Quiénes lideraron la iniciativa? (¿cómo eran su personalidad, sus valores y sus puntos de vista frente a los problemas iniciales?).
    - ¿Qué desafíos se planteaban en ese momento? (regulatorios, relativos a la competencia, a la tecnología disponible o accesible, etcétera).

- ¿Cuáles fueron y cómo se enfrentaron los problemas críticos propios de ese contexto? ¿Recuerda anécdotas que lo reflejen?
- ¿Se plantearon en ese momento objetivos, formas de hacer las cosas o valores importantes que luego hayan permanecido?

2. ¿Hubo luego otros momentos críticos en la historia de la organización o de la relación entre las organizaciones? Es decir, ¿sucedieron eventos importantes que la amenazaron haciendo necesario revisar los objetivos y/o las formas de trabajar?

- ¿Cómo lo vivieron los miembros de la organización, o las organizaciones vinculadas?, ¿dejó algún tipo de secuelas?
- ¿Qué se hizo?, ¿quiénes tomaron la iniciativa?
- ¿Qué pasó luego?, ¿las soluciones propuestas funcionaron y se siguieron aplicando?

Cuadro 1. Categorías de problemas

Cuestiones de integración interna	Problemas u oportunidades vinculadas con: • las relaciones jerárquicas; • las relaciones con colegas de la misma especialidad; • la relación con colegas de otras áreas; • el funcionamiento de los sistemas de recompensa y sanciones; • la incorporación de tecnología (dura o blanda); • la representación sindical.
Cuestiones de adaptación externa	Problemas o desafíos derivados de: • los cambios en los marcos regulatorios y el funcionamiento de los organismos de control de la actividad; • la relación con sindicatos y asociaciones; • la relación con otras organizaciones (en sentido territorial o de las cadenas de valor); • el comportamiento de los propietarios, donantes o políticos, y sus modos y criterios de evaluación del desempeño gerencial.
Cuestiones de integración externa	Problemas u oportunidades relativos a la cooperación con otras organizaciones, producto de: • diferencias en el modo de plantear y resolver problemas; • afinidades en el modo de plantear resolver problemas.

Fuente: esquema analítico replanteado por nosotros a partir del propuesto por Schein (capítulo 4).

La clave para descubrir las presunciones básicas subyacentes está en la distancia que podamos tomar una vez realizada la entrevista. Una forma fundamental de tomar distancia es resumir los resultados de la entrevista, reflexionar sobre ellos y volver a entrevistar a nuestros interlocutores.

No se trata de descubrir secretos ocultos bajo siete llaves, sino de aprender a distinguir el elefante de la pared: son cosas generalmente obvias, que por ser así se han vuelto invisibles. Por ejemplo, cuando alguien que se desempeña en una organización que presta un servicio con carácter monopólico afirma que los clientes son por definición arbitrarios y antojadizos.

La aplicación de esta metodología es ilustrada más adelante mediante el caso TM + X, una fusión de empresas en la cual son evidentes los problemas de comunicación entre los miembros de organizaciones con culturas dramáticamente diferentes. Este caso sirve también de introducción para la cuestión de las comunicaciones, que abordamos a continuación.

El análisis de la comunicación en las redes interorganizacionales

Como ya adelantamos en el punto final del capítulo sobre el poder, al igual que en el caso de las organizaciones individuales, en las relaciones entre organizaciones también es necesario distinguir entre los aspectos formales y los informales, y es fundamental el análisis de la cultura y las relaciones de poder.

En el análisis de organizaciones individuales, lo formal para considerar son los organigramas, reglamentos, manuales de procedimientos, etcétera (que en términos del análisis de la cultura son artefactos y valores). En el caso de las relaciones interorganizacionales, lo formal se refiere, por ejemplo, a los convenios o contratos que vinculan a las organizaciones entre sí y a las correspondientes cláusulas de garantía. Ahora bien, ¿cómo analizar las relaciones informales en el caso de organizaciones vinculadas por contratos o convenios de colaboración?

El análisis del caso Prestigio ilustra la metodología a utilizar para su estudio recurriendo a la noción de *traducción*. Esta noción es empleada por Michel Callon (1986) –un especialista en sociología de las innovaciones– para analizar las comunicaciones entre miembros de organizaciones independientes que se ponen de acuerdo para resolver problemas de interés común. La traducción consiste, en efecto, en explicarle a la contraparte de un modo comprensible para ella el problema para cuya solución se le solicita ayuda (porque tiene un recurso pertinente para hacerlo). Al igual que en el caso de las organizaciones formales, esas comunicaciones informales son un complemento indispensable de los convenios y contratos.[13]

La traducción clave en las cadenas de valor que involucran diferentes organizaciones es la que vincula la oferta con la demanda.[14] Así, por ejemplo, cuando el comprador europeo necesita un determinado tipo de fruta para satisfacer a su clientela, se comunica con Prestigio para que la seleccione en función de esos requerimientos o para que invierta en el desarrollo y cultivo de nuevas variedades que podrá entregar más adelante. Para que esto último sea posible, Prestigio debe demandar ayuda comunicándose con instituciones locales financieras y de desarrollo científico y tecnológico, como el Vivero de la Estación Experimental Concordia del Instituto Nacional de Tecnología Agropecuaria.

El procedimiento a utilizar en el análisis de un caso de este tipo –en el que la unidad de análisis es una red de organizaciones– comienza por una consulta a interlocutores competentes (por ejemplo, especialistas en exportaciones) para identificar las actividades o funciones[15] que será necesario cubrir (financiamiento,

---

[13] Lo ilustran los esfuerzos que realiza el técnico norteamericano Harry desde Estados Unidos para encontrar una solución rápida y sin costo para el problema de mantenimiento que sufre una máquina instalada por él en una planta industrial de Tierra del Fuego (Ruffier y Walter, 2010).

[14] En los términos de la teoría del actor-red es lo que diferencia la invención de la innovación: la conexión de una buena idea con una demanda concreta (Domenech y Tirado, 1998).

[15] Una vez identificado el conjunto de las funciones, es conveniente graficarlo en un diagrama, que luego puede utilizarse como referencia o guía en la realización de las entrevistas (para no olvidar interrogar sobre ningún vínculo importante), como ilustra el diagrama de flujo de comunicaciones presentado en el análisis del caso Prestigio.

desarrollo de nuevas variedades, empaque, producción de jugos, transporte local e internacional, venta, etcétera) y los recursos necesarios (humanos, financieros, tecnológicos, informativos, etcétera) para poder hacerse cargo de ellas controlando las incertidumbres (resolviendo los problemas) que se planteen.[16]

¿Están esos recursos disponibles en el territorio en el cual se encuentran los establecimientos agropecuarios y las plantas de empaque de fruta de los productores?[17] ¿Qué actores concretos existen que pueden y están dispuestos a aportarlos? Estas preguntas no se deben responder de manera genérica, sino específica para cada caso particular que se analice.

Si la acción concreta a analizar es la exportación, y se prioriza como hacemos nosotros el punto de vista de los productores exportadores, interesa conocer primero cómo tomaron forma en el tiempo –y por qué– las formas de inserción de cada productor[18] (es decir, de relacionamiento con los actores presentes en otros eslabones) en las cadenas de valor propias de ese ámbito. El estudio de la inserción de los productores de cítricos en las cadenas de valor globales (exportadoras) consistió, por ejemplo, en el análisis de dichas estrategias como un proceso histórico,[19] como *trayectorias* que reconstruimos entrevistando en cada caso a quienes las habían liderado.[20] Al hacerlo, descubrimos que la inserción en múltiples cadenas, locales (domésticas) y globales (internacionales), no se

---

[16] Ya se trate de una exportación, como en el caso de los productores citrícolas, o de la asistencia a las personas que sufrieron el tsunami en varios países del sudeste asiático.

[17] En el territorio en el que están instalados los productores… o entre los actores de la cadena. Como se dice en la presentación del caso, Prestigio creó el consorcio mediante un crédito sin interés concedido por su principal cliente europeo a cambio de exclusividad en la provisión.

[18] Productor individual o asociado (en el caso de los consorcios o las alianzas estratégicas).

[19] Lo hicimos de ese modo en el caso Prestigio, pero no en el caso FECOVITA, en el que nos limitamos a reconstruir la red *a posteriori* y a indagar sobre su génesis a partir de fuentes esencialmente secundarias.

[20] Cuando eso es posible, lo ideal es entrevistar a los pioneros y fundadores, así como a los líderes presentes en los momentos de cambio de rumbo, a quienes siempre es muy útil solicitar datos biográficos personales en el comienzo de las entrevistas.

limitaba a la comercialización de lo que producían. Aplicaban la misma estrategia en materia tanto de compras de insumos y equipos (en el mercado local o internacional, según la conveniencia) como de financiamiento de las inversiones.

Cuando se desea realizar un diagnóstico de este tipo, es muy importante que luego, una vez finalizadas las entrevistas iniciales, se intente confrontar el punto de vista de los productores con el de sus interlocutores, es decir, el de los otros actores presentes en el ámbito territorial (los voceros de los organismos de formación de recurso humanos y de investigación y desarrollo, de los bancos públicos y privados, etcétera) y de la cadena de abastecimientos (es fundamental obtener el punto de vista de los clientes intermedios y/o finales, los transportistas nacionales e internacionales, los proveedores de insumos, etcétera). Muchas veces resulta muy útil realizar una segunda entrevista a los productores para terminar de aclarar lo que haya surgido de la confrontación de sus puntos de vista con los de sus interlocutores. Los mayores aportes y aprendizajes surgirán de esta confrontación.

En última instancia, se intentará reconstruir –representándolo en un diagrama de comunicaciones– el sistema concreto de relaciones informales interorganizacionales que fueron cultivadas con el paso del tiempo y fueron paulatinamente constituyendo una red de relaciones de confianza (Walter, 2002) a la cual pueden recurrir los productores para resolver sus problemas. Algo equivalente, a nivel de las redes interorganizacionales, de lo que en el nivel intraorganizacional Henry Mintzberg denominó "constelaciones de trabajo" y Crozier y Friedberg, al igual que Philippe Bernoux, denominaron "sistemas de acción concretos".

Análisis institucional: el caso particular de las empresas de economía social

Las organizaciones de la economía social deben conciliar dos lógicas institucionales eventualmente conflictivas: la lógica asociativa inscripta en la definición de su misión y la lógica de la efectividad en la producción (ya sea de bienes o servicios) para satisfacer demandas.

Estos dilemas no son típicos solamente de las organizaciones de la economía social. Como dijimos en el capítulo inicial, también existen en las empresas privadas entre accionistas y gerentes (¿retirar dividendos o invertir?) y en las empresas estatales entre la esfera política y la administrativa (¿bajas tarifas por motivos electorales o altas tarifas para invertir en la mejora del servicio?). Elegimos el caso particular de las organizaciones de la economía social porque son las menos conocidas y porque se tiende a reducirlas a la lógica mercantil considerando que cuando satisfacen esa lógica están desvirtuando su misión y han sido presas de la "ley de hierro de las oligarquías" (Suárez, 1995).

Respecto de la economía social se plantean los siguientes interrogantes: ¿cómo se logra en estas organizaciones resolver políticamente dicha tensión?, ¿mediante qué sistema de gobierno y toma de decisiones operativas y estratégicas?

El difícil equilibrio entre las lógicas asociativa y empresaria: toma de decisiones democrática y gestión participativa

La misión de la organización es su razón de ser pues fue creada para lograr un propósito social (típicamente: el desarrollo de competencias de los trabajadores, la creación de empleo y la integración social a través del trabajo).

Todas las decisiones y acciones desarrolladas por los líderes deben ser consistentes con el propósito reflejado en la misión. La empresa se sitúa a su vez en un mercado competitivo y se espera que exista un equilibrio entre la misión y la efectividad económica de su producción. La clave del liderazgo reside, entonces, en la capacidad de articular ambas dimensiones.

Vitalidad asociativa = toma de decisiones democrática y gestión participativa

La vitalidad asociativa es lo que asegura la sustentabilidad de la organización a largo plazo pues, como vimos en un capítulo anterior, es la forma que tienen estas organizaciones de resolver el dilema entre los fines sociales y la competitividad en un mercado.

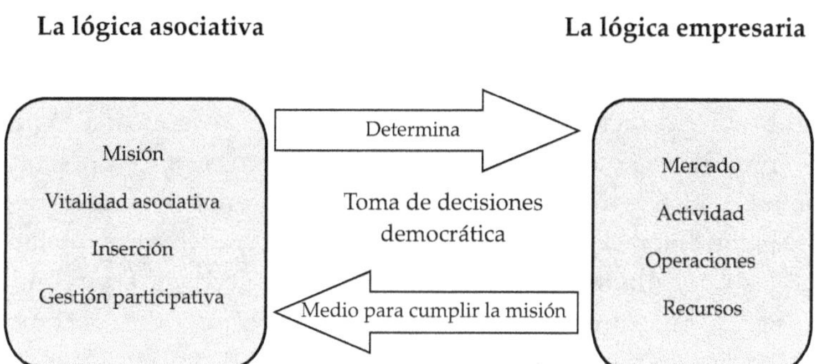

Figura 3. Las lógicas asociativa y empresaria.

La vitalidad asociativa se demuestra ejerciendo la ciudadanía mediante la participación en los debates y en la toma de decisiones estratégicas en Asamblea, signos vitales de la existencia de una comunidad local que se expresa también mediante la participación en las decisiones operativas en materia de producción, productos y mercados. Indicadores de todo lo anterior son la cantidad de miembros que participan en las Asambleas, la frecuencia de las reuniones de los órganos de gobierno, la composición del Consejo de Administración, los estilos y mecanismos de comunicación informales y abiertos, el nivel profesional de los gerentes y su modo de gestión participativo, es decir, basado en la consulta a los operadores cuando se realizan modificaciones y cambios en la tecnología, la organización, las condiciones y el medioambiente de trabajo.

La toma de decisiones democrática y la gestión participativa son, entonces, los medios idóneos para armonizar la misión social y la eficiencia productiva pues garantizan simultáneamente la transparencia desde arriba hacia abajo y la consulta desde abajo hacia arriba.

Análisis de las trayectorias de individuos: estrategias de explotación y exploración

La trayectoria de trabajo puede tener lugar dentro de una organización, en la que adquiere la forma de un *plan de carrera* formal o informalmente definido por las autoridades en función del desarrollo organizacional (éste es el modelo clásico de trayectoria), o entre organizaciones más o menos formales, según una lógica de aprendizajes eventualmente articulada por la propia persona como un relato[21] más o menos lineal, más o menos coherente.

En el primer caso, la lógica consiste en hacer carrera "explotando" las oportunidades de aprendizaje y progreso en la pirámide jerárquica que ofrece una organización; en el segundo caso, en asumir riesgos para construir una trayectoria "explorando" voluntariamente o por necesidad alternativas de aprendizaje mediante el cambio de organización y/o el trabajo por cuenta propia.[22]

Las trayectorias de trabajo pueden responder a uno u otro modelo o ser el resultado de una combinación (períodos de explotación combinados con períodos de exploración), pues ambas tendencias son complementarias y pueden reforzarse mutuamente.

"Las trayectorias se caracterizan no por una sino por múltiples *transiciones*", sostiene Claudia Jacinto (2010) refiriéndose a la inserción laboral de los jóvenes (p. 20).[23] En un mercado de trabajo inestable como el actual, esto podría hacerse extensivo a otros grupos sociales, más allá de la franja etaria juvenil. En términos generales, podemos afirmar que se observa un aumento de la precariedad,[24]

---

[21] "El relato autobiográfico siempre está inspirado, por lo menos en parte, por el propósito de dar sentido, de dar razón, de extraer una lógica a la vez retrospectiva y prospectiva, una consistencia y una constancia, estableciendo relaciones inteligibles, como la del efecto con la causa eficiente, entre los estados sucesivos, así constituidos en etapas de un desarrollo necesario" (Bourdieu, 1997, p. 70).

[22] Retomamos la distinción entre explotación y exploración que efectúa James March sobre las organizaciones para aplicarla aquí al aprendizaje de los individuos. March define ambos conceptos del modo siguiente: "La esencia de la explotación es el refinamiento y la extensión de las competencias, tecnologías y paradigmas existentes. Sus retornos son positivos, próximos y predecibles. La esencia de la exploración es la experimentación con nuevas alternativas. Sus retornos son inciertos, distantes y a menudo negativos" (1991).

[23] Transición, del latín *transitio*, es la acción y efecto de pasar de un estado a otro. Supone una especie de etapa no permanente entre dos estados sucesivos.

[24] Según Patrick Cingolani, hay un aspecto alternativo de la palabra *precario*, noción polisémica que no sólo se vincula con una condición de déficit de integración social y crisis de identidad; hoy asistimos a un aumento de situaciones laborales inestables, en las que los individuos desarrollan multiactividades con un mayor margen de autonomía y posibilidades de realización como personas. Esto se

con trayectorias no lineales, en las que los períodos de trabajo en organizaciones se intercalan con períodos fuera del ámbito organizacional, ya sea en actividades por cuenta propia, voluntariado, tiempos de formación o momentos de inactividad, entre otros.

La utilización de la palabra "transiciones", en plural, se relaciona con las formas contemporáneas de construcción de las biografías, más vinculadas con una sucesión de actividades, sean laborales o no, que va realizando el individuo a lo largo de su existencia. Estas transiciones son consecuencia de interjuegos complejos entre lo estructural, lo institucional –a nivel macro y microsocial– y lo biográfico conformado por las subjetividades, estrategias y decisiones de nivel individual (Jacinto, 2010, pp. 15-49).

detecta especialmente en sectores vinculados con el mundo de la cultura y los medios de comunicación (Vécrin, 2014, pp. 22-23). También se observa este fenómeno en el ámbito del diseño y de la tecnología, entre otros.

SEGUNDA PARTE:

CASOS PRÁCTICOS

Introducción

La serie de casos reales que presentamos a continuación ilustra la aplicación de los conceptos de institución, organización, poder, cultura y comunicación en organizaciones que responden a los dos tipos paradigmáticos aquí desarrollados –los sistemas cerrados propios de la forma burocrática que culmina en la estructura divisional, los sistemas abiertos representados por la adhocracia que culmina en las redes de organizaciones– y también, en el individuo que hace carrera en una organización y/o construye su trayectoria individual desplazándose entre organizaciones. La guía analítica del capítulo 10 propone procedimientos específicos para la utilización de los conceptos en el análisis de los casos concretos.

Se busca familiarizar al lector con el uso de los conceptos seleccionándolos en función del tipo de problemas que se plantean en los distintos casos, de modo que luego él mismo pueda hacerlo en las organizaciones donde actúa o con las que se relaciona cotidianamente.

Al final de los casos sobre la Agencia Contable de París, la reparación a distancia de un robot en Tierra del Fuego, la creación de un sistema de valores en la empresa Procter & Gamble, Secobat y las trayectorias laborales individuales se incluyen unas preguntas para que el lector los retome reflexivamente luego de su lectura; en los otros cinco casos se desarrollan consignas más complejas para su análisis, cuya respuesta y resolución se encuentran en la tercera y última parte del libro (Análisis de los casos).

Colocamos el análisis de los casos al final para que el lector pueda realizarlo previamente por sí mismo, y para estimular el uso de este libro con fines pedagógicos. Salvo uno de ellos de muy reciente elaboración (FECOVITA), el resto ya ha sido objeto de múltiples pruebas en actividades de formación de grado y posgrado.

Los casos de la Agencia Contable (una empresa pública francesa) y Procter & Gamble (una empresa multinacional de capitales

norteamericanos) proceden de las publicaciones donde originalmente aparecieron y fueron sintetizados para su inclusión en el
libro. Los del monopolio industrial, Secobat y TM+X son traducciones de casos franceses que publicamos con autorización de la
editorial gestionada por el autor del libro de donde proceden. El
resto de los casos involucra a empresas y personas del ámbito
latinoamericano y ha sido redactado por los autores de este libro.

Caso 1 | La Agencia Contable de París y el círculo vicioso burocrático

Se trata de una gran organización administrativa parisiense, rígida, estereotipada y muy impersonal, que tiene muchas dificultades para enfrentar los problemas que le plantea el acelerado crecimiento de sus tareas y su personal.[1] Su análisis nos permitirá plantear muy bien, en el más concreto de los niveles, uno de los problemas fundamentales que siempre se asocian al fenómeno burocrático: la rutina y las tensiones correspondientes.[2]

Datos generales sobre la organización y adaptación individual de los miembros a su tarea

Objetivos y características de la agencia

La Agencia Contable de Paris[3] depende del ministerio francés responsable de las comunicaciones. La filial parisina, la más grande de todo el país, ocupa en el momento de la encuesta (realizada a comienzos de la década de 1960), cuatro mil quinientas personas, en su gran mayoría mujeres.

Desde hace unos quince años, la Agencia ha tenido un fuerte crecimiento debido a un aumento de la demanda del orden del diez por ciento al año. El crecimiento es problemático, porque las autoridades carecen de autonomía, y el Ministerio de Hacienda y el Parlamento siempre toman tardíamente las decisiones que les

---

[1] Adaptación de un caso tomado de Bernoux, 1985.
[2] Cfr. Capítulo 5, "Relaciones de poder".
[3] Nombre ficticio. Se trata de la sucursal parisina del Correo Nacional de Francia.

permitirían aumentar su capacidad de producción. El personal necesario siempre se recluta y se forma con retraso y eso afecta la productividad, debido a la gran cantidad de jóvenes inexpertas y por el alto nivel de rotación. Como también son insuficientes las oficinas, se introdujo el trabajo por turnos[4] y se dispone de salas que no reúnen las condiciones apropiadas, con el consiguiente conflicto sindical permanente.

Muebles y equipamiento, acondicionamiento de los espacios y mantenimiento, todo deja que desear. El conjunto tiene un aire de tristeza, frialdad y abandono.

La forma de trabajo es extremadamente sencilla y no cambió desde hace treinta y cinco años. En las salas dedicadas al trámite y la contabilización de las operaciones, que ocupan las tres cuartas partes del personal, las empleadas, mujeres todas, trabajan como mecanógrafas en pesadas máquinas de contabilidad de seis o de dos contadores, o realizan verificaciones y punteos. Las comunicaciones se hacen por tubos neumáticos. La organización del trabajo también es muy simple. No exige planificación seria, ni inmediata ni mediata. Se lo hace día a día de acuerdo con el tráfico. Las cualidades requeridas son rutina, experiencia práctica sobre las dificultades posibles y una infatigable aptitud fiscalizadora. Con todo, y a fin de cuentas, el sistema es eficaz. El Correo francés ofrece un servicio excelente, rápido y seguro.

La organización jerárquica es sencilla y piramidal. La unidad básica es la sección, con un centenar de empleados que trabajan en forma alternada, en dos equipos, o brigadas, por la mañana y por la tarde. La sección depende de un jefe y tiene dos partes, a cargo de dos inspectores y cuatro supervisoras: una sala de trabajo, con el 75 por ciento de los empleados, y una oficina de apoyo, donde el 25 por ciento restante corrige errores, trata casos particulares o pide informes. Cada diez secciones hay un jefe de división, a cargo de dos mil empleados, ayudado por una dactilógrafa y dos asistentes.

---

[4] El personal está dividido en dos equipos de trabajo o brigadas que se relevan en los mismos puestos; uno trabaja por la mañana y el otro por la tarde, e intercambian los turnos semanalmente.

La Agencia comprende tres divisiones de este tipo más una cuarta que agrupa los servicios auxiliares, como mantenimiento, recepción y despacho del correo. Un quinto jefe de división está encargado teóricamente del conjunto, pero sólo se ocupa de los asuntos de personal y de los problemas administrativos.

La Agencia de París depende de una Dirección Nacional del ministerio. No es posible llegar a ésta haciendo carrera en la Agencia.[5] La Dirección Nacional se inmiscuye hasta en los menores detalles organizativos de la Agencia enviándole órdenes a implementar de manera inmediata que deben aplicarse en los establecimientos de todo el país. Los altos jefes se niegan a tomar medidas que no sean de aplicación general.

Las categorías del personal

Hace veinte años, el cuarenta por ciento de las empleadas provenía de la región de París, pero de diez años a esta parte procede de áreas rurales poco desarrolladas. La mayoría eran hijas de empleados públicos y obreros y ahora son hijas de agricultores y comerciantes rurales.

El nivel de educación de las nuevas empleadas creció mucho. El 21 por ciento de las agentes directas y el 96 por ciento de las revisoras nombradas en los últimos años son bachilleres, mientras que ninguna de las más antiguas posee ese título. Esto no concuerda con la pérdida de prestigio de los empleos de oficina. Es por eso que sólo en las comarcas rurales menos desarrolladas, y que por lo tanto no ofrecen oportunidades de trabajo, pueden encontrarse candidatas dispuestas a presentarse en los concursos.

Para pasar de la categoría de agentes directas a revisoras y luego a jefas es necesario aprobar un concurso que nada tiene que ver con el trabajo efectuado en la Agencia. Por consiguiente las promociones son relativamente escasas.

---

[5] La administración pública francesa da gran importancia a la distinción entre los servicios encargados de la ejecución, o servicios externos, y los que se encargan de la elaboración y preparación de la política que ha de seguirse, o servicios centrales.

Casi todos los empleados jerarquizados son hombres y relativamente antiguos en el oficio. Su edad promedio es de cuarenta años, mientras que la de sus empleadas es veintisiete.

La organización del trabajo y la productividad

En la mayoría de los servicios de la Agencia, la unidad de trabajo es el equipo de cuatro empleadas.

La sucesión de las operaciones y la organización de su circuito son sumamente simples: revisar la correspondencia por la mañana temprano, revisar un segundo correo menos importante al fin de la mañana, tramitar las operaciones perdidas y contabilizarlas, despachar la correspondencia, hacer y verificar el balance de cuentas del día. El circuito no cambia nunca. Las características esenciales del sistema sociotécnico son la autonomía de cada grupo de trabajo, la ausencia de interdependencia entre grupos y áreas, y la regularidad del ritmo cotidiano.

El monto de la tarea se fija en función del correo recibido, que debe indefectiblemente procesarse ese día.[6]

Dos empleadas trabajan con máquinas contadoras y otras dos verifican. El ciclo de trabajo empieza con la verificación de los datos de la operación a realizar. La empleada que hace esto debe tener experiencia, pues es responsable de decidir si el documento pasa o no pasa. Fija, así, el ritmo de trabajo del grupo. Por eso se la considera informalmente cabeza del grupo. Sigue el tecleo en la máquina de seis contadores, de todos los documentos necesarios para la realización de la operación. La tercera empleada efectúa una segunda verificación que consiste solamente en un punteo de las sumas registradas y de su destino. La cuarta empleada termina el ciclo haciendo en la máquina de dos contadores una contabilización que al fin del día se utilizará para el balance general. En teoría, las cuatro empleadas deberían ser intercambiables y rotar, pero la mayoría carece de experiencia.

---

[6] Los empleados que no hayan concluido su trabajo a la hora normal deben hacer horas extra.

Los inspectores no tienen que organizar el circuito. Su rol se limita a hallar soluciones en caso de conflicto, en poner reemplazante de una empleada enferma o reasignar empleadas para que vayan a trabajar en otra sala cuando el jefe de la división lo solicita. Su rol directivo es, sin embargo, importante, pues coordinan la actividad de ambas brigadas tanto en el plano técnico como en el humano.

En un nivel más elevado, el problema esencial es el de la distribución del trabajo entre secciones. Se ha vuelto más complicado porque no todas las secciones tienen la misma capacidad de trabajo: las más antiguas son las de mejor rendimiento.

Esta forma de organización tiene serios problemas. No hay personal de reserva y en los momentos de mucho trabajo, cosa frecuente y previsible, el recargo de tareas se torna abrumador, a veces intolerable. La solución ha consistido en imponer una severa disciplina y recurrir, en períodos de crisis a la acción autoritaria del personal jerárquico, que aplica apercibimientos y anotaciones en el legajo. Además se reprime el ausentismo y las empleadas deben dar explicaciones y presentar excusas escritas por cualquier error.

El papel desempeñado por la jerarquía se hace visible y crece de golpe en los momentos de crisis, en los cuales se asiste a una honda transformación que se produce en un clima de excitación y tensión nerviosa. Debido a la urgencia de las tareas, los jefes se involucran y las empleadas deben someterse a su autoridad. Se trata de un sistema impersonal y autoritario a la vez, militar en muchos aspectos, que hace que toda discusión o negociación sea imposible y no facilita la comprensión.

Sin embargo, la productividad de la Agencia es elevada si se la compara con otras organizaciones administrativas públicas y privadas francesas, aunque se obtiene con medios muy tradicionales.

La productividad del establecimiento parisino es relativamente baja comparada con la de los establecimientos provinciales más pequeños. Es una inferioridad curiosa, pues la evolución general de la sociedad industrial tiende a imponer la idea de que, por lo menos hasta cierto nivel básico, generalmente elevado, la productividad crece junto con el tamaño de la unidad de producción. Este fenómeno solo puede explicarse refiriéndolo a los medios utilizados para obtenerla.

La mayor productividad se consigue gracias a una fuerte presión ejercida de arriba hacia abajo, que se paga muy cara en el campo de la moral de los trabajadores. La Agencia en general, y el establecimiento de París en particular, están atrapados en un círculo vicioso. La presión que se ejerce para acrecentar la productividad deteriora la moral del personal, lo que ocasiona abundantes y frecuentes deserciones. La pérdida de personal ocurre en un momento en el que la cantidad de empleadas aumenta constantemente, y la conjunción de ambos fenómenos provoca una disminución del promedio de antigüedad. Como consecuencia de las condiciones generales de funcionamiento de la organización, el trabajo se vuelve así más penoso. Para que no caiga la productividad hay que incrementar la presión, es decir, renunciar de antemano a toda esperanza de mejora de la moral y, por consiguiente, de estabilización del personal. A partir del momento en que se llega al límite de presión tolerable, la propia productividad queda afectada. Así se explica la menor eficacia del establecimiento de París cuando se lo compara con las agencias provinciales.[7]

Preguntas

1. ¿Cómo está organizado el proceso de trabajo y con qué tecnología?
2. ¿Cómo se divide el trabajo y cómo se relaciona con la composición (según sexo, edad, procedencia, etcétera) del personal?
3. ¿En qué consiste el círculo vicioso burocrático?
4. ¿Por qué y cómo tomó forma el círculo vicioso en la Agencia Contable?

---

[7] Como todo se apoya en la capacidad de las empleadas para mantener un ritmo de trabajo rápido, la organización no puede funcionar a pleno rendimiento sin un porcentaje suficiente de empleadas con antigüedad, capaces de imponer tal ritmo. Si se ordenan las secciones según la productividad, el mayor rendimiento corresponde casi exactamente a las secciones con mayor proporción de empleadas de más de cinco años de antigüedad. Por otra parte, el número de secciones con cuota de rotación baja y productividad alta decrece constantemente a medida que un mayor porcentaje de empleadas antiguas le va siendo sustraído para armar las nuevas secciones que deben crearse cada año.

Caso 2 | TM + X: una fusión difícil

Presentación

TM fue fundada hacia el final de la Segunda Guerra Mundial para transformar materiales plásticos mediante matrices y prensas de inyección.[1] Si bien la idea no era nueva, el mercado de los materiales plásticos era atractivo pues estaba remplazando los materiales tradicionales (vidrio, caucho, metales). Cuatro socios de una misma familia de la cual el dinámico fundador, Carlos Torres Madero, fue nombrado gerente general, pusieron en común un pequeño capital para crear una empresa que tendría dos actividades: una de fabricación, adaptación y reparación de matrices;[2] la otra de transformación de materiales plásticos, que al principio producía objetos variados y luego se fue especializando en productos farmacéuticos (como las jeringas de nylon).

La empresa inició sus actividades en 1945 con cinco empleados que ya eran cincuenta en 1953, cien en 1956 y doscientos en 1965. Al comienzo dominaban mal la técnica: en 1946 todavía no se sabía trabajar bien el nylon. Los proveedores aceptaban la devolución de materia prima mal utilizada por sus clientes y la reciclaban para reutilizarla. Nació así una relación de confianza y cooperación técnica entre TM y sus proveedores, que fue una constante a lo largo de la vida de la empresa.

Los primeros obreros de la empresa aprendieron a trabajar el nylon poco a poco y en la práctica. Un ingeniero externo aportó asesoramiento técnico y novedades de otras empresas. De las

---

[1] Adaptación de un caso tomado de Bernoux, 1985.

[2] Las matrices son los moldes en los cuales se vuelca el plástico líquido para fabricar los productos. La matricería de plásticos –la hay también de metales– es una de las más sofisticadas técnicamente.

relaciones externas, en particular de las comerciales, se ocupaba Carlos T. M., el joven y brillante fundador de la empresa.

Desde su nacimiento, la empresa optó por la alta tecnología, pero preservando su carácter artesanal. En el transcurso de los primeros 25 años la producción se sofisticó progresivamente y requirió una organización crecientemente compleja.

TM estaba, sin embargo, en situación débil pues fabricaba gran variedad de artículos para el mercado interno, pero no tenía una red propia de distribución. Esto la volvía frágil pues cuando caían los pedidos no podía compensarlo encarando otra actividad o exportando. Sin embargo, eso no fue problemático en el contexto expansivo de la posguerra durante el cual, además, se obtenía fácilmente financiamiento bancario.

La organización de TM era piramidal. La dirección estaba en manos de miembros de la familia, entre los cuales se encontraba el gerente de Ingeniería, que abandonó la carrera militar para ingresar en la empresa. El nivel jerárquico inmediatamente inferior estaba ocupado por técnicos promovidos internamente en función de la experiencia que habían adquirido a lo largo de los años en la empresa. En TM no fueron excepcionales los ascensos de obreros o empleados rasos a supervisores, e incluso a jefes de taller u oficina. El personaje dominante en la empresa era el autodidacta. La organización producía "ingenieros caseros" que impulsaban y gerenciaban buena parte de las innovaciones. Tanto el personal de línea como los técnicos se mantenían siempre actualizados sobre las innovaciones realizadas por la competencia ("nos comunicamos los secretos"), visitando ferias y exposiciones. Dentro de la fábrica, la información sobre las técnicas y los métodos de producción era de tipo ascendente. Los vínculos con el ápice eran constantes ("vemos al patrón al menos tres veces por día"). La forma de trabajar tenía puntos de contacto con la del artesano y el artista ("¡Pedro G. es un hechicero! Capaz de hacer funcionar cosas increíbles; tiene todo en la cabeza, es capaz de identificar rápidamente las causas de los defectos"), lo que los llevaba a veces a tratar de esconder los secretos del oficio.

Entre 1944 y 1970, TM era, en síntesis, una empresa expansionista en posición dominante en el mercado interno de los productos de su especialidad. Estaba dirigida por una familia industrialista que consideraba más importante sostener esa estrategia invirtiendo en ella que defender el patrimonio personal mediante inversiones rentísticas. A partir de 1968, sin embargo, el modelo comenzó a mostrar síntomas de agotamiento.

La fusión con X: desde 1970 hasta hoy

A partir de 1967 la empresa cesó su expansión. Enfrentó una dura competencia y tuvo problemas financieros como consecuencia de su insuficiente rentabilidad. Aunque los pedidos seguían siendo abundantes, no podía cumplir con los plazos de entrega comprometidos. Trataba de atender indiscriminadamente todos los pedidos y al hacerlo terminaba descuidando los clientes y las líneas de producto más rentables, además de desperdiciar materias primas y energía humana. Aparecieron tensiones y conflictos internos. Como debía hacer frente a todos estos problemas cotidianos, la jerarquía vivía sumergida en la urgencia sin poder dedicar tiempo a la reflexión estratégica.

En ese preciso momento, uno de los más importantes proveedores de TM –el Grupo multinacional X– adquirió parte del capital accionario de TM. La línea media de TM lo aceptó como una estrategia de supervivencia. Comenzó así una fase de expansión acelerada y de apertura hacia los muy exigentes y competitivos mercados internacionales y se observó tanto adhesión como resistencia a los cambios (tecnológicos, organizativos y del personal) que se implementaron a partir de la adquisición.

La fusión fue progresiva. El aporte financiero, pequeño al comienzo, creció a lo largo de los años con inversiones importantes del Grupo X, que a partir de 1975 pasó a controlar la mayoría del capital.

La fusión-adquisición no provocó despidos, sino, por el contrario, una fuerte oleada de incorporaciones de personal. Profesionales universitarios comenzaron a hacerse cargo de responsabilidades jerárquicas. La fábrica creció y se lanzaron nuevas producciones, para lo cual se construyeron nuevos edificios. TM contrató masivamente obreras jóvenes sin calificación, a menudo con contratos de corta duración, a quienes adecuó a la tarea mediante cursos acelerados de capacitación. Estas obreras tenían una tasa de rotación elevada. Las nuevas producciones, que en 1970 ocupaban a cinco personas, en 1977 ocupaban ochocientas. Un ochenta por ciento de ellas se colocaba en el extranjero.

La empresa TM, transformada ahora en una filial del Grupo X, creció rápidamente y sufrió transformaciones que obligaron al personal a adquirir hábitos de trabajo más formalizados y a tener que rendir cuentas más rigurosas por lo realizado.

Si se presta atención a la evolución de la estructura organizacional, se comprueba que casi todos los nuevos cargos gerenciales eran asignados a profesionales jóvenes provenientes del Grupo X. Los nuevos directivos, formados en las mejores universidades del país y del extranjero (los diplomas de universidades reconocidas eran valorados en el Grupo X, que periódicamente reclutaba jóvenes profesionales con "alto potencial" y los enviaba a sus filiales tras un cuidadoso proceso de inducción realizado en la sede central), tenían actitudes condescendientes hacia el personal de la ex empresa familiar. Así fue como el gerente de Producción, miembro de la familia TM, fue reemplazado por un ingeniero muy joven, M. D., proveniente de X. Este último contrató a dos ex colaboradores suyos que se hicieron cargo de las áreas de Abastecimiento y Logística, y de Producción. Sólo Carlos T. M., fundador de la empresa, continuaba en su lugar como gerente general (y presidente) de la empresa.

El crecimiento de esta nueva filial del Grupo X fue acompañado por un incremento de la sindicalización del personal. Las relaciones directas con la Dirección de la empresa ya no eran más el canal privilegiado para la resolución de diferendos con el personal.

TMX, una empresa en crisis

El malestar del personal era visible con posterioridad a 1970, ante lo cual se decidió realizar una encuesta interna. La encuesta reveló que existía una impresión generalizada de que la fábrica estaba "cortada en dos", con una parte abroquelada del lado de "TM tradicional" y otra organizada en torno a "TM nuevas producciones". Era como si dos grupos estuviesen intentando tomar el poder –o conservarlo– mediante el lanzamiento de producciones diferentes, para clientes diferentes (clientes "de toda la vida" del mercado interno versus "clientes potenciales, a conquistar" en los mercados internacionales). Dos líderes se enfrentaban de hecho ante cada decisión cotidiana: Carlos T. M., gerente general, y M. D., gerente de Producción. Los conflictos eran tan frecuentes y sucedían tan abiertamente que algunos declaraban: "Ya no se puede trabajar más; no sabemos qué hacer". Todo el mundo estaba distraído y el ambiente, degradado: "Ya no nos reunimos más, nuestra fábrica perdió el alma".

El ambiente era pesado y angustiante (aumentó la tasa de enfermedades psicosomáticas). La empresa estaba en pleno crecimiento y, sin embargo, muchos dudaban de la racionalidad de las decisiones. El clima era poco propicio para la racionalidad. El personal naufragaba entre dos discursos: el que enarbolaba la insignia de la independencia de TM respecto del Grupo X y el que propiciaba su dependencia.

Pese a lo que dijese el grupo de personas cercanas a Carlos T. M., las estrategias que orientaban globalmente a la empresa eran teledirigidas desde el Grupo X, que a partir de la adquisición obligó al grupo TM a cambiar sus sistemas de información administrativa para integrarlos con los de la casa matriz. La modernización de las áreas administrativas fue uno de los trances más difíciles que atravesó el personal de TM, que de ser autónomo e independiente pasó a estar bajo la estricta supervisión del Grupo X.

Los miembros de la empresa de cierta antigüedad se movían en subgrupos no siempre claramente definidos. Algunos de ellos avizoraban la posibilidad de perpetuarse en TM tradicional con sus producciones clásicas que, por lo tanto, trataban de mantener. Pero la mayor parte estaba sumergida en la incertidumbre y no sabía qué hacer, dudaba entre apostar a las producciones tradicionales y jugarse en favor de las nuevas producciones que lanzaba el Grupo X. Habían quedado constituidas dos coaliciones internas en torno a Carlos T. M. y a M. D.

Consignas para el análisis del caso

1. Considere el caso rápidamente y escriba un breve párrafo sobre el cambio en las lógicas institucionales (la forma de tomar las decisiones al más alto nivel) y en las coaliciones interna y/o externa que gobiernan la organización.
2. Complete el cuadro 1 indicando:
   * Los tipos de presunción básica subyacente (PBS) sobre adaptación e integración acerca de los cuales hay información en el texto que permitiría caracterizarlas, ya se trate de coincidencias (traducciones) que evidencian un proceso de integración externa o de discrepancias (oposiciones) que ponen de manifiesto un fracaso en la fusión.
   * Características de las PBS mediante frases del estilo: "La empresa TM es una gran familia".

Cuadro 1.

Tipos de Presunciones Básicas Subyacentes		Integración externa (discrepancias)	
	TM	X	
Adaptación externa	Misión y estrategia (ejemplo)	"Queremos controlar el mercado interno nacional de materiales plásticos"	"Queremos comenzar a hacernos conocer en los mercados internacionales de materias plásticas"
Integración interna	Límites grupales y criterios de inclusión y exclusión		

3. ¿Qué "artefactos" aparecen como la cara visible de ambas culturas, o de la integración entre ambas?

- Cultura TM:
- Cultura X:
- Cultura TMX:

4. ¿Qué liderazgos son perceptibles, impulsores de qué valores preexistentes y/o nuevos?
5. ¿A qué tipo de problemas culturales dio origen la fusión-adquisición?
6. ¿Qué consecuencias le parece que puede haber tenido este conflicto para la empresa TMX? Para responder esta pregunta puede buscar evidencia científica sobre el éxito o el fracaso de las fusiones-adquisiciones en general, recurriendo por ejemplo al Google Académico.

Caso 3 | Procter & Gamble: la forja de un sistema de valores

Liderazgo y cultura organizacional

El caso Procter & Gamble es abordado en el libro *Las empresas como sistemas culturales*, de Deal y Kennedy (1962), por constituir un modelo de compañía que logró mantenerse con éxito durante más de ciento cincuenta años debido a su énfasis en el desarrollo de una cultura vigorosa, con fuerte acento en los valores.[1]

Cuando observamos a las empresas que han tenido éxito –afirman los autores del caso–, vemos que en general se caracterizan por un rasgo en común: una sólida tradición de valores y creencias que han ido cimentando a lo largo de su historia y que impulsaron gran parte de sus logros. ¿De dónde surgen esos valores? En gran parte de la experiencia, a partir del ensayo de soluciones más o menos exitosas frente a los problemas que el contexto le plantea a la organización. A lo largo de ese proceso, los miembros de la organización van ejerciendo una fuerte influencia en la creación de sus normas y creencias.

La historia

En 1837, William Procter y James Gamble crearon una sociedad en Cincinnati, Ohio, dedicada a la fabricación de velas y jabón, industria en la que, pese a la fuerte competencia, lograron cierto éxito. Hasta 1870 su principal fuente de ingresos fue la producción de velas, cuando se popularizaron las lámparas de aceite. Debido

---

[1] Lo que sigue es una síntesis del caso preparada por los coordinadores del libro.

a ello la empresa decidió reorientar su negocio hacia la producción de jabón.

En 1878, James Gamble, hijo del fundador y químico, mejoró la fórmula de un nuevo jabón blanco, al que luego su primo Harley Procter le puso la marca Ivory. La invención de Harley Procter revivió a la compañía. Apoyándose en una inteligente estrategia publicitaria, Harley convirtió a Ivory en el primer jabón con marca registrada a nivel nacional.

Este éxito fue el punto de inflexión a partir del cual comenzó una cadena de logros debidos a la creación de nuevos productos: una grasa novedosa para cocina marca Crisco (1901), Camay (1923), Tide & Prell (1946), Joy (1949). Cheer (1950), Crest & Comet (1956), Head & Shoulders (1960), Pampers (1961), Safeguard (1963) y más recientemente, Downy, Mr. Clean y Top Job. Todos estos productos se ubicaron en la vanguardia de sus respectivos segmentos de mercado.

¿En qué se basó la clave del éxito de la empresa? ¿Cómo explicar la permanencia de P&G a lo largo del tiempo y su preeminencia en el mercado de los productos de consumo masivo?

Sostenemos que se debe al conjunto de valores y creencias constitutivos de la fuerte cultura de la empresa.

Los valores de P&G

"Hacer lo correcto", es la regla más importante que desde la época de William Cooper Procter se continúa transmitiendo a los directores y empleados que se incorporan a la compañía.

Los valores y creencias no fueron creados por los fundadores y sus sucesores familiares para inculcarlos a los empleados; fueron tomando forma y evolucionando durante años de ensayo y error, en la búsqueda de soluciones sobre el mejor modo de encarar el negocio. Veamos el origen de algunos de ellos.

"El consumidor es importante"

Para los fundadores de P&G era clave tener en cuenta el interés de los consumidores. Sus continuadores constataron que cuanto más escuchaban a los clientes, mayores eran los beneficios.

La información que se conseguía escuchando a los consumidores se convirtió en la base para el desarrollo de productos. "Consumidorismo" es el nombre que le puso P&G a su costumbre de consultar a sus clientes, costumbre que adoptó diferentes formas: encuestas de mercado, contratación de amas de casa para que dieran su opinión, muestreos y encuestas telefónicas, entre otras. El valor que P&G le atribuyó al punto de vista de sus clientes se tradujo en el desarrollo constante de nuevos métodos de consulta.

"Las cosas no suceden solas, es necesario hacer que ocurran"

La utilización de la publicidad distinguió a P&G de otras grandes compañías de consumo masivo. La creencia de que así se consiguen resultados forma parte de la cultura gerencial de la empresa desde comienzos del siglo veinte. La estrategia es el resultado de múltiples ensayos realizados durante muchos años.

Harley Procter, el inventor de Ivory, creía firmemente en la publicidad en los medios masivos y convenció a los directivos familiares de invertir en ello. En su primer intento publicitario hizo hincapié en la pureza científicamente analizada de Ivory (99,44 por ciento). El impacto que causó esta innovación se tradujo en un inmediato aumento de las ventas y marcó el nacimiento de la publicidad moderna.

Sin dormirse en los laureles, P&G continuó probando nuevas ideas hasta lograr que funcionaran… hasta hacer que ocurriesen. En 1923 fue la primera en recurrir a la radio como medio publicitario (fueron los inventores de la *soap opera*, la telenovela diurna) y treinta años más tarde hicieron lo propio con la televisión.

"Queremos que los intereses de los empleados sean nuestros propios intereses"

A fines de la década de 1880, la principal preocupación de William Cooper Procter, uno de los directivos emblemáticos de P&G, era lograr que el personal hiciera propios los valores de la compañía.

La solución que intentó consistió en mejorar las relaciones laborales, basándose en sus observaciones directas de las rutinas de trabajo en los niveles más bajos de la organización.

Comenzó por otorgar francos el sábado por la tarde sin afectar el salario, iniciativa radical para el año 1884. La medida generó un efecto adverso debido a los temores que suscitó en la gente la reducción del tiempo de trabajo (¿se debía a una caída de la demanda?).

Otra de sus iniciativas consistió en implementar un plan de participación en las utilidades como un modo de incentivar la lealtad y la productividad. Nuevamente, la medida no tuvo un efecto positivo porque fue considerada por los empleados como un simple aumento de salarios. Se intentó entonces acoplar la participación en las utilidades con la compra de acciones (1903): la empresa duplicaría el monto invertido por los propios empleados (hasta completar, como límite, un salario anual).

Esta última medida prosperó y abrió el camino para una serie de iniciativas que promovieron el diálogo abierto entre la gerencia y los trabajadores. En 1918 William Cooper Procter implementó un Plan para la Conferencia de Empleados que dio origen a numerosas medidas que incrementaron la participación y mejoraron la situación de los trabajadores como el nombramiento de representantes de los trabajadores en cada planta (1919), el acortamiento de la jornada laboral de diez a ocho horas y el otorgamiento de una garantía de empleo que puso fin a la inestabilidad laboral. Para generar los fondos necesarios para el mantenimiento de la garantía del empleo, desarrolló un sistema de venta directa que le permitió suprimir el eslabón comercial intermedio de los distribuidores. Los resultados que obtuvo con estas iniciativas fueron excelentes, a punto tal que la empresa pudo mantener la garantía del empleo durante los peores momentos de la Gran Depresión.

En síntesis

En cada uno de los momentos de la historia de P&G, los valores sirvieron como una poderosa guía orientadora de las acciones de sus miembros. "Hacer lo correcto" tuvo un fuerte impacto sobre lo actuado por los directivos en diferentes momentos. Tanto Gamble como Procter generaron respuestas a los desafíos con creatividad y perseverancia. Cooper Procter entendió que los intereses de la compañía y de los trabajadores eran inseparables y a partir de ese principio profundizó las iniciativas para incrementar la satisfacción y el compromiso del personal. Asimismo, la escucha del cliente para colocarse en la vanguardia del mercado modeló gran parte de las acciones y decisiones que se tomaron en P&G desde mediados del siglo diecinueve.

En su trayectoria histórica la compañía desarrolló un sistema vigoroso de valores, complejo y variado, que le permitieron alcanzar una larga cadena de logros.

Preguntas

1. ¿Qué artefactos, valores y presunciones básicas subyacentes pueden identificarse en el caso?
2. ¿A qué tipo de problemas se refieren (integración o adaptación)?
3. ¿Qué rol tiene el liderazgo y como se refleja en la cultura de la organización?

Caso 4 | El monopolio industrial: poder y zonas de incertidumbre

Presentación

Se trata de una gran empresa industrial perteneciente al Estado francés que es monopólica en su especialidad –la fabricación de cigarrillos y fósforos– actividad que realiza en los talleres de treinta plantas dispersas por todo el país.[1] Es importante tener en cuenta su carácter monopólico pues gracias a ello se desenvuelve en un contexto extremadamente estable cuya influencia puede literalmente ignorar.

La presentación del caso se limitará a los talleres de producción.

La organización de los talleres

En los talleres actúan tres tipos de agente: jefes de taller, obreros de producción y obreros de mantenimiento. Dichas categorías de agente gozan de una estabilidad total del empleo, están adscriptas a estatutos específicos y se reclutan separadamente.

- Los jefes de taller, a pesar de su denominación son más bien supervisores. Se ocupan de la contabilidad de la producción de cada taller, de los obreros, del abastecimiento, de la vigilancia, del uso de materias primas y de los cambios de puesto por ausencia de operarios. Tienen, en efecto, un rol de supervisión general.

---

[1] Traducción de un caso tomado de Philippe Bernoux (1985, pp. 224-232). Se trata de los talleres de la Seita, monopolio estatal francés de fabricación de cigarrillos y fósforos, tal como funcionaban a fines de la década de 1950.

- Los obreros de producción que están bajo sus órdenes (entre sesenta y ciento veinte por taller) son mayoritariamente mujeres. Tienen un bajo nivel de calificación (en la industria privada se los consideraría obreros semicalificados) y se dividen en dos grupos, según el puesto de trabajo que ocupan: por un lado, conductores de máquinas y, por otro, recibidores y peones. Los dos grupos pertenecen no obstante a la misma categoría y hay una gran fluidez del paso entre ambos pues la asignación de los puestos de trabajo se realiza según la regla de la antigüedad.
- Los obreros de mantenimiento (una docena por taller) son altamente calificados y poseen un Certificado de Aptitud Profesional (CAP).[2] Aunque dependen jerárquicamente de un "Ingeniero-técnico"[3] que no actúa en el taller, actúan permanentemente en este último. Cada uno de ellos tiene a cargo con exclusividad el mantenimiento de tres máquinas sobre las cuales efectúa pequeñas reparaciones (las más importantes se realizan fuera de la fábrica).

El rasgo sobresaliente que surge de lo dicho hasta aquí es la muy neta separación existente entre las tres categorías. El rol de cada una es claro, bien recortado y profundamente distinto al de las otras; no invita al intercambio y ni siquiera a la cooperación. Entre esos roles no hay intermediario y, por último, nadie puede esperar ni temer ser promovido o degradado de una categoría a la otra.

Esta impresión de fijeza e impersonalidad del universo humano es reforzada por la organización técnica de los talleres, pues la racionalización y la especialización de las tareas son muy fuertes. La fabricación está regulada mediante normas sobre la cantidad a producir establecidas científicamente y por premios a la productividad. El personal es especializado y sabe exactamente lo que debe hacer y cómo hacerlo. Lo esencial es que nada está librado al

---

[2] Equivalente a un ciclo básico de formación técnica.
[3] Equivalente a un Gerente de Ingeniería.

azar o a la discrecionalidad de los individuos pues, en efecto, hay reglas impersonales pensadas para prever la solución de cualquier problema que pueda presentarse.

Existe por ejemplo un reglamento de antigüedad muy estricto que codifica en detalle el método a emplear para la distribución de las tareas entre los obreros de producción y los cambios de puesto de trabajo. Cuando aparece un puesto vacante (por enfermedad, retiro, rotura de máquina, etcétera), tiene derecho a él la persona más antigua que se ofrezca como voluntaria para ocuparlo. Si no aparece el voluntario, entonces el puesto debe ser asignado a la persona con menor antigüedad que se encuentre en el taller.

Como puede verse, esas reglas no dejan ningún margen para la negociación interpersonal y ningún espacio para la discrecionalidad individual. Dado que todo ha sido previsto con antelación y teniendo en cuenta que cada uno tiene su lugar asignado no subsistiría, en principio, motivo alguno de tensiones o conflictos. Sin embargo, cuando se observa de cerca lo que sucede realmente en los talleres, es decir, cuando se examinan las relaciones personales entre los miembros de los tres grupos, se llega a conclusiones bien diferentes.

Las relaciones entre los grupos

Los datos que consignaremos a continuación fueron recogidos mediante una encuesta intensiva realizada en las tres plantas que el Monopolio posee en la región parisina. Nótese que los obreros de producción y los obreros de mantenimiento se encuentran en el mismo sindicato, bajo el liderazgo de los segundos. Para controlar la validez de los resultados obtenidos en esos casos, se realizó luego una encuesta extensiva y más rápida en dos tercios de las fábricas del Monopolio, localizados en el resto del país. Surgió así que las diferencias entre los casos eran poco importantes y que, además, no modificaban el sentido de las observaciones iniciales. Las plantas de la región parisina podían considerarse, entonces, como el "tipo ideal" (en palabras de Max Weber) de las fábricas del Monopolio.

Las relaciones entre los obreros de producción y los jefes detaller

Estas relaciones son débiles y poco valoradas. Los obreros de producción no se sienten demasiado comprometidos con los jefes, ni afectiva ni psicológicamente. No le atribuyen a la relación una importancia real ni manifiestan demasiada aprehensión o respeto por su rol de supervisión. Consideradas globalmente, las relaciones son básicamente buenas y, sobre todo, "sin historias". Por ambas partes el clima dominante es sereno. Las relaciones interpersonales son cordiales y tolerantes porque, finalmente, ni los obreros de producción ni sus jefes les atribuyen demasiada importancia.

Hay, sin embargo, una nota discordante. En la fábrica del Monopolio que cuenta con la mejor línea media y donde los jefes de taller son notoriamente más jóvenes y mejor formados, los obreros están humanamente mucho menos conformes. Los jefes de taller también muestran mayor disconformidad que en otras partes.

Las relaciones entre obreros de producción y obreros de mantenimiento

Las relaciones entre estos dos grupos están marcadas por un clima tenso y conflictivo que, sin embargo, no se manifiesta con claridad.

Los obreros de producción parecen profundamente comprometidos psicológicamente en estas relaciones y actúan con una sorda hostilidad que, evidentemente, hubiese cabido esperar en sus relaciones con los jefes. Según afirman, el entendimiento entre los dos grupos es muy escaso. Cuando se les pregunta por ejemplo si los obreros de mantenimiento se esfuerzan para reparar rápidamente las máquinas que se rompen, sólo el 33 por ciento afirma que "hacen lo que pueden" en tanto que el resto formula críticas de diversa intensidad.

Pero es cierto que dichas tensiones rara vez se expresan de un modo abierto y personalizado, pues las críticas más severas se dirigen al servicio de mantenimiento en general. Así por ejemplo, el 52 por ciento de los obreros de producción piensa que "las cosas marchan bien entre mis colegas y los obreros de mantenimiento", pero ese porcentaje se eleva al 82 por ciento cuando los mismos individuos juzgan su relación personal con el obrero que mantiene la máquina en la cual trabajan.

Otro detalle interesante es que los conductores de máquinas –que están directamente en contacto con los obreros de mantenimiento– se quejan menos de su lentitud para repararlas, mientras los peones –que sufren menos ese problema y que, además, están menos implicados en la relación– son mucho más críticos.

Los obreros de mantenimiento consideran por su parte que los obreros de producción son sus "subordinados" y no se privan de intervenir frecuentemente en el trabajo que realizan. Su opinión acerca de ellos –muy parecida a la de los jefes de taller– está signada por un profundo paternalismo. Juzgan que los obreros de producción son negligentes, no valoran la tecnología y no trabajan lo suficiente. Además son perfectamente conscientes de que sus relaciones con los obreros de producción son difíciles y aparece aquí, nuevamente, el carácter oculto de tensiones que es más difícil confesar respecto a sí mismos que con relación a otros. Más del 75 por ciento estima que "las cosas andan bien o medianamente bien" respecto a los obreros de producción con los que tienen relación personal pero el porcentaje desciende al 50 por ciento cuando se los interroga sobre lo que les sucede a sus colegas.

La relación entre obreros de mantenimiento y jefes de taller

Entre ellos no hay tensiones ocultas. Las relaciones son abiertamente hostiles. Es una relación francamente conflictual que gira en torno al poder en el taller y que comporta para ambas partes una fuerte carga emocional.

Los obreros de mantenimiento cuestionan profundamente la competencia de los jefes de taller. Cerca de la mitad opina que son francamente incompetentes y que su rol carece de utilidad para el taller.

Los jefes de taller son igualmente críticos en lo que respecta a los obreros de mantenimiento, pero sus respuestas revelan cierta incomodidad, como si temiesen comprometerse demasiado: un tercio responde que los obreros de mantenimiento son incompetentes pero otro tercio se niega a contestar.

Las respuestas son aún más embarazosas cuando se les pregunta si los obreros de mantenimiento los desautorizan ante los obreros de producción. Sólo el 17 por ciento responde que sí y el resto prefiere respuestas convencionales del tipo "depende", o simplemente se niega a contestar.

Por otra parte se observa que la satisfacción de los obreros de mantenimientos con su propio trabajo es directamente proporcional a la agresividad que demuestran con los jefes de taller. La satisfacción de los jefes de taller con respecto a su situación personal es proporcional, en cambio, a su resignación en el ejercicio del rol. Se constató, además, que los jefes de taller más satisfechos son aquellos cuyas actitudes se aproximan más a las de los obreros de producción.

Resultados de una encuesta

A los obreros de producción se les formularon, entre otras, las siguientes preguntas:

1. ¿Cuando una máquina se rompe, los obreros de mantenimiento (OM) tratan de repararlas lo más rápido posible?
2. ¿Se lleva usted bien con el OM a cargo de su máquina?
3. ¿Los OM tienen demasiado trabajo, demasiado poco o una cantidad razonable?
4. ¿Qué piensa usted de la diferencia salarial existente entre jefes de taller y jefes de mantenimiento?
5. ¿Funciona bien el servicio de mantenimiento?

La primera pregunta tuvo las siguientes respuestas:

- Sí, hacen lo que pueden 33%
- Depende, algunos de ellos son muy poco serviciales ... 55%
- No, no hacen lo que deberían 12%
- No contesta 0%

La segunda pregunta (¿se lleva bien con el OM a cargo de su máquina?) suscitó respuestas mucho menos cortantes pues, inclusive en los talleres de producción, el 75 por ciento de los obreros manifestó entenderse bien con sus OM. Sin embargo, las mismas personas expresaron su disconformidad al responder las preguntas más generales referentes a los OM: 45 por ciento de ellas opinó que no tenían suficiente trabajo, 59 por ciento que la diferencia de salarios era demasiado elevada y sólo un 43 por ciento emitió opiniones favorables sobre el funcionamiento del servicio.

Por su parte, los obreros de mantenimiento fueron interrogados sobre su relación personal y la de sus colegas con las obreras de producción. He aquí las respuestas:

¿Cómo se lleva usted o sus colegas con los obreros de producción?

	Usted	Sus colegas
Muy buena relación	41%	21%
Buena relación	43%	31%
No tan buena	11%	28%
No contesta	5%	20%

Consignas para el análisis del caso

1. El método seguido por Michel Crozier para estudiar las relaciones de poder en el taller consistió en indagar sobre las relaciones "afectivas" entre los grupos. Eso equivale a suponer que las buenas o malas relaciones que los individuos mantienen entre sí en una organización dependen de la relación de poder que los vincula. ¿Está usted de acuerdo con esta afirmación? ¿Piensa, por el contrario, que los individuos se relacionan sobre todo espontáneamente y por afinidad?
2. Compare las respuestas a las preguntas formuladas por la encuesta y coméntelas. ¿Aportan nuevos detalles a los que ya se habían comentado sobre las relaciones entre los grupos?

3. Complete el siguiente esquema:

   a. Dibuje un organigrama del taller representando la jerarquía formalmente existente entre el jefe del taller, los operarios de producción y los operarios de mantenimiento. ¿Coincide con la jerarquía real o esta última debería graficarse de un modo diferente?
   b. Coloque en cada línea un signo +, = o -, si considera que las relaciones entre estos tres agentes son positivas, neutrales (de indiferencia) o negativas.

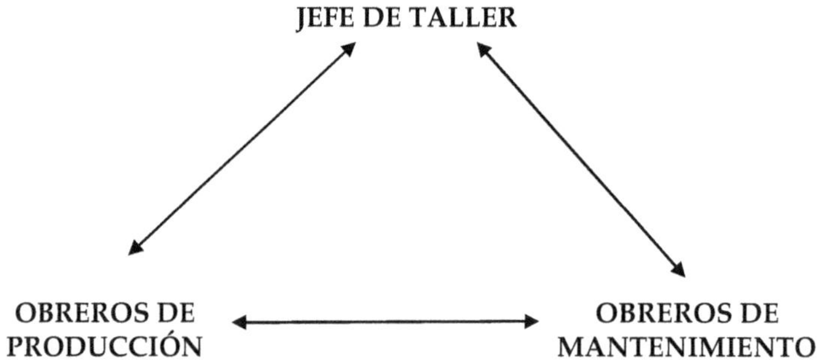

Caso 5 | Secobat:
lo mejor, enemigo de lo bueno

Presentación

Se trata de una importante empresa francesa que vende a los "gremios" todo tipo de materiales para la construcción (plomería, sanitarios, cerrajería, etcétera); en total, más de veinte mil artículos. La empresa está dividida en una sede central y un depósito central, que ocupan alrededor de ochocientas personas; tiene, además, una centena de sucursales distribuidas en todo el país; cada una cuenta con entre cinco y veinte personas. Es una sociedad anónima cuyo capital es controlado casi exclusivamente por la familia B. El fundador se retiró hace algunos años y un miembro de la familia lo sucedió durante un período, pero, debido a su incompetencia, la familia contrató un gerente general. Actualmente, sólo el gerente financiero (el señor Y) es miembro de la familia. Algunos directores de sucursal son próximos a ella.

El proyecto

El director comercial (el señor X) le propuso al comité de dirección un proyecto de sistema interactivo de ayuda a la decisión (SIAD). Este proyecto responde a problemas concretos de gestión, tales como la planificación de ventas, las decisiones de inversiones y compras, los estudios de mercado, la logística y la gestión presupuestaria, entre otros. Su propósito es permitir una mejor definición de los objetivos comerciales y el control en todas las áreas y niveles de gestión.

Tales objetivos son los elementos de base para el análisis de los recursos que se destinarán a los planes y los presupuestos de la empresa elaborados por el gerente financiero (señor Y). En la definición de los objetivos comerciales participan los directores de las sucursales e, indirectamente, sus adjuntos, los encargados de gestión, además de los empleados de las oficinas comerciales de la sede central de la empresa, los señores X e Y, y, por último, el gerente general.

Agreguemos que el tipo de organización descripto es común en las empresas de comercialización y que, en 1985, la clarificación de los procedimientos de planificación era una preocupación de sus directivos. En este sentido, el caso que presentamos es generalizable para otras empresas del país. Al definir los objetivos, el aspecto interactivo del SIAD debía permitir testear hipótesis de evolución de los mercados reales y potenciales a diferentes niveles, y medir las consecuencias sobre los resultados comerciales de la empresa. En cuanto al control, permitiría explicar las diferencias entre los objetivos y los resultados mediante rápidas consultas de la base de datos con diferentes variables y niveles de agregación.

El sistema de gestión adoptado se fundaba en métodos simples y clásicos. La riqueza de informaciones internas y externas que contenía la base de datos, y la flexibilidad en el uso de la información debido a su aspecto interactivo permitían compensar la imprecisión de los procedimientos de gestión comercial y reducir la imprecisión habitual en el área comercial.

En cuanto a su implementación, el sistema fue utilizado en todos sus aspectos de forma experimental en la preparación del presupuesto de ciertas sucursales.

Luego de su puesta a punto definitiva, se decidió generalizarlo en la empresa. Una circular de la dirección informó a los directores de sucursal que desde ese momento deberían llenar informes mensuales y enviarlos a la sede central. Esta última se los devolvería bajo la forma de *listings* con las informaciones necesarias para que ellos mismos pudiesen definir sus objetivos comerciales y de gestión.

Los empleados de la sede central fueron a explicar a los directores de sucursal el valor de incorporar este nuevo procedimiento para mejorar la calidad de su trabajo y el de la empresa. A continuación, aclaraban dudas y formulaban precisiones sobre el modo de empleo más adecuado. Tras ello, el sistema de los informes debía comenzar a funcionar.

Los actores y sus apuestas

Partiendo de los actores (ver figura 1), se nota que los individuos directamente implicados son:

1. El señor X y ciertos empleados de la oficina comercial de la sede central, cuyo objetivo era lograr definir una política comercial más ambiciosa y aplicar para ello métodos de gestión comercial más rigurosos, que necesitaban un apoyo informático. Sus medios consistían en demostrar que era posible llevar a cabo tal política ante el gerente general y los directores de sucursal a través de ejemplos de aplicación de tales métodos.

2. El gerente financiero (señor Y), cuyo objetivo era, en una coyuntura económica difícil, equilibrar las cuentas de explotación. Con conocimientos limitados en gestión comercial y preocupado por los métodos que proponía el señor X, no confiaba en la implementación de una política comercial ambiciosa.
   Sus recursos consistían en valerse de su condición de accionista (el señor Y tenía acciones pues era miembro de la familia) para influir sobre el gerente general o en recurrir a su posición jerárquica para presionar a los directores de sucursal.

3. Buena parte de los empleados de la sede central rechazaba el sistema pues no tenían claro el origen de las informaciones y los modelos que utilizaba. Mucho más que la precisión de los objetivos ("en materia de gestión comercial, la experiencia es suficiente"), lo importante para ellos era contar con los medios para justificar sus decisiones frente a sus superiores de la dirección general y, sobre todo, frente a los directores de sucursal encargados de definir las acciones que se realizarían. Esta relación era particularmente importante. Además, los empleados de la sede central estaban divididos entre los que eran "clientes" del señor X y los otros. A las tensiones debidas al SIAD se superpuso este otro tipo de conflicto. Había, entonces, entre los empleados de la sede central, varios actores.

4. Los directores de sucursal debían definir los programas de acción que condujesen al logro de los objetivos, de los cuales eran responsables frente a la gerencia general. La mayoría de ellos se desempeñaba desde hacía mucho en la empresa y habían ido

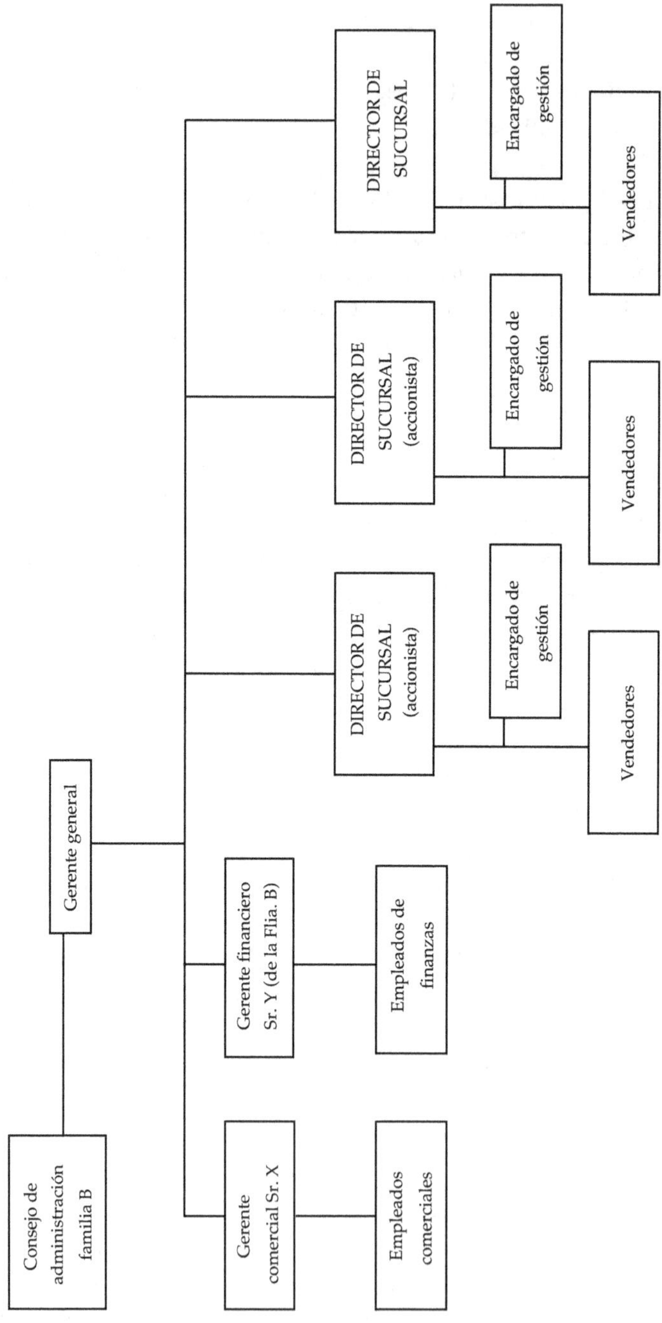

Figura 1. Organigrama simplificado de la empresa Secobat

ascendiendo por antigüedad; otro grupo estaba compuesto por ex pequeños patrones cuyos negocios fueron comprados por la empresa y estaban vinculados o eran aliados de la familia, propietaria mayoritaria de las acciones (recuérdese que el señor Y era el miembro de la familia actuante en la gerencia). Ninguno de ellos deseaba un cambio que condujera a mayor precisión en la definición y el control de los objetivos. Para ellos, lo comercial eran la intuición y el olfato; buscaban, entonces, conservar su independencia relativa y evitar los controles demasiado estrictos. Su práctica de la función les permitía obtener "buenos" resultados.

5. Otros directores, menos numerosos, y, sobre todo, los encargados de gestión (jóvenes empleados comerciales, adjuntos de los directores de sucursal), tenían una posición más favorable al SIAD. Veían con buenos ojos una estrategia comercial más "científica", que se basara en las técnicas modernas de márketing, y criticaban la gestión comercial "a ojo de buen cubero" de sus directores. Sus objetivos no eran demasiado ambiciosos, pues no deseaban que existiesen demasiados controles, pero querían mayor precisión porque debían fijarse sus propios objetivos a partir de un agregado de veinte mil artículos diferentes que debían resumir en un conjunto de diez cifras.

Estaban habituados a formular los objetivos un poco al azar y los acomodaban luego haciendo cálculos en paralelo para ajustarlos a la realidad. Su aspiración de una mayor precisión los ponía en conflicto con sus directores, a los cuales no manifestaban demasiado este deseo por razones estratégicas evidentes, puesto que, además, estaban bastante aislados en sucursales repartidas por todo el país y no tenían comunicación entre sí.

En esta acción, los vendedores estaban sometidos a las opiniones opuestas de los directores de sucursal y los encargados de gestión. No hacían escuchar demasiado sus voces y eran poco consultados; cada campo trataba de conquistar su lealtad sin que se conociesen demasiado sus propias preferencias.

6. El gerente general prefería la nueva orientación, pero tenía participación accionaria en el capital de la sociedad y era minoritario en el consejo de administración frente a la familia representada por el señor Y.

El sistema de información de ayuda a la decisión propuesto por el señor X se convirtió así en "lo que estaba en juego" en las estrategias de los grupos.

Más allá del conflicto de poder sobre el cual sería tentador detenerse, es necesario comprender el tipo de equilibrio sobre el cual reposaba el conjunto.

El sistema de acción concreto

¿Qué estaba en juego en el conflicto? En términos de objetivos, se trataba de la elección de una política comercial precisa y, en consecuencia, del abandono de la estrategia tradicional empírica, basada en la experiencia personal. Ahora bien, el equilibrio del sistema había sido asegurado hasta ese momento mediante la estrategia empírica. Los directores de sucursal formulaban objetivos ambiciosos que les permitían sobresalir ante los ojos de la gerencia general, y si no llegaban a alcanzarlos, invocaban la crisis, siempre latente en el sector.

Esos objetivos definidos "un poco al azar" no tenían sin embargo demasiado sentido en términos de actividad comercial pues eran calculados en niveles muy globales de agregación y en dinero corriente.

Año tras año, los volúmenes de venta tendían a bajar, pero se seguían obteniendo ganancias gracias a la "ilusión monetaria" provocada por la inflación y el alza de los precios. Para los empleados de la sede central, el fracaso de los objetivos comerciales de los directores de sucursal no era, entonces, financieramente significativo. Todo el sistema de acción estaba montado sobre la imprecisión en la definición de los objetivos y el origen de las ganancias, es decir, en la imprecisión en las relaciones entre actores. La noción de gestión rigurosa no interesaba porque introduciría demasiados peligros. Si el SIAD era implementado, el nuevo equilibrio sólo podía lograrse mediante presiones de la gerencia general sobre los directores de sucursal. Estos últimos, al tener necesidad de más recursos, recurrirían al director financiero y a los empleados de la sede central para obtenerlos, pero reforzarían así el control de la gerencia general aconsejado por el señor Y. Serían sometidos, entonces, a mayores presiones por parte de la gerencia general y el área financiera, que a su vez eran controladas por el señor Y.

Una política comercial más imprecisa significaba menos control, menos pérdida de independencia y, además, menor riesgo de fracaso en comparación con el que resultaría de continuar con la gestión menos rigurosa. En estas condiciones, podríamos apostar que el SIAD no serviría para nada. Precisamente en ese punto se inserta el conflicto entre los "antiguos" de la sede central y los "nuevos" que llegaron con ambiciones. Aparentemente, el conflicto que va a explotar podría resumirse del modo siguiente: un miembro de la familia que desea consolidar su posición en el seno del consejo de administración se opone a las reformas propuestas por sus presuntos adversarios, en particular el señor X y el gerente general. Los empleados, sobre todo los de la sede central, se ubican en dos grupos antagónicos, pero la mayoría de ellos permanece a la expectativa, decidida a aliarse con el vencedor, es decir, con aquel de los adversarios que controle mejor la zona de incertidumbre de su rival.

Otra hipótesis sobre el conflicto podría ser la siguiente: el vencedor será quien haya comprendido mejor el funcionamiento real de la empresa, es decir, su sistema de acción concreto caracterizado por cierto tipo de racionalidad comercial y de la gestión basado en la imprecisa definición de los objetivos. La línea de corte entre los grupos antagónicos residiría en este caso en la defensa de una relación privilegiada entre los empleados de la sede central y los directores de sucursal, en la cual se basa la peculiar racionalidad comercial y financiera que caracteriza el modo de gestión tradicional.

Resultados

Es necesario partir de una reflexión sobre lo que implica optar entre las diferentes políticas comerciales posibles teniendo en cuenta que cada una de ellas produce restricciones muy diferentes para los actores. Elegir un sistema informático del tipo del SIAD presupone la aceptación de un sistema de exigencias y controles diferente de la informática clásica, pues refuerza el poder de los actores en posición de expertos. El SIAD es coherente con la racionalidad de la empresa,[1] pero está muy lejos de ser la única elección posible. Esta racionalidad se podría asegurar también de otras maneras. Por ejemplo:

1. con el *statu quo* que asegura un desarrollo limitado, pero aparentemente seguro;
2. con los métodos tradicionalmente utilizados para una mejor definición de los objetivos, es decir, los estudios de mercado y la formación de vendedores;
3. por la informática clásica.[2]

Desde el punto de vista del gerente comercial (señor X), no es seguro que su elección del SIAD dependiese de los costos y ventajas que tenía esa alternativa para ampliar su propio poder. Era, en cambio, la solución que le parecía más segura a la vez para el éxito económico de la organización y para salvaguardar su propia influencia. Ahora bien, si el señor X sólo tomase en cuenta su conflicto personal de rivalidad de poder con el señor Y (director financiero), correría el riesgo de fracasar porque minimizaría la cuestión del mayor control resultante de la implementación del SIAD.

En este sentido, la herramienta informática no solamente reforzaría el juego de un actor (el grupo informático, o el señor X), sino que sería un instrumento que reforzaría o desestructuraría todo un sistema de acción. Si era verdad que un grupo de empleados de la sede central rechazaba el SIAD y prefería el recurso a la experiencia ("en materia de gestión comercial con la experiencia alcanza"), es posible pensar que el rasgo principal del sistema de

---

[1] Se trata de un sistema (avanzado para la época) de planeamiento y control de gestión, que se desea implementar en una configuración de tipo divisional, cuyo mecanismo de coordinación principal, si nos atenemos al esquema analítico de Mintzberg, se basa en la *gestión por resultados.*

[2] Con la informática clásica permanecen estancos los sectores; la informática interactiva los pone en relación, es decir, lo que hoy se conoce como *gestión integrada.*

acción concreto de la empresa residía en la regulación del conjunto de las relaciones entre actores gracias a dicha experiencia. Esta última hacía posible un juego entre los diferentes actores en el que, en particular, los directores de sucursal y los empleados de la sede central trabajaban al abrigo de un control demasiado estricto. Los jóvenes encargados de gestión de las sucursales, deseosos de demostrar rápidamente sus capacidades y de emanciparse de la tutela de los antiguos, sostenían un proyecto de control más riguroso, pero eran conscientes de los riesgos que asumirían si se lanzaban a esa aventura. Es necesario entonces profundizar sobre el tipo de relación que existía entre los directores de sucursal, los empleados de la sede central y los encargados de gestión para verificar la validez de lo que estamos presentando aquí como una hipótesis explicativa de las resistencias suscitadas por la implementación del SIAD.

Preguntas

1. ¿Observa Ud. algo especial en el organigrama (figura 1)? ¿Le falta alguna cosa?
2. ¿Puede preverse lo que va a suceder? Esta pregunta se la formulan permanentemente todos los actores.
3. ¿Cómo se explica el doble fracaso? El SIAD no funcionó y a pesar de ello se lo mantuvo durante cuatro años.
4. ¿Cuáles eran, cuando se lanzó el SIAD, las alianzas concretas, aquellas que hacían funcionar la empresa?
5. ¿Qué hubiese sido necesario hacer?

Caso 6 | La milagrosa reparación a distancia de un robot en Tierra del Fuego

Presentación

Una máquina está compuesta por una parte tangible –metales y plástico, programas y procedimientos–, pero también por los conocimientos de las personas que la tienen a cargo y las relaciones entre dichas personas.

Para funcionar, una máquina depende de un conjunto complejo de individuos, de un grupo humano compuesto por personas que a menudo trabajan en diferentes organizaciones, cuya colaboración no puede ser garantizada por ningún marco jurídico, por puntillosos que sean los contratos firmados entre compradores y proveedores.

En el fondo, la máquina no es realmente de la empresa que la compró, sino del grupo de personas que, debido a que informalmente es capaz de entenderse sobre lo hay que hacer para que ello suceda, la mantiene en funcionamiento.

Las máquinas más complejas –en este caso un robot de inserción de componentes de circuitos electrónicos para televisores– son aquellas que requieren la mayor cantidad de colaboraciones internas y externas y es esencial, por lo tanto, identificar las fortalezas y las fallas de la red informal de relaciones de la cual depende su buen funcionamiento.[1]

---

[1] Una versión extendida de este caso fue presentada por Jean Ruffier y Jorge Walter en las Primeras Jornadas Internacionales sobre Circumpolaridad Norte y Sur, Buenos Aires, 16 al 18 de noviembre de 2010, bajo el título "Elementos para una sociología de la máquina: el rescate de un robot industrial en Tierra del Fuego". La investigación que estuvo en el origen de este caso fue realizada durante la segunda mitad de los años ochenta.

La instalación y puesta en funcionamiento de máquinas complejas es una fase muy delicada de la vida industrial. Nuestra intención es mostrar que esta operación de carácter esencialmente técnico depende del intercambio de informaciones pertinentes –codificadas, pero sobre todo tácitas–[2] por parte de las personas que intervienen en ella. El éxito o el fracaso de tecnologías cuya confiabilidad ya se ha demostrado en lugares más propicios dependen de dicha aptitud para la comunicación.

Antes de presentar un ejemplo concreto conviene precisar nuestro razonamiento. El progreso en la informática, la electrónica, la mecánica, la hidráulica, los nuevos materiales, etcétera, y la convergencia entre las innovaciones en dichos campos, han incrementado dramáticamente la complejidad de los equipos de producción, con una consecuencia directa en materia de mantenimiento: nadie puede abarcar ni mantenerse actualizado sobre los progresos en todas las técnicas involucradas.

Las técnicas son demasiado numerosas y sus evoluciones demasiado rápidas. Para mantenerse actualizados, los ingenieros y los técnicos deben especializarse en disciplinas técnicas o científicas mientras, lamentablemente, las máquinas son cada vez más pluridisciplinarias.

La conjunción de ambos movimientos explica por qué es cada vez más difícil que un individuo, por brillante que sea, pueda conocer a fondo, "dominar", una máquina de cierta complejidad. Comprender cómo funciona –o por qué no funciona– implica disponer de conocimientos que ningún cerebro humano individual es capaz de incorporar y procesar.

---

[2] Nonaka y Takeuchi retoman la distinción entre conocimiento tácito y explícito que realizó Karl Polanyi en su libro titulado *The Tacit Dimension* (Nonaka y Takeuchi, 1999, p. 65). El conocimiento tácito es personal y específico (en función del contexto en el cual se adquirió), debido a lo cual es difícil de formalizar y comunicar. El conocimiento explícito o codificado es el que se puede transmitir utilizando lenguaje formal y sistemático (como un manual de instrucciones). La idea de Polanyi se podría resumir en la frase "sabemos más de lo que somos capaces de expresar". Un ejemplo sencillo de conocimiento tácito difícilmente transmisible: intentemos enseñar a un niño a atarse los cordones explicándoselo por teléfono. El conocimiento tácito se adquiere, sobre todo, "viendo hacer" al artesano (o al deportista), más que escuchándolo explicar cómo lo hace.

Ahora bien: aunque las máquinas escapan al dominio de un solo individuo, igualmente funcionan. Los fracasos son numerosos, la apropiación imperfecta, pero funcionan. Eso se debe a que el funcionamiento de los equipos complejos no depende de individuos aislados, sino de colectivos humanos cuyos rasgos distintivos nos interesa ilustrar.

El caso que presentamos proviene del extremo sur patagónico. La elección no es fortuita pues el aislamiento geográfico que lo caracteriza hace más evidente el tipo de intercambios y las relaciones necesarias para la constitución de tales grupos. En los países más industrializados, es menos fácil identificar los canales que utilizan las empresas para obtener las informaciones técnicas que necesitan. En las empresas fueguinas, la llegada de un especialista extranjero siempre se transforma en un suceso recordado.

La elección del caso se debe también a que la empresa en cuestión se vio en la necesidad de recurrir a sus proveedores extranjeros para resolver un serio problema de funcionamiento en sus equipos de producción.

Un artículo publicado en la época en la que se realizó este estudio de caso (Pichot y Perrier, 1987) resume muy bien las dificultades que se presentan cuando se intenta hacer funcionar robots en países que no cuentan con los mismos medios –por ejemplo, otras empresas especializadas en el mantenimiento de equipos complejos– que están disponibles en los países de origen de la tecnología. ¿Y si la principal dificultad no estuviese allí, sino en la creencia de muchos empresarios de que al comprar un robot se apropian realmente de su tecnología?

El caso que presentaremos, un robot reparado exitosamente en una planta situada en las antípodas del país proveedor, en el lugar más desfavorable que se pueda imaginar para solicitar y recibir asistencia técnica, muestra que, aunque la empresa propietaria del robot no controle realmente la tecnología que compró, las reparaciones más difíciles pudieron hacerse igual y sin mayores dificultades.

Los robots más australes del mundo

Nos hallamos al sur de Tierra del Fuego, en los márgenes del Canal de Beagle, a pasos del Cabo de Hornos. Frente a nosotros, sobre una pequeña isla rocosa, focas y pingüinos disfrutan del fulgor rasante del sol austral. En este escenario del confín del mundo, la fábrica es una imagen incongruente. Produce máquinas de lavar, televisores, encendedores eléctricos de cocina y forma parte del parque industrial de la ciudad de Ushuaia. La planta estaba en constante desarrollo y disponía de maquinaria moderna. Sus directivos estaban orgullosos a causa, sobre todo, de la adquisición de varios robots de inserción de componentes electrónicos en tarjetas con circuitos impresos.

Un vistazo sobre el planisferio nos revela que, sin lugar a dudas, se trata de los robots industriales más australes del mundo. El dato geográfico no carece de interés cuando se piensa en lo difícil que es animarse a instalar un equipo industrial de punta en un lugar tan alejado de los centros industriales de envergadura. Instalar máquinas tan complejas en un sitio semejante es un verdadero desafío. Los robots de inserción asocian el comando numérico, el aprendizaje por simulación y la concepción asistida por computadora.

En el taller actuaban tres equipos en torno a una computadora. Se estimaba que con esta inversión de varios millones de dólares se habían ahorrado más de cien puestos de trabajo. Una de las máquinas no era un robot. Su tarea consistía en testear los componentes electrónicos que se colocarían sobre los circuitos. Luego plegaba las patas de los componentes para que pudieran ser cargados directamente en las máquinas.

Los robots funcionaban en línea. El primero posicionaba los componentes horizontales, era aprovisionado por bandas de componentes y funcionaba perfectamente. El segundo robot retomaba las placas manipuladas por el primero e insertaba en ellas los elementos más importantes, conocidos como verticales. Su aprovisionamiento no podía efectuarse por bandas a causa de la gran variedad de formas de los componentes que insertaba. Su programación y su funcionamiento, más complejos y delicados, aún no eran óptimos.

Aunque el funcionamiento del segundo robot no pudiese considerarse plenamente satisfactorio, los logros obtenidos gracias a él no eran despreciables. En primer lugar, su programación se efectuaba por completo en el lugar y, en segundo término, ambos robots habían tomado a su cargo la gama completa de productos que se pensaba fabricar, lo cual prueba que la programación no era un obstáculo.

Aunque en teoría la planta podía prescindir de la inserción manual de componentes, al lado de los robots se había conservado un taller de inserción manual. Dicho taller se encargaba de los retoques, pero, en caso de necesidad, podía absorber operaciones efectuadas por los robots. De ese modo, se pensaba evitar que la rotura provocase una inmovilización total, aunque de todos modos la producción disminuiría fuertemente.

En cuanto a los circuitos sobre los que trabajaban los robots, fueron diseñados por el personal de la planta mediante la computadora del taller, que no podía retomar tal cual los programas de la firma licenciataria de los productos debido a que los componentes fabricados en Argentina no tenían ni los mismos tamaños ni la misma forma que los utilizados por ella.

La fábrica tenía como punto de referencia el modelo de circuito electrónico y el programa de inserción de componentes utilizado por la firma que le había vendido las patentes, pero empleaba su propia computadora para rediseñar el circuito en función del tipo de componentes disponibles en Argentina. También la utilizaban para la escritura del correspondiente programa de inserción.

El sistema parecía estar suficientemente a punto: la planta lo utilizaba para producir todos los circuitos de los equipos electrónicos que fabricaba.

Una reparación hecha a distancia

El taller funcionaba con equipos adquiridos en Estados Unidos, manejados por personal exclusivamente argentino. Todo hace pensar que dicho personal había logrado un buen aprendizaje en el manejo y mantenimiento de una maquinaria que se encontraba entre las más informatizadas del país.

Se trata, entonces, de una verdadera proeza técnica que puede explicarse en gran parte por las buenas comunicaciones que la planta mantenía con los fabricantes del equipo. Como veremos, el modo en que se resolvió una disfunción que apareció en uno de los robots es, a este respecto, esclarecedor.

Uno de los robots comenzó un día a rechazar las instrucciones que se le daban. Los ingenieros analizaron el problema y rápidamente se dieron cuenta de que eran incapaces de solucionarlo. Decidieron llamar por teléfono a Harry en Estados Unidos. Harry, uno de los técnicos norteamericanos que participaron en la instalación de los robots, les inspiraba gran confianza. Le explicaron el problema en detalle pero, lamentablemente, Harry no conocía la solución. Igualmente, prometió una respuesta rápida, y colgó.

Harry conversó con varios de sus colegas hasta dar con uno que recordaba haber visto un problema similar en alguna de las máquinas que había reparado. La solución era simple pues bastaba con reemplazar dos componentes en una plaqueta. Para hacer saber a los argentinos cuáles eran los componentes que provocaban el problema, Harry envió una foto vía fax, con comentarios sobre lo que debían hacer.

Los argentinos, que habían tenido la precaución de guardar un stock suficiente de repuestos, efectuaron los cambios sugeridos y el robot volvió inmediatamente a funcionar. Habían pasado menos de cuarenta y ocho horas desde el inicio de la reparación. Bastaron esas pocas horas para obtener una información de un proveedor externo situado en el otro extremo del globo.

Harry permitió que su cliente economizara sumas importantes de dinero. Sin su apoyo, la planta argentina hubiera tenido la máquina parada largo tiempo y tendría que haber pagado el viaje de un técnico que, para rentabilizar su desplazamiento, probablemente hubiese tratado de maximizar el número de componentes a cambiar. Seguramente, Harry le hizo perder dinero a su empresa pues ofreció de manera gratuita una información que para el cliente valía oro y que muy pocos técnicos del proveedor conocían.

¿Cuál era el verdadero interés del proveedor del robot? ¿Vender cara la reparación enviando a uno de sus técnicos –que posiblemente ignoraba la solución– a Tierra del Fuego? Una actitud como la de Harry aseguró la fidelidad del cliente y evitó una posible pérdida del también valioso tiempo de sus técnicos de reparaciones.

Naturalmente, era del mayor interés para la fábrica argentina asegurar este tipo de relaciones que, como se ha visto, dan tan buenos resultados. Si alguien le hubiese propuesto a la empresa compradora del robot un contrato que garantizara este tipo de prestación a cambio de un pago, no hubiese dudado en firmarlo. Pero ¿era imaginable semejante cláusula de garantía?

Para saberlo, conviene rememorar, eslabón por eslabón, la cadena de acciones comunicativas efectuadas desde el pedido de ayuda hasta la reparación y preguntarse si alguna de esas operaciones se hubiera podido asegurar por contrato.

La fábrica fueguina llamó al constructor porque ignoraba el origen de la rotura. Desconocía si se trataba de un problema de rutina o de algo excepcional. Ergo, no se podía saber de antemano si Harry tendría la respuesta y es por eso que, cualquiera fuese su obligación contractual, nadie –tampoco la empresa vendedora del robot– hubiera podido oponerse al punto de vista de Harry si hubiera considerado imposible el diagnóstico a distancia. Por otra parte, Harry no supo resolver por sí solo el inconveniente y debió recurrir a la buena voluntad de sus colegas. Sus compañeros podrían haberle exigido un trámite más formal mediante la emisión de un pedido de reparación por vía administrativa. No lo hicieron y eso significa que la planta argentina pudo beneficiarse con las buenas relaciones de Harry y sus colegas.

Imaginemos ahora que Harry abandona la empresa proveedora. La fábrica argentina ya no sabría a quién llamar. Si llamó a Harry no fue porque lo creía más competente, sino porque lo conocía y le tenía confianza. Con Harry ausente, se vería obligada a buscar el medio de conectarse con personas competentes, esto es, de identificarlas o hacerlas identificar. En tal caso, no quedaría más remedio que sentarse a esperar que personas desconocidas, en lugar de defender los intereses económicos de su propia empresa, acepten ofrecer un servicio gratuito a un cliente que no conocen. Por último, aun suponiendo que la empresa proveedora se distinguiese por su especial cuidado hacia sus clientes, es probable que, de todos modos, Harry hubiese sido muy difícil de reemplazar.

Harry era, en efecto, el único que sabía cómo funcionaba concretamente la planta del cliente. Tenía de ella y de sus técnicos y operarios una imagen concreta por haber estado allí instalando el equipo y trabajando con ellos y, en consecuencia, estaba en las mejores condiciones para orientar el diagnóstico. Harry no encontró la falla, pero supo describirla, y sus colegas argentinos pudieron, por su parte, describirle claramente el contexto en el cual se produjo –por haber trabajado juntos y por haber conversado con Harry largamente sobre el equipo mientras duró su instalación y su puesta a punto– de modo tal que el origen de la misma fue evidente para el especialista que ayudó a Harry a detectarla desde Estados Unidos

Al margen de los problemas reales de comunicación en lengua extranjera, observamos que la comunicación entre Harry y sus colegas argentinos es, claramente, una traducción.[3]

Harry hizo posible una comunicación que fue más allá de los datos transmitidos por teléfono. Logró comunicar la preocupación de los argentinos y aportó a sus colegas estadounidenses informaciones contextuales que ni los propios argentinos hubiesen podido ofrecer. Y nada de lo anterior –ni la buena voluntad, ni las buenas relaciones interpersonales, ni la apreciación pertinente del contexto– se podría haber formalizado contractualmente. Se trataba de conocimientos tácitos resultantes del vínculo informal, hecho a la vez de amistad y de respeto profesional, que se tejió –podía no haber sucedido– entre Harry y sus colegas argentinos mientras trabajaban juntos en la instalación del equipo.

---

[3] Que, como puede verse, no tiene nada que ver con lo estrictamente lingüístico, y que consiste simplemente en la aptitud y la disposición para explicar un problema en términos comprensibles por la contraparte para que ésta pueda, a su vez, aportar una respuesta útil e igualmente comprensible que contribuya a la resolución del problema. Para una definición conceptual del término, ver los capítulos sobre la comunicación y la guía de análisis.

En síntesis

Complejidad (léase "multidisciplinariedad") e innovación tecnológica acelerada riman con conocimiento distribuido entre muchas personas (nótese que ese razonamiento aplica hoy tanto para los productos como para los procesos productivos y las propias organizaciones).

Paradójicamente, el buen funcionamiento de esos sistemas y equipos complejos no depende tanto del conocimiento explícito (cuyo dominio ningún contrato, por puntilloso que sea, puede garantizar) como del conocimiento tácito que permite entenderse y comunicar informalmente en el seno de redes interpersonales e interorganizacionales de relaciones, en las que la amistad y el respeto mutuo profesional son fundamentales para motivar la cooperación, y cuyas fronteras nunca claramente definidas tenemos que aprender a observar.

Preguntas

1. ¿Qué ejemplo de resolución de un problema complejo – preferentemente tomado de su experiencia– en el que la traducción y el conocimiento tácito hayan sido fundamentales puede describir en media página?
2. ¿Por qué la traducción y el conocimiento no codificado tuvieron un rol determinante?

Caso 7 | Prestigio S.A., un consorcio exportador exitoso

Presentación

El objeto sobre el cual se enfoca este estudio de caso, cuyo nombre y el de sus protagonistas son ficticios, son las comunicaciones entre actores en el seno de diferentes entramados exportadores (que representaremos en forma simplificada mediante un diagrama de síntesis al finalizar el desarrollo del caso). Partimos del supuesto de que la transmisión de saberes tácitos es clave para las innovaciones –en los procesos productivos, en los productos y en las estructuras organizativas y las formas institucionales–, que instauran y mantienen el vínculo entre los productores locales y sus clientes extranjeros. Recordemos que denominamos "traducción" al tipo de comunicaciones gracias al cual se transmiten los conocimientos tácitos.[1]

---

[1] En este caso, "traducir" significa que los productores sean capaces de responder a un cambio en los gustos de los consumidores europeos (por ejemplo, a pedido de los supermercados) mediante el desarrollo de nuevas variedades de fruta, o de formas de empaque y presentación, e, inversamente, de influir sobre el gusto de los consumidores (eventualmente con apoyo de los supermercados) al innovar y desarrollar nuevas variedades o formas de presentación. Como se verá a lo largo de la descripción del caso, para que ese vínculo entre oferta y demanda se establezca, es necesaria, además, otra serie de traducciones. Por ejemplo, cuando el banco o un cliente le otorga al productor un crédito que le permite invertir en nuevos equipos o instalaciones, cuando el Instituto Nacional de Tecnología Agropecuaria (INTA) desarrolla en su vivero las nuevas variedades que los productores necesitan (e inversamente, cuando los productores financian el viaje de un técnico del INTA a un congreso internacional en el que se discute el tema de las nuevas variedades). Porque la traducción siempre es bidireccional.

Las funciones y los actores
de un entramado exportador

Distinguiremos aquí una serie de funciones presentes en los diferentes tipos de entramado exportador.[2] Esas funciones se refieren a las actividades que es necesario realizar si se desea exportar fruta fresca. En diferentes entramados, son diferentes los actores que se ocupan de ellas (productores, transportistas y compradores de diversas características y origen, organismos de ciencia y tecnología, instituciones educativas, organismos y empresas certificadoras, etcétera) y no en todos los entramados están presentes todas las funciones. En el cuadro 1 describimos las actividades propias de cada función.

Una cooperativa transformada
en Sociedad Anónima

Prestigio S.A. fue fundada en 1985 por iniciativa de dos productores ya fallecidos, "que se pusieron a buscar amigos para crearla. Primero se unieron los tres mejores productores de Chajarí, pero el grueso de su producción era mandarina. Luego fueron incorporando al resto –los dos o tres productores de mejor reputación de cada localidad– para lograr variedad" (Alberto Lanvi).[3]

---

[2] Recurrimos a la metáfora del tejido, compuesto por una trama y por una urdimbre. Los hilos de la trama, dicho en forma simplificada, son los diferentes territorios involucrados (la zona ubicada en los márgenes del río Uruguay para los productores, el océano para los transportistas internacionales, el mercado europeo para los destinatarios de la exportación). La urdimbre son las diferentes maneras en que esos hilos de la trama se articulan entre sí o, en otros términos, los tipos diferentes de cadena de valor que los vinculan entre sí.

[3] La información sobre el caso proviene de dos entrevistas: la primera fue realizada en septiembre de 2002 a Alberto Lanvi, responsable de la calidad en la planta de empaque y de las ventas en el mercado internacional (quien destina cuatro meses en el año a visitar a los clientes en el extranjero), por Jorge Walter, Jean Ruffier y Gisela Argenti; la segunda se llevó a cabo el 26 de febrero de 2003 a Osvaldo Malavi, responsable del empaque y la expedición en el área de Comercio Exterior, que dirige con Lanvi.

Cuadro 1. Funciones y actividades del entramado exportador

Funciones	Actividades
1. Financiación	Inversiones y obtención del crédito necesario para producir y exportar.
2. Desarrollo de nuevas variedades y técnicas de producción	Investigación sobre procedimientos de cultivo y renovación de los cultivos (como el cambio de copa) y para el desarrollo de nuevas variedades. Esta función incluye la investigación básica, la investigación y el desarrollo de nuevas variedades y técnicas de producción y la vigilancia tecnológica.
3. Concepción de equipos e instalaciones industriales	Concepción, la instalación y el mantenimiento de los equipos y plantas de clasificación, empaque, enfriamiento y elaboración de productos derivados (jugos, aceites esenciales, pellets, etc.).
4. Gestión de la plantación	Comprende todas las acciones que van desde la plantación de nuevos retoños, el injerto, la fertilización y el control de enfermedades fitosanitarias, hasta el mantenimiento de los árboles y la cosecha.
5. Compra de insumos y productos	Compra de fruta a productores no miembros del Consorcio. Compra de insumos (material reproductivo, pesticidas, fertilizantes, embalajes, etc.) en forma individual o agrupada, localmente o en el extranjero
6. Empaque y procesamiento	Incluye la clasificación, la limpieza, la "desverdización", el empaque, la elaboración de productos derivados (jugos, esencias, pellets, etc.) y el enfriamiento (que puede tener lugar en la planta de empaque o en el puerto). Crecientemente, cae dentro de esta función la gestión de la calidad y la trazabilidad de los productos empacados, en interacción con el transporte y la gestión de las plantaciones.
7. Transporte	Incluye toda la logística, el transporte terrestre y el transporte marítimo. De hecho, el transporte es una acción de transformación del producto (que, salvo en el caso de la banana, procura minimizarse).
8. Venta	Denominamos venta y no comercialización pues nos enfocamos en acciones concretas realizadas por los productores para vender.
9. Concepción de nuevos productos	Incluye los estudios de mercado y de nuevos gustos de los consumidores, el desarrollo de nuevas formas de presentación, la vigilancia en materia de tecnologías de producto (bajo la forma de benchmarking o de espionaje de los productos competidores).
10. Compra / Consumo	De la compra al consumo (eslabones finales de la cadena, desde el mayorista, pasando por el minorista, hasta el consumidor final).

Fuente: elaboración propia.

Cuando realizamos este estudio a comienzos de los años 2000, la sociedad estaba integrada por veinte productores de frutas cítricas de larga trayectoria, cuyas plantaciones se ubicaban desde el sur de Concordia, pasando por Federación y Chajarí, en Entre Ríos, hasta Mocoretá y Monte Caseros, en Corrientes, y se extendían a lo largo de doscientos kilómetros por las márgenes del río Uruguay.[4]

Inicialmente, la forma jurídica adoptada por el grupo fue la cooperativa (que dejó, por cierto, una fuerte impronta en la forma de tomar decisiones por consenso en la organización), pero posteriormente adquirió el estatus de sociedad anónima: "Uno de nuestros clientes, un mayorista que es el tercer hombre más rico de Holanda, financió nuestro desarrollo" (Alberto Lanvi). Esta forma de financiamiento no es excepcional para Prestigio: "Sólo tomamos créditos en el exterior. Los tomamos de los clientes, sin que medie ningún papel. En general, son préstamos sin interés, sobre todo si se los utiliza para comprar materias primas. Si los tomamos para hacer una inversión, entonces proponemos pagar intereses" (ibíd.).

En cuanto a la forma de funcionamiento de la sociedad, Lanvi señala que "los accionistas se reúnen dos veces por semana y toman decisiones de acuerdo a reglas muy aceitadas". Malavi lo ejemplifica comentando:

> Cuando no se logra vender toda la producción que se oferta en el exterior, se establecen proporciones en función del capital de cada socio. Pero eso sucede rara vez. Los votos en el consejo de administración son en función del capital, pero en general se realizan a viva voz. Sólo cinco veces se votó en función del capital. La sociedad anónima es cerrada. Nadie puede ingresar salvo que alguien se vaya y ningún socio pueda comprarle sus acciones.[5]

Malavi agrega: "Mantenemos a los socios informados sobre la marcha de la empresa día a día [y, por ejemplo,] ante un problema

---

[4] "En la región (Chajarí, Federación) hay 3.500 productores y en Concordia casi la misma cantidad".

[5] "Mi padre –dice Malavi– es un fundador de Prestigio. En 1996 me retiré del capital familiar y a continuación mi familia vendió la plantación a socios de Prestigio. Era un momento económicamente difícil. La mandarina Malavi comenzó en 1951. Lleva el nombre de mi familia, que producía fruta y papas. Mi abuelo comenzó produciendo papa".

de sucesión familiar, hacemos venir a un especialista para discutir la cuestión".

El grupo de productores tiene en conjunto alrededor de siete mil hectáreas de cítricos de diversas variedades (mandarina, naranja, pomelo, limón), de las cuales cinco mil se encuentran en producción y dos mil son de plantas nuevas que aún no producen. Prestigio es propietaria también de algunos campos propios. En un año normal, exporta alrededor de 19 mil toneladas (es la cantidad exportada en 2002). "Exportamos el veinte por ciento de la producción, es decir que nuestros socios producen en total alrededor de cien mil toneladas".[6]

En el origen de Prestigio hay, entonces, una primera traducción exitosa entre productores argentinos de la región. ¿Cómo lograron superar sus diferencias? "Asociarse es difícil porque cada uno piensa que tiene la mejor calidad y los mejores clientes [pero] se unieron para luchar contra Sudáfrica", nos dice Lanvi.[7]

El individualismo es un rasgo típico del productor familiar habituado a competir con otros productores familiares en el mercado interno, que es el primero al cual dirigieron sus productos. Cuando comenzaron a exportar regularmente apareció un "enemigo externo" común (Sudáfrica) y es ése el motivo que los llevó a superar sus diferencias y cooperar creando una nueva institución.[8]

---

[6] El principal y más rentable de los mercados de exportación de los cítricos locales es Europa. Los embarques se realizan en contraestación (entre julio y septiembre, durante el verano del norte); cuando realizamos el estudio de caso la mayor parte de la fruta fresca que se exportaba se dirigía hacia allí (el 76 por ciento) y principalmente hacia Europa occidental (el 65 por ciento).

[7] "Sudáfrica exporta el doble de cítricos que Argentina, pero tomando en cuenta las exportaciones de limones, en las cuales Argentina es líder" (ver gráfico 5).

[8] El gobierno sudafricano creó en 1981 el *marketing board* citrícola denominado Outspan, dotando a los productores de ese país de una capacidad competitiva renovada en el mercado europeo, del cual comenzaron a desplazar a sus rivales del cono sur latinoamericano.

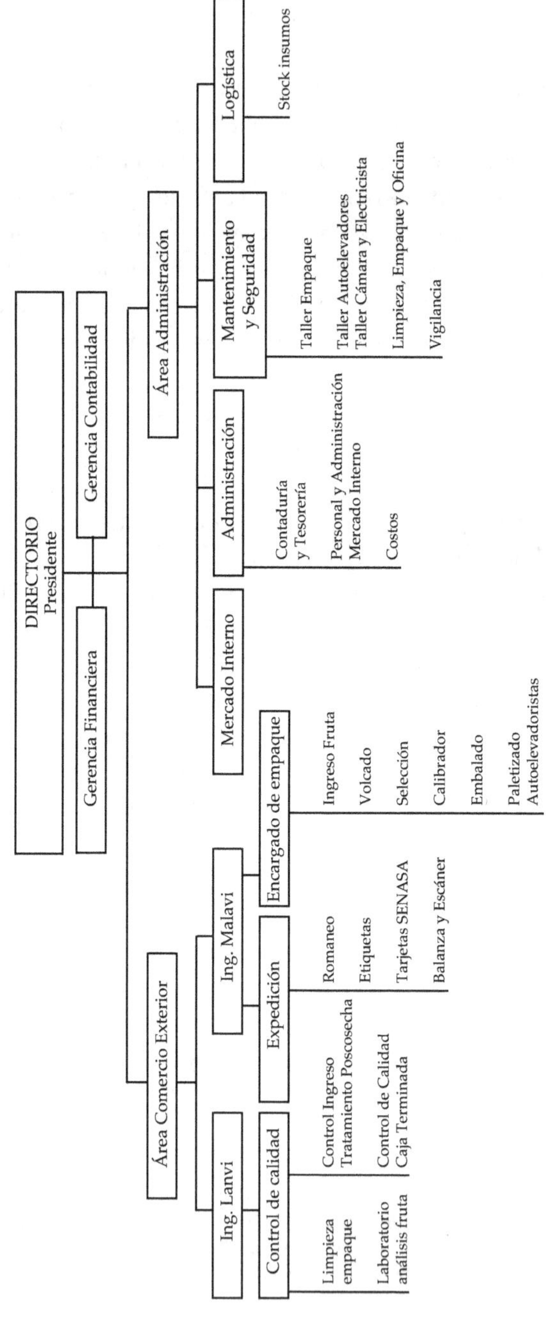

Figura 1. Organigrama de Prestigio S.A.

La planta de empaque y enfriamiento

La planta de empaque, sede administrativa de Prestigio, está ubicada en la ciudad de Chajarí. En ella trabajan trescientas personas que realizan el tratamiento poscosecha, la selección, el calibrado, el empacado y el enfriado.

Es una de las mayores plantas de empaque que observamos en la región. Tiene un sistema de selección de fruta mediante cámaras de TV de tecnología franco-española adquirido en 2001. Al final de la línea hay robots para la colocación de los frutos en cajas. Los equipos parecen de punta. El proceso de selección y etiquetado eventual de cada naranja es decidido por computadora. El aparato que incluye las cámaras está a cargo de un técnico de mantenimiento de unos treinta años que viajó a España para aprender a utilizarlo. Allí desmontó la máquina antes de su transporte y volvió a montarla en Chajarí.

Los aparatos pueden conectarse en línea con España para corregir disfuncionamientos del programa o para efectuarles modificaciones. Como el técnico local de mantenimiento no sabe hacer todo, se hace venir a un técnico español dos o tres veces por año.

Una pileta en la entrada de la planta asegura la asepsia de las ruedas de los camiones que ingresan. El taller está limpio. Las cámaras de enfriamiento son numerosas y grandes, pero se las utiliza más para la conservación que para la refrigeración antes de la carga de la fruta en los camiones. Esta planta se utiliza exclusivamente para la exportación (salvo las ventas locales a Carrefour, como se verá más adelante). Para el mercado interno, cada socio de Prestigio utiliza su propia planta de empaque.

Las plantaciones

En teoría, Prestigio no tiene incumbencia sobre las plantaciones ("siguen en manos de nuestros accionistas, que venden en el mercado interno sin pasar por nosotros; nosotros nos limitamos a empaquetar y exportar", señala Lanvi), pero en los hechos la limitación es relativa: "Implementamos la trazabilidad a partir de

1993, con la colaboración de un estudio informático de Concordia, para 'controlar los resultados' de nuestras plantaciones. Cuando nos fue solicitada por el SENASA [Servicio Nacional de Sanidad Alimentaria] fue un simple trámite, pues ya la teníamos incorporada". Obsérvese que la trazabilidad no nació en esta empresa en respuesta a una exigencia de los clientes, sino como una necesidad de seguimiento de la fruta provista por las plantaciones integrantes del grupo. Adicionalmente, en esta historia se observa una traducción relacionada con el desarrollo de tecnología informática para la trazabilidad mediante la colaboración con una firma local especializada. En varios sentidos, Prestigio se adelantó a su tiempo.

La trazabilidad

Malavi describe del siguiente modo el proceso de trazabilidad implementado en Prestigio:

> A fin de poder conocer los resultados de la producción de nuestras fincas, hemos implementado hace unos años un sistema de trazabilidad que nos permite identificar los lotes de los cuales proviene la fruta. Esto también cumple con la necesidad de nuestros clientes, principalmente del mercado inglés, que desean conocer la finca de origen y los tratamientos realizados a la fruta que están comprando. Cuando SENASA implementó el Sistema de Mitigación de Riesgos para Enfermedades Cuarentenarias, lo único que debimos hacer fue agregar los números que nos otorgaron a los lotes que ya teníamos. Este sistema fue desarrollado desde el año 1991, sobre la base de nuestra necesidad, en colaboración con un equipo de asesores en informática, la firma Consultores en Informática, de la ciudad de Concordia.
>
> El sistema está basado en una etiqueta en cada caja, que al pasar por un escáner fijo en la línea de producción, registra en nuestro sistema todos los datos de la fruta que tiene dentro. Para hacer esto, el primer paso es la identificación de la fruta en las plantaciones con el número de lote de donde

se la recolectó, el cual está habilitado por el SENASA para ser exportado a la Unión Europea en los casos que corresponda. El sistema consta de dos partes: la primera es el ingreso del bin proveniente de la quinta y se registra el lote de donde se cosechó la fruta; la segunda es la identificación final de la caja. Para esto, colocamos una etiqueta que contiene un código de barras correspondiente a un número de serie (no hay dos etiquetas con el mismo número). Como podemos ver, nuestro sistema se basa en que con el número de una caja se pueden conocer todos los datos de su confección y procedencia. El siguiente paso es la identificación de las cajas que componen un palet, el cual pasa a ser la unidad de entrega a nuestros clientes. Con el palet numerado en forma seriada, podemos saber qué cajas lo integran y todo su recorrido hasta el lugar de entrega a nuestros clientes. Otra información adicional que agregamos a cada palet es una hoja con el detalle de cajas que lo componen, la unidad productora y número de certificado para cada caja. Asimismo, con el número de serie que tiene cada caja, el cliente nos puede solicitar información sobre los tratamientos que le hemos realizado al árbol durante el proceso de crecimiento y posteriormente en el almacén cuando procesamos la fruta para su viaje a los distintos mercados del mundo.

Relación entre Prestigio y sus asociados

Malavi concibe la relación entre Prestigio y sus asociados en materia de normas como una tarea de formación: "Para aprender las normas europeas formamos no solamente a nuestros socios, sino también a sus empleados. Y es Prestigio la que paga".

Las normas se refieren a asuntos variados; algunas son optativas y otras son de cumplimiento obligatorio para los socios:

Por ejemplo, no se puede estoquear fertilizantes en un piso de tierra. Tratamos de homogeneizar los criterios en materia de cadena de frío y de pesticidas para el conjunto de los productores. Es burocracia, pero es útil porque garantiza que no se utilizarán más ciertas sustancias. Claro está, la garantía reposa sobre la confianza entre el vendedor, que dice lo que hace, y el comprador, que lo escucha. Es exactamente la misma cosa en lo que respecta a la trazabilidad.

Otros ejemplos:

La destrucción de recipientes de pesticidas debería hacerse según las normas europeas, pero aquí no hay empresas que reciclen los residuos y, por lo tanto, hay que construir lugares bien cerrados y protegidos para conservarlos indefinidamente. Como carecemos de los medios necesarios para quemar o reciclar, entonces vamos a construir un lugar y lo vamos a hacer certificar por SGS o por LULA, una sociedad uruguaya. Las normas también dicen que debe haber extintores y piso de cemento, y eso no se discute: si queremos exportar, lo hacemos. Y si la fruta no cumple con las normas, entonces retorna al productor.

En cuanto a la situación actual de Prestigio en materia de normas, Malavi señala: "No estamos al nivel de las normas máximas en lo que respecta a la documentación, pero sí lo estamos a nivel del empaque y de la fruta". Según Malavi, esto ocurre porque algunas normas fueron concebidas para su aplicación en otro contexto: "Por ejemplo, se debe definir cuánto abono se coloca por planta y es necesario que la empresa lo escriba en un papel que el obrero que coloca el abono debe devolver firmado. Esto no tiene mucho sentido entre nosotros. Tal vez eso funcione en Europa. Sin embargo, somos perfectamente capaces, sin necesidad de esos papeles, de decir lo que ha sido aplicado parcela por parcela".

Producción y exportación

Prestigio "se creó hace quince años para exportar, no para vender en el mercado interno, pero en 1993 comenzamos a vender a los supermercados en Argentina. Es el primer exportador de mandarinas del país y el primer exportador de cítricos del noreste argentino. Factura 8,5 millones de pesos anuales, de los cuales seis millones (setenta por ciento) se originan en la exportación y 2,5 en el mercado interno" (Alberto Malavi).[9]

Y Malavi destaca en su testimonio: "Nuestra filosofía comercial consiste en abrir nuevos mercados para aprovechar la variedad de nuestra producción. Nuestros principales activos: una planta de empaque con gente que lleva puesta la camiseta de la empresa y la confianza de nuestros clientes".

Prestigio no tiene representantes en el exterior, pero en algunos lugares tiene supervisores de la llegada de la fruta.[10]

En 2003 contabilizaba 28 clientes en 15 países (Inglaterra, Holanda, Portugal, España, Francia, Italia, Grecia, Suecia, Rusia, Ucrania, Canadá, Arabia Saudita, Hong Kong, Singapur y Malasia). Sus clientes no son los supermercados –salvo Carrefour, caso que comentaremos más adelante–, sino los centros de distribución que abastecen a los supermercados ("proveyéndolos de la misma fruta durante los doce meses del año"). "Esto es lo más hacia adelante que podemos avanzar" en cuanto a canales de distribución.

Para la conquista de estos mercados, la traducción esencial tuvo lugar inicialmente en relación con el mercado inglés (identificado como el más exigente) y el holandés, que fueron la puerta de entrada hacia el mercado europeo. "En Inglaterra también vendemos fruta para producir jugos frescos; el aspecto exterior de esta fruta no es tan importante. Cuando hacemos envíos de este tipo, llegamos a exportar hasta un noventa por ciento de la fruta cosechada".

Con sus pares españoles, Prestigio busca desarrollar una relación de complementación durante la contraestación. A tal efecto, estableció una alianza estratégica con una empresa española a la cual le vende anualmente cinco mil o seis mil toneladas ("a ellos

---

[9] "En principio hay demasiada fruta en Europa, pero aún hoy hay insuficiente mandarina en el mercado. Podemos vender a buen precio pese a los impuestos aduaneros. También hay demanda insatisfecha en Asia y nos interesan los países árabes, pero son mercados que no conocemos bien".

[10] "En Arabia Saudita tenemos un excelente embajador que nos presentó a varios clientes posibles. Así fue fácil. Pero la realidad es que hoy [2002] Argentina llega a treinta puertos [en 1993 llegaba a ocho] y Chile a 150 [en 1993 llegaba a sesenta]".

les conviene colocar nuestra fruta fresca de contraestación en vez de la suya vieja enfriada").[11]

La relación con Carrefour

Carrefour Francia compra fruta a través de un centro de distribución propio, "pero las negociaciones las realiza con nosotros a través de Carrefour Argentina" (después de la devaluación de enero de 2002, se produjo una inversión literal del canal comercial: Carrefour Argentina dejó de importar y comenzó a exportar hacia Europa). "La filosofía de Carrefour es comprar el cítrico en Argentina porque no tiene supermercados en Sudáfrica. Lo mismo sucede con el cordero patagónico (no compra el neozelandés). A Carrefour Francia le sorprendió nuestra calidad y a nosotros nos convino el precio después de la devaluación, pero nuestras exportaciones recién comienzan, recién enviamos los primeros diez contenedores".

En la relación con Carrefour, la traducción exitosa data de la primera mitad de los años noventa:

> Carrefour comenzó a comprarnos porque tenemos una buena planta de empaque y por el volumen de fruta que necesitan: nos pedían cincuenta camiones con sólo dos calibres de fruta. Cantidad y calidad simultáneamente y en forma confiable. En Argentina no había quien pudiese proveerlos. Compiten en el mercado interno sobre la base del precio y para lograrlo necesitan volumen; ése es el problema con el cual tropiezan en nuestro país. Pero desde 1993 negociamos con una misma persona y nos llevamos bien. Después de diez años de relación con Carrefour Argentina, que desde que comenzó la exportación a Francia se convirtió en nuestro primer cliente en el país, hemos llegado a un

---

[11] A España también exportan las empresas Ledesma, de la Argentina, y Caputto y Uru, dos productores de cítricos de la vecina Uruguay ("Uru tiene muy buena calidad").

buen equilibrio y negociamos cosas razonables. Alguna vez
nos pidieron que les vendiésemos a mitad de precio, pero
nos negamos.

Al respecto, Malavi acota: "Los clientes franceses han sido difíciles para nosotros (CAMU, de Perpignan, no nos pagó). Carrefour es otra cosa. Su forma de trabajar es diferente. Carrefour Argentina no pagaba la calidad, pero Carrefour Francia sí".[12]

Al margen del conflicto con CAMU, según Lanvi, la buena reputación de Prestigio entre los más importantes distribuidores europeos le permitió –invocándolos como referencia– abrir fácilmente nuevos mercados en los países árabes y asiáticos.

Transporte

En lo que respecta al transporte, dice Lanvi:[13]

Para abaratar fletes, intentamos unir comercialmente a las
empresas de Chajarí y negociar conjuntamente los barcos,
pero sin gran éxito. También lo intentamos con Caputto
y Uru, pero resultó muy difícil. Lo que sí funciona, en
cambio, es que cuando tengo un problema y voy a ver a
mis competidores (por ejemplo, a Caputto), ellos me dan
informaciones y consejos confiables. Mi utopía personal es

---

[12] En el comentario precedente hay múltiples elementos sobre los cuales deberemos volver oportunamente: en primer lugar, el antecedente negativo constituido por este conflicto con CAMU, que probablemente explique una afirmación del responsable de Carrefour de la compra de alimentos frescos para su exportación a Francia: "Prestigio tiene con nosotros una segunda oportunidad". En segundo lugar, la afirmación de que "Carrefour Francia paga la calidad", que el testimonio que recogimos del principal responsable de las compras en Francia nos obligará a matizar.

[13] Si nos atenemos al análisis realizado por los propios transportistas (entrevista realizada en Lauritzen Cool en Buenos Aires) el costo del transporte no es realmente un problema: los cítricos se comercializan durante la temporada baja, durante la cual las compañías operan con una fuerte subutilización de la capacidad de bodega instalada, lo cual les confiere a los clientes un gran poder de negociación.

> lograr regular los volúmenes para los diferentes mercados;
> estimar cuánto puede absorber Holanda, por ejemplo, y en
> función de eso ponernos a trabajar".[14]

El procedimiento utilizado por Prestigio para el transporte de su fruta es, según Malavi, el siguiente:

> No tenemos camiones. Sólo el empaque. Pero tenemos
> todos los contactos necesarios para realizar el transporte.
> Guardamos la fruta en una cámara de frío, la transporta-
> mos en camión durante la noche y colocamos la carga com-
> pleta directamente en el barco. Organizamos la rotación
> para que los camiones no esperen en el puerto y la carga se
> realice inmediatamente. Tenemos una oficina en Holanda
> que está asociada a Sea-Trade, por lo cual, aunque no sea
> obligatorio, tomamos barcos de Sea-Trade y tenemos un
> régimen de favor que nos permite cargar en el puerto de
> Campana o de Buenos Aires en el preciso momento en el
> que los barcos llegan al puerto. Planificamos la rotación
> de los camiones para que viajen de noche y no lleguen al
> mismo tiempo al barco. Los camiones de nuestros socios
> son prioritarios, salvo que sus choferes no sean confiables.

Innovaciones

A continuación, para concluir la presentación del caso, nos referi-remos a las innovaciones necesarias para que Prestigio y los pro-ductores asociados se posicionaran y reposicionaran en los mer-cados internacionales, y a la cooperación entre actores públicos y privados que colaboran con ese objetivo (o que, según la visión de nuestros entrevistados, deberían hacerlo).

[14] Lanvi no cree en la posibilidad de un proyecto exportador regional: "Si intento agrupar a tres productores de Chajarí y la demanda es insuficiente, el grupo se rompe pues siempre hay alguien dispuesto a vender más barato que lo acorda-do. Y si la demanda es grande y llegamos a ponernos de acuerdo, entonces sólo somos tres para responder a ella".

En lo que respecta a la gestión de las instalaciones industriales (planta de empaque y enfriamiento), ya comentamos el desarrollo temprano y autónomo de un sistema de seguimiento –trazabilidad– de los productos con la colaboración de una empresa local de consultoría informática. También describimos la relación fluida con el proveedor español de la tecnología (formación de un técnico local en España, visitas regulares de técnicos españoles, reparación y modificaciones en línea del *software* utilizado). A la colaboración con empresas privadas en el medio local y en España cabe agregar la cooperación transfronteriza con Caputto, de Uruguay: "Compramos un calibre español con tecnología de punta y un ingeniero de Caputto nos ayuda como consultor en el aspecto técnico. Necesitamos formar a nuestra gente en su uso y mantenimiento", señala Lanvi.

En cuanto a la gestión de las explotaciones, es crucial su tecnificación ("para lograr mayor calibre y calidad por hectárea se necesita tecnología de riego y fertilización; ésta es la clave del negocio con las variedades exportables. Pero es tarde para reconvertirse y quienes no lo han hecho quedarán fuera del mercado") así como el control de factores como el viento y las enfermedades fitosanitarias que afectan la estética del producto. La región tiene condiciones excelentes para la producción de naranjas y mandarinas pues la combinación acidez-dulzura que se obtiene es la ideal, pero la fruta presenta problemas de piel por exceso de humedad (marcas de hongos) y de viento (marcas de golpes). Ahora bien, "la cancrosis es un problema real en esta región, pero suele ser utilizada en Europa como una barrera paraarancelaria.[15] De hecho, la fruta con problemas estéticos nos la compran para producir jugos frescos en las góndolas inglesas" (lo cual, como ya comentamos, constituye una estrategia altamente rentable de valorización del producto). "En Prestigio tenemos un programa de mitigación del riesgo

---

[15] "En realidad, Europa no tiene un clima favorable para que se desarrolle el cancro: aunque reciban fruta cancrosa, el hongo no se reproduce, pues sólo se reproduce cuando hay humedad. Por eso, en Estados Unidos hay cancrosis en Florida, no en California.

(mediante el raleo de la plantación, por ejemplo, con lo cual se limitan los golpes y se incrementa la ventilación) que es satisfactorio para Europa, pues garantizamos lotes sin cancrosis, transporte sin cancrosis, almacén sin cancrosis y cajas libres de cancrosis".

Uno de los mayores desafíos reside en el desarrollo de nuevas variedades. A tal efecto, durante sus viajes, tanto el ingeniero Lanvi como los propios productores realizan actividades de vigilancia: "Cuando vemos un nuevo fruto, traemos la planta para ver si es posible producirlo aquí. Pero traer uno mismo un fruto o una planta obliga a tomar precauciones muy grandes que alargan la duración del experimento: lo ideal es hacerlo a través del INTA". En este sentido:

> Nuestra relación con Catalina (Perla) Anderson, Directora del Vivero Experimental del INTA, es excelente (se ha ganado el respeto del ambiente citrícola mundial, financiamos su participación en congresos internacionales). Pero igualmente nos hace falta un organismo que apoye los desarrollos tecnológicos necesarios para promover las exportaciones, como la Fundación Chile (el INTA intentó crear algo similar, pero no lo logró). La citricultura argentina se acostumbró en las épocas buenas a ganar plata con poca tecnología; hoy es imprescindible tecnificarse (y tendríamos que hacerlo en conjunto).

El desarrollo de nuevas variedades no conduciría a ninguna parte, sin embargo, de no haber financiamiento para las inversiones necesarias: como ya se dijo, dos mil de las siete mil hectáreas con cítricos exportables pertenecientes a los socios de Prestigio (un 29 por ciento de la superficie) se encuentran fuera de producción debido a que han sido recientemente plantadas. Por otra parte, Prestigio está comenzando a ensayar la producción de fruta orgánica.[16] Sin embargo, según Malavi: "Prestigio exporta una parte

---

[16] "Pero es difícil. Hemos recibido fruta con un cincuenta por ciento de desperdicio y no nos pagan el doble por la fruta orgánica" (Malavi).

muy pequeña (19 mil toneladas sobre cien mil, menos de un veinte por ciento) de la producción de los socios, que producen sobre todo variedades no exportables. Para que eso cambie, se necesitan inversiones".

Un ejemplo de un socio de Prestigio que reemplazó virtualmente toda su plantación por variedades exportables es precisamente el del pequeño productor Urbano Bertoni.[17]

La empresa de la familia Bertoni, que es la propietaria de Prestigio más pequeña, produce en cincuenta hectáreas y exporta hasta un setenta por ciento de su producción.

Cuenta Bertoni:

> Terminé el colegio secundario y tengo estudios universitarios incompletos de matemática y oceanografía, que realicé en Buenos Aires. Volví a Chajarí y me casé. Al casarme me fijé aquí, por eso me dedico a la naranja.
>
> [...]
>
> En la plantación somos cinco personas permanentes. Durante la cosecha llegamos a treinta. Para conseguir a la gente, recurro a cooperativas de trabajo; trato de que sea siempre la misma gente y generalmente lo logro. Rara vez recurro a subcontratistas, pero a veces lo hago.

Cuando Prestigio se creó, la empresa ya existía.

> Hay dos socios de nuestra familia en Prestigio. Se reúnen una vez por semana y discuten antes de hacer las compras.[18] Podemos asociarnos para hacer bajar los precios. Lo

---

[17] La entrevista al principal responsable de la empresa se realizó en presencia de Enrique Malavi, que intervino a menudo reformulando nuestras preguntas o respondiendo en lugar del entrevistado. Tuvo lugar el 25 de febrero de 2003 y la realizaron Gisela Argenti, Delphine Mercier y Jean Ruffier.

[18] Según Malavi, luego de la devaluación aún convenía realizar las compras en el exterior: "El gobierno no permite recuperar el IVA [Impuesto al Valor Agregado] ya pagado, pues no tiene más dinero. Entonces compramos insumos en el exterior para evitar pagar impuestos no recuperables. Compramos mucho en Uruguay y en Brasil. Pero en cuanto a trámites, es tan largo como comprar en España".

más importante es la información que obtenemos sobre los nuevos productos que son demandados.

[...]

Invertir es difícil porque es muy riesgoso. Hay que tomar pocos créditos porque es difícil devolverlos. Pero mi idea es crecer. Comprar y plantar nuevas tierras. Pero antes que eso tengo que completar las mejoras en las tierras que ya tengo. Con el objetivo de centrarnos en la exportación, suprimimos todas las variedades que no se exportan. Gracias a ello, ahora exportamos tres mil toneladas de las cuatro mil que producimos. Tengo ochenta hectáreas para completar y optimizar para la exportación.

Planto árboles comprándolos ya hechos a otros o haciéndolos yo mismo. El portainjerto se lo compro al INTA. También puedo comprárselo a viveros certificados. Son más caros que los no certificados, pero son más seguros.

Prestigio tiene un empleado que se ocupa del seguimiento de las ventas de sus socios para el mercado interno, pero las hacemos y las facturamos nosotros mismos. Vendemos a varios mayoristas (uno de ellos le compra a la mayoría de los pequeños productores de la zona). Discutimos el precio y los plazos de entrega, y ellos se ocupan del transporte. Ignoramos qué tipos de producto compran. Sabemos a qué minoristas venden, pero no vamos hasta ellos para controlar cómo lo hacen.

En cuanto a la exportación: "Hubo un momento en el que no sólo había que aportar la fruta, sino dinero para poder venderla. Tratamos de no enviar demasiadas cajas en un solo barco para reducir el riesgo".

"Para la refrigeración de la fruta utilizamos nuestro espacio en Prestigio, que corresponde a nuestra parte de capital. Vamos a tener que duplicar ese espacio porque no nos alcanza".

Consignas para el análisis del caso

1. Sobre el contexto:
   a. ¿Qué motivó históricamente la creación de Prestigio?
   b. ¿Qué hicieron los fundadores para crearla?
   c. ¿Qué resistencias debieron vencer y qué tipo de innovación realizaron al crear el consorcio?

2. A partir de la lectura del caso identifique en el cuadro 2 los actores a cargo de las diferentes actividades (se presentan a modo de ejemplo las funciones "Desarrollo de nuevas variedades y técnicas de producción" y "Venta").

Cuadro 2.

Funciones	Actividades	Actores (ejemplo)
1. Financiación	Inversiones y obtención del crédito necesario para producir y exportar.	
2. Desarrollo de nuevas variedades y técnicas de producción	Investigación sobre procedimientos de cultivo y renovación de los cultivos (como el cambio de copa) y para el desarrollo de nuevas variedades. Esta función incluye la investigación básica, la investigación y el desarrollo de nuevas variedades y técnicas de producción y la vigilancia tecnológica.	Organismos públicos y privados del sistema nacional de certificación. Organismos de ciencia y tecnología (INTA).
3. Concepción de equipos e instalaciones industriales	Concepción, la instalación y el mantenimiento de los equipos y plantas de clasificación, empaque, enfriamiento y elaboración de productos derivados (jugos, aceites esenciales, pellets, etc.).	
4. Gestión de la plantación	Comprende todas las acciones que van desde la plantación de nuevos retoños, el injerto, la fertilización y el control de enfermedades fitosanitarias, hasta el mantenimiento de los árboles y la cosecha.	
5. Compra de insumos y productos	Compra de fruta a productores no miembros del Consorcio. Compra de insumos (material reproductivo, pesticidas, fertilizantes, embalajes, etc.) en forma individual o agrupada, localmente o en el extranjero	

(Continúa)

(Continuación)

Funciones	Actividades	Actores (ejemplo)
6. Empaque y procesamiento	Incluye la clasificación, la limpieza, la "desverdización", el empaque, la elaboración de productos derivados (jugos, esencias, pellets, etc.) y el enfriamiento (que puede tener lugar en la planta de empaque o en el puerto). Crecientemente, cae dentro de esta función la gestión de la calidad y la trazabilidad de los productos empacados, en interacción con el transporte y la gestión de las plantaciones.	
7. Transporte	Incluye toda la logística, el transporte terrestre y el transporte marítimo. De hecho, el transporte es una acción de transformación del producto (*que, salvo en el caso de la banana, procura minimizarse*).	
8. Venta	Denominamos venta y no comercialización pues nos enfocamos en acciones concretas realizadas por los productores para vender.	Agencias y representantes en el mercado destinatario. Oficinas comerciales locales del vendedor.
9. Concepción de nuevos productos	Incluye los estudios de mercado y de nuevos gustos de los consumidores, el desarrollo de nuevas formas de presentación, la vigilancia en materia de tecnologías de producto (bajo la forma de benchmarking o de espionaje de los productos competidores).	
10. Compra / Consumo	De la compra al consumo (eslabones finales de la cadena, desde el mayorista, pasando por el minorista, hasta el consumidor final).	

3. Resuma el cuadro en un diagrama de síntesis (ver figura 2).
    a. ¿Qué traducciones conectan qué funciones? (conéctelas con líneas)
    b. ¿Cuáles son los nodos clave del diagrama (porque concentran el mayor número de líneas conectoras)?

4. ¿Qué conclusiones surgen del análisis?

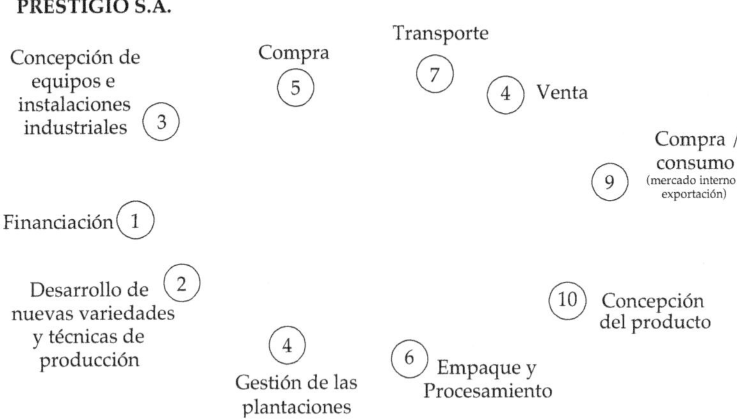

Figura 2. Nexos funcionales en Prestigio S.A.

Caso 8 | FECOVITA: una red agroindustrial cooperativa

Nuestra visión

Ser la empresa vitivinícola líder de la Argentina, y crecer en proyección internacional, a través del enfoque en nuestros negocios principales y el fortalecimiento de nuestro sistema cooperativo.

Nuestra misión

Optimizar el valor de los productos entregados por nuestros asociados y maximizar sus beneficios, satisfaciendo las expectativas de los consumidores, gestionando de manera flexible nuestra operación, y promoviendo así el desarrollo de las personas que componen nuestro sistema cooperativo y el de las comunidades en las que actuamos

Fuente: http://www.FeCoVitA.com/FeCoVitA.html

Presentación

La cooperación como construcción social no es solamente una respuesta frente a los desequilibrios de poder en las cadenas de valor, sino también una búsqueda de calidad en las relaciones entre actores empresariales, gremiales, gobiernos locales, organizaciones no gubernamentales e instituciones científicas (Fernández, Vigil y Seval, 2008). En el caso particular de las cooperativas, la intercooperación cooperativa es uno de los siete principios en los que se basa el funcionamiento de este tipo de organizaciones.[1]

---

[1] La intercooperación forma parte de los principios cooperativos desde el XXIII Congreso de la Alianza Cooperativa Internacional, celebrado en Viena en 1966:

En cuanto recurso estratégico para responder eficazmente ante entornos competitivos, la cooperación permite, por un lado, mantener la flexibilidad de las empresas individuales que no tienen que hacerse cargo de todas las etapas del proceso productivo y, por otro, aprovechar conjuntamente los recursos y capacidades de los socios. Hace posible, asimismo, reducir costos, obtener economías de escala y, sobre todo, realizar las innovaciones tecnológicas en productos, procesos y funciones organizacionales requeridas para ingresar y mantenerse en nuevos mercados.

Las exigencias de competitividad que pesan sobre el sistema agroalimentario argentino plantean la necesidad de la integración de los productores –en particular de los pequeños y medianos– en redes de cooperación que les permitan satisfacer las crecientes y simultáneas exigencias de volumen, calidad, variedad e inocuidad en los mercados internacionales.

La Federación de Cooperativas Vitivinícolas Argentinas (FeCoVitA) es, en este sentido, la red de cooperativas más grande de América en la industria vitivinícola, basada en una larga tradición de producción de vinos y de viticultura familiar, sobre la cual se ha consolidado como organización apoyándose en una densa red provincial interinstitucional.

El origen de FECOVITA está vinculado con la Asociación de Cooperativas Vitivinícolas (ACOVI), una entidad cooperativa de tercer grado, que históricamente llevó adelante la defensa de los pequeños y medianos productores vitivinícolas. En 1972 implementó una nueva estrategia al crear una entidad cooperativa de segundo grado: FECOVITA. La Federación originalmente nucleó a alrededor de dos mil productores y su objetivo fue defender y representar los intereses generales de las cooperativas y del

---

"Las cooperativas, para servir mejor a los intereses de sus miembros y sus comunidades, deben colaborar por todos los medios con otras cooperativas a los niveles local, nacional e internacional". Este principio ha impulsado la formación de grandes organizaciones cooperativas con relaciones basadas en la confianza, el compromiso y la cooperación: federaciones (de segundo grado) y confederaciones (de tercer grado). Muchas de ellas han logrado tener una presencia importante en el ámbito económico y social de numerosos países.

cooperativismo, gracias a lo cual cumplió un rol fundamental en el sector vitivinicultor, en el que promovió la integración de los productores para potenciar su acción empresarial.

A continuación presentaremos el caso de intercooperación de FECOVITA organizado en tres partes: la primera describe el panorama del sector vitivinícola en Argentina y en particular en la provincia de Mendoza; en la segunda se expone el traspaso de una empresa pública a una federación cooperativa en un proceso de privatización no convencional para la época; en la tercera nos centramos en la experiencia de FECOVITA y en las razones de su crecimiento. Finalizamos con un análisis del caso mediante un cuadro y un diagrama de síntesis.

La vitivinicultura en Argentina

En las últimas décadas, el sector agroalimentario argentino ha sido afectado por procesos de concentración y especialización como consecuencia de exigencias de competitividad y de escala del negocio. En la industria vitivinícola en particular, la concentración ha estado asociada a una fuerte inversión de capitales nacionales e internacionales y a la incorporación de tecnología en todos los eslabones de la cadena (Parera, 2005).

Este proceso llevó a la Argentina a posicionarse como el octavo productor mundial de uva y el quinto elaborador. La superficie cultivada se ubica en séptimo lugar y representa el 2,6 por ciento de la superficie mundial.[2] La vid constituye el principal cultivo de las provincias de Mendoza y San Juan,[3] y representa el 92 por ciento de la superficie cultivada y el 87 por ciento del total de viñedos.

---

[2] A fines de 2012 se registraban 25.207 viñedos, aproximadamente una superficie cultivada de 221.202 hectáreas (http://www.inv.gov.ar/inv_contenidos/pdf/ estadisticas/anuarios/2012/superficie/Registro.pdf).

[3] En Mendoza, 12.400 viticultores conforman el sector proveedor de uvas con un total de 134.000 hectáreas. En su mayoría son pequeños y medianos productores, el 55 por ciento tiene menos de 5 hectáreas de viñedos y el 75 por ciento hasta 10 hectáreas. San Juan tiene el 22 por ciento del total de las hectáreas cultivadas.

La viticultura paulatinamente se ha extendido en la Argentina hacia los valles irrigados de Salta, Catamarca, La Rioja, Río Negro y Neuquén.

En particular, en Mendoza, el proceso de concentración fue modificando cuantitativa y cualitativamente el sector a tal punto que de las 1.200 bodegas que existían a principios de los años ochenta, a comienzos de 2000 quedaban 400, de las cuales sólo 5 producían el 75 por ciento del vino común y otras 5 el 40 por ciento de los vinos finos. Dos grupos económicos –uno internacional y el otro mitad local y mitad extranjero– controlaban el 70 por ciento del mercado del mosto (Goldfarb, 2007).[4]

En cuanto a la incorporación de tecnología, se realizaron innovaciones en la gestión de la producción gracias a estrategias de intercooperación que dieron acceso a los pequeños y medianos productores a la información, la capacitación y el diseño de negocios necesarios para alcanzar los estándares de calidad exigidos en los mercados internacionales.

El proceso de privatización de las Bodegas y Viñedos Giol

En el año 1989, las autoridades del gobierno de Mendoza iniciaron el proceso de privatización de la empresa estatal Bodegas y Viñedos Giol.[5] La empresa se ocupaba de la producción de uvas y la elaboración, fraccionamiento y comercialización de vinos.

---

[4] Ese proceso continuó, con mucha mayor lentitud, a partir de 2000 (http://www.telam.com.ar/notas/201701/175925-produccion-vinos-concentracion-tierras.html).

[5] Bodegas y Viñedos Giol nació en 1896 como una sociedad colectiva propiedad de Juan Giol y Bautista Gargantini. La empresa creció e instaló con éxito la marca de vinos Toro en el mercado nacional. A partir de 1911, el Banco Español del Río de La Plata adquirió progresivamente sus acciones y en 1915 la empresa era gestionada por el directorio de la entidad bancaria. En 1954, el estado provincial, ante la crisis en la industria y el gran pasivo de la empresa, decidió comprar la mayoría de las acciones. El sobredimensionamiento de su estructura burocrática y la toma de créditos en los bancos oficiales complicaron su situación financiera en las décadas siguientes (Hernández, 2014).

Producía uvas en fincas de su propiedad, pero esencialmente la proveían pequeños y medianos productores. También producía mostos destinados principalmente a la exportación y elaboraba y comercializaba productos frutihortícolas envasados. Para ello contaba con cinco fincas, tres bodegas, una planta de elaboración de mosto, una planta procesadora de frutas, vasijas vinarias con capacidad de almacenamiento de 2,85 millones de hectolitros y 16 plantas fraccionadoras en distintas ciudades del país. Su estructura era capaz de atender la comercialización de los productos vínicos y frutihortícolas hacia los mercados interno y externo. La capacidad de molienda de las plantas elaboradoras propias era de 700 mil quintales de uva, por los que Giol alquilaba cuatro bodegas dentro del territorio mendocino para cubrir esos requerimientos. En el año 1987, la plantilla de la empresa era de 3.500 empleados. De ese modo, la bodega Giol producía más del 10 por ciento del vino del país y procesaba más del 15 por ciento de las uvas de la provincia de Mendoza, provenientes de más de cuatro mil pequeños y medianos proveedores (McDermott, 2007).

La empresa había acumulado un enorme pasivo que explica su colapso económico.[6] El sobredimensionamiento de las existencias que provocó una baja de precios del vino y la persistencia del método de fraccionamiento en destino, no en origen, la llevaron a un déficit operativo sin retorno. A esto debemos añadir que tenía una estructura industrial inadecuada a la realidad del momento, carecía de planes comerciales, invertía escasamente en nuevas tecnologías y su administración era altamente ineficiente debido a la burocratización (McDermott, 2007). En ese contexto, el Estado transformó su rol y cambió la lógica de intervención que había mantenido hasta el momento en el mercado de la vitivinicultura.

Hacia fines de la década de 1980, el sector afrontaba una grave crisis como resultado de cambios en los hábitos, que provocó una contracción del consumo de vinos. Si bien ésta era una tendencia

---

[6] En 1987, Giol perdía más de quinientos mil pesos por mes y tenía una deuda de más de 35 millones de pesos (equivalentes a 20 millones de dólares según el tipo de cambio vigente en enero de ese año).

generalizada en el contexto internacional, en el caso argentino se destacó tanto por su intensidad como por su persistencia temporal.

Estos cambios tuvieron lugar, en primer término, en las conductas alimentarias, con la reducción del consumo de productos ricos en calorías y azúcares. En segundo lugar, la fuerte presión competitiva ejercida por otras bebidas, potenciales sustitutas del vino, de menor graduación alcohólica o sin alcohol. En tercer lugar, ciertos fenómenos de carácter macroeconómico y social que condicionaron el perfil de la demanda local. En efecto, el impacto resultante de la distribución regresiva del ingreso redujo la demanda de vinos de mesa, caída que no fue compensada por el mayor consumo de vinos finos y de calidad *premium*.

La administración del gobernador mendocino José Octavio Bordón observaba críticamente la privatización realizada recientemente en la vecina provincia de San Juan de la bodega CAVIC y procuraba evitar el potencial malestar de los grandes intereses empresariales, de los sindicatos y de miles de pequeños proveedores de uva. En ese contexto, decidió acercarse a ACOVI, la Asociación de Cooperativas de Vino, fuertemente establecida tanto en Mendoza como en San Juan. Ese vínculo le ofreció al gobierno un socio político con influencia sobre las comunidades de pequeños productores, en la perspectiva de transformar Giol en una Federación de Cooperativas (McDermott, 2007).

El gobierno mendocino y el nuevo director de Giol, Eduardo Sancho (ex presidente de ACOVI), impulsaron la incorporación de nuevos *stakeholders* en el proceso mientras desarrollaban la estructura organizativa. La nueva Junta Directiva de Giol incluyó a tres miembros nombrados por el gobernador, tres elegidos "por el pueblo" y un representante de los sindicatos. El gobierno y Giol organizaron una gran campaña publicitaria, consultaron periódicamente a los sindicatos y a las cámaras de comercio y mantuvieron más de trescientas reuniones con la comunidad (McDermott, 2007).

Al mismo tiempo, el gobierno y los funcionarios de Giol estimularon a los pequeños agricultores y a los viticultores a organizarse en cooperativas ofreciéndoles nuevos programas de crédito, asesoramiento técnico y jurídico, el arrendamiento de bodegas Giol a cooperativas a precios especiales y garantías de compra de uva como una política de transición. De ese modo, en pocos años, la nueva FECOVITA logró reincorporar a más de mil quinientos de los cuatro mil proveedores de uva originales de Giol (McDermott, 2007).

El experimento FECOVITA impulsó cambios económicos y políticos en Mendoza. La reestructuración de la empresa ayudó a estabilizar la industria vitivinícola en el corto plazo y a reactivar el movimiento cooperativo en el sector agrícola y vitivinícola. FECOVITA redujo sus costos y mejoró su rentabilidad mediante la reducción del personal y la inversión en nueva tecnología. A medida que sus ganancias crecían y sus miembros incorporaban nuevas normas y métodos, el sistema colectivo de gestión de la empresa demostró ser una alternativa organizacional viable para que los pequeños productores de uva tradicionales pudiesen sustentarse (McDermott, 2007).[7]

Durante la década de 1990, el número de cooperativas en el sector vitivinícola creció del 30 al 50 por ciento, con más de 4.500 productores de uva como miembros o proveedores de FECOVITA. Alrededor del 35 por ciento de la producción de las cooperativas de Mendoza se concentraba en los vinos *premium* y super *premium*. En contraste, aunque San Juan tenía en 1988 un sector cooperativo vitivinícola significativo y una mayor cantidad de cooperativas agrícolas que Mendoza, durante esa década su sector cooperativo apenas creció.

El período de transición entre Giol y FECOVITA también le permitió al gobierno y a las organizaciones no gubernamentales experimentar con un mayor número y variedad de políticas. Giol se convirtió en un partenariado público-privado en el cual el gobierno proporcionaba asistencia limitada a cambio de la reestructuración de determinados activos, el desarrollo de un

---

[7] Durante 1988 y 1989, Bordón designó una comisión de auditoría externa, y Giol se separó de algunas unidades periféricas (como la producción de fruta, el embotellado y la destilación) y redujo el empleo de 3.500 a apenas 300 personas. Además, siete cooperativas compraron bodegas y doce arrendaron desde el comienzo. En la práctica, todas las nuevas cooperativas pagaron los préstamos especiales antes de su vencimiento (McDermott, 2007).

sistema de gestión cooperativo y el sometimiento de FECOVITA a auditorías externas regulares. En los años noventa, Mendoza desarrolló más de 75 programas y políticas (de crédito, seguros, investigación y desarrollo, y de normativas de salud alimentaria y prevención de plagas) que asistieron directa e indirectamente a las empresas del sector vitivinícola. Prácticamente todos los programas fueron desarrollados y administrados conjuntamente por asociaciones entre el gobierno y aproximadamente cincuenta organizaciones no gubernamentales (McDermott, 2007).

Es importante enfatizar que el enfoque de formulación de políticas de la administración Bordón tuvo una orientación diferente de la vigente en el pasado en la provincia. Políticamente, al atraer a los grupos de interés y a sus asociaciones desde el inicio, el gobierno pudo ganar gradualmente su confianza en un proceso de reforma construido sobre la participación de múltiples socios tanto en la creación de las políticas como en la asunción de los riesgos y beneficios asociados con ellas. La administración procuraba vincular así la reforma del rol del Estado en la economía con la renovación de las relaciones políticas con los grupos de interés relevantes.

Estas relaciones dieron forma a una densa red público-privada de organizaciones creada en los años noventa, que estuvo en el origen de políticas públicas de la provincia de Mendoza provechosas para la industria vitivinícola gracias a la puesta en común de información y recursos y a la simultánea mejora de la capacidad de resolver problemas colectivamente (McDermott, 2007).

La privatización de Giol se realizó por licitación pública y en 1991 se adjudicó a FECOVITA la Unidad de Fraccionamiento y Comercialización, con productores vitivinícolas pequeños y medianos de toda la provincia (Mellado y Olguín, 2007). Así, se puso en marcha una organización basada en la participación de los viñateros, que progresivamente se transformó en una empresa líder del mercado vitivinícola nacional.

Cuando la Federación se hizo cargo de la mencionada Unidad de Fraccionamiento y Comercialización, que era la de mayor envergadura y valor estratégico y económico de Giol, adaptó las estrategias comerciales a las nuevas necesidades de producir vinos de calidad y se inició un período de crecimiento económico y financiero en un mercado muy competitivo.

FECOVITA también promovió iniciativas y gestionó proyectos que tenían como objetivo mejorar la posición de los productores en el complejo agroindustrial (Mingo y Goldfarb, 2005). Como empresa vitivinícola, definió estrategias en temáticas específicas (tecnología, sanidad, infraestructura) y estableció con los miembros alianzas basadas en el principio del esfuerzo propio y la ayuda mutua para atender problemas estructurales, tales como la competencia entre productores, la falta de información sobre el mercado, la protección ante accidentes climáticos y el escaso poder de negociación.

El proceso de privatización tuvo gran impacto en la estructura económica de la provincia dada la participación de la empresa en la generación de valor agregado tanto en el sector agropecuario como en el industrial. Adicionalmente, los viñateros se agruparon en forma cooperativa, antigua aspiración para la defensa de los precios de la uva y los vinos mendocinos. A pesar del objetivo de asegurar una administración más eficiente incorporando a los propios viñateros organizados en la definición del destino de la empresa, existió una fuerte oposición, tanto por parte de los grandes productores como del gremialismo y el ambiente político (Fabre, 2005).

En síntesis, el proyecto de reorganización de la ex empresa estatal –previamente consensuado con los dirigentes de las instituciones históricas representativas de los pequeños y medianos productores– contempló acciones tendientes a promover y sostener con sus bases la necesidad de asociación y solidaridad para llevar adelante el proceso de producción (Acosta y Verbeke, 2009).

La red FECOVITA

En la actualidad, la principal actividad productiva de FECOVITA es el fraccionamiento y comercialización de los vinos elaborados en las bodegas de sus 29 cooperativas asociadas, con el aporte de unos 5.000 productores agrupados en cinco Centros Regionales:

Zona Norte, Zona Este, General Alvear, San Rafael y Valle de Uco. En conjunto elaboran 350 millones de kilos de uva, cerca del 15 por ciento de la producción nacional.[8] FECOVITA ocupa el cuarto lugar entre las más grandes productoras de bebidas de Argentina.[9]

La Federación opera con nueve líneas de fraccionamiento: dos líneas de llenado rápido de quince mil botellas por hora completamente automatizadas, que pueden trabajar envases de 187 mililitros (ml), 750 ml, 1,25 litros y 1,5 litros; dos líneas de 4.000 botellas por hora para etiquetado autoadhesivo, que trabajan con envases de 375 ml, 750 ml y 1,5 litros; una línea para el llenado de botellas de litro con tapa a rosca; y 4 líneas para fraccionamiento de tetra-pack de 750 centímetros cúbicos y 1 litro. Fracciona más de 43.000 botellas y 34.000 tetrabriks por hora en todas sus líneas y comercializa más de 260 millones de litros de vino, lo que la convierte en el número uno en ventas de vinos fraccionados, con el 27 por ciento de participación en el mercado argentino, que actualmente es el quinto consumidor de vinos a nivel mundial.

Para llevar adelante sus actividades creó cuatro unidades de negocios: dos de ellas están dedicadas a la comercialización de vinos de consumo masivo producidos en las Bodegas Toro FECOVITA (Ruta 50, kilómetro 1036, San Martín, Mendoza) y la Casa Resero FECOVITA (Santiago del Estero 328, Albardón, San Juan). Una tercera unidad está dedicada a la comercialización de vinos de mediana y alta gama, con una importante inversión en la Bodega Estancia Mendoza (La Costa-El Peral, Tupungato, Mendoza). La cuarta unidad de negocios, Concentrados FECOVITA, es líder mundial en volumen de exportaciones de jugo de uvas blancas concentrado –mosto– para la industria de jugos naturales y la industria vitivinícola. Esto último lo realiza en la Bodega Hugo Hidalgo (Carril Nacional 5156, Rodeo de la Cruz, Guaymallén, Mendoza).

---

[8] Fuente: http://www.rutacoop.com.ar/cooperativas/FECOVITA-federacia-sup3-n-de-cooperativas-vitivina-shy-colas-argentinas-coop-ltda-.html/1205.

[9] Se ubica detrás de Coca-Cola, Pepsi y Cervecería Quilmes. Vende 150 millones de botellas de vino por año en diversos envases: tetrabrick, garrafas o damajuanas y en botellas de 1.200, 1.000 y 750 centímetros cúbicos.

En el mercado interno cuenta con centros comerciales y de distribución mayorista propios en las principales ciudades del país. Desde estos centros comerciales atiende a más de 2.000 clientes minoristas.[10] Para la venta en los mercados internacionales, recurre a alianzas estratégicas con cooperativas del mismo rubro presentes en otros países, con las que comparte los canales de distribución (como ha sido el caso de la alianza con la cooperativa chilena CAPEL) o lleva adelante estrategias conjuntas de penetración en terceros mercados.[11] La primera alianza de este tipo la realizó con cooperativas francesas, con las cuales implementó una estrategia conjunta de ingreso en el mercado chino y en el brasileño.[12]

La red de distribución desarrollada por FECOVITA en el mercado interno indica que se ha convertido en su propio distribuidor mayorista con el consiguiente ahorro del costo de intermediación. Las alianzas estratégicas con otras cooperativas para penetrar en mercados externos extienden esa misma estrategia hacia la exportación. Dado que cuenta con semejante ventaja intercooperativa, se abre para FECOVITA un amplio sendero de incremento del valor agregado mediante la profundización de las innovaciones en materias primas, procesos y productos a lo largo de la cadena, que comienza en la producción de uva en las viñas de los asociados, continúa en las bodegas cooperativas y culmina en el fraccionamiento y la comercialización a cargo de ella. Su capacidad de innovación les permite a los productores desarrollar actividades más complejas para escalar en las cadenas de valor aproximándose al cliente final (lo cual es clave para estar al tanto de sus cambios de comportamiento y para poder influir sobre ellos).[13] Pero los pequeños productores no pueden hacerlo sin realizar importantes inversiones que no están individualmente a su alcance, debido a

---

[10] Estas informaciones fueron tomadas de la página corporativa de FECOVITA.

[11] Proceso que la propia FECOVITA considera incipiente (http://www. FeCoVitA. com/comercioexterior.html).

[12] Fuente: http://www.acovi.com.ar/principal/alianza-estrategica-en-latinoamerica-entre- FeCoVitA -y-capel.

[13] Como se expone en el capítulo 7, bajo el subtítulo "Invención versus innovación", debemos distinguir las innovaciones en productos, en procesos y en formas de organización (también denominadas funcionales).

lo cual se asocian con otros productores (y eventualmente también con firmas líderes locales) y recurren al apoyo de instituciones locales bancarias, de desarrollo tecnológico y de formación de recursos humanos, entre otras (Humphrey & Schmitz, 2000).[14]

En lo que respecta específicamente a las innovaciones en procesos, FECOVITA realizó fuertes inversiones en tecnología de fraccionamiento (equipos, maquinarias y líneas de embotellado de última generación, de procedencias diversas tales como Alemania, Italia, Francia y Suecia). Estas innovaciones son fundamentales para mantener las posiciones conquistadas en los mercados, pero no permiten posicionarse escalando en las cadenas de valor. Esto último se logra mediante innovaciones en productos, que en viticultura no es posible realizar sin innovaciones en la producción de la uva (vía sustitución de viejas variedades o revalorización de las antiguas),[15] y, sobre todo, mediante innovaciones funcionales (como la creación de nuevos canales de distribución mediante el establecimiento de alianzas estratégicas con cooperativas vitivinícolas de otros países).

Las innovaciones en procesos son necesarias también para el incremento de la productividad y la mejora de la calidad en las explotaciones del sector elaborador, mediante la incorporación de nueva tecnología, para lo cual FECOVITA cultivó vínculos con agencias estatales como el Instituto Nacional de Tecnología Agropecuaria (INTA), con universidades y con otras organizaciones no estatales que desarrollaban estrategias de intervención hacia el pequeño productor vitivinícola. Ubicándose en un espacio intermedio, la Federación hizo posible el flujo e intercambio de información, conocimientos y tecnologías.

En el marco del convenio firmado entre el INTA y FECOVITA, se asiste a los productores a través de diferentes instrumentos

---

[14] Este modo de razonamiento se explicita en el capítulo 5, bajo el subtítulo "La construcción territorial del poder en las redes".

[15] Un ejemplo significativo de innovación de este tipo es la diferenciación del producto (el vino Toro) que es la marca histórica heredada de Giol, mediante el desarrollo de Toro Varietal (cfr. http://www.vinotoro.com.ar/productos_varietales/).

del Programa Federal de Apoyo al Desarrollo Rural Sustentable (PROFEDER): Programa para Productores Familiares (Profam)[16] y Cambio Rural. Estos programas han enfatizado aspectos referidos al fortalecimiento de la organización de los productores, la transferencia tecnológica, la innovación, la articulación y la formación de redes con entidades a nivel local, provincial, regional y/o nacional, tendiendo a complementar las acciones con los diferentes proyectos regionales y especialmente el proyecto regional de Desarrollo de los Territorios. Según Acosta y Verbeke (2005), la participación en estos programas estuvo orientada a la transferencia tecnológica, la innovación, la articulación de redes con entidades y el arraigo. Teniendo en cuenta este último punto, es posible vincular también estos aspectos a la dimensión del nivel micro de integración intracomunitaria, puesto que la asociación a la Federación ha revalorizado el trabajo agrícola descentralizándolo (hasta que se privatizó Giol, estaba concentrado en la zona de Maipú) y generando un fuerte interés en participar de la organización cooperativa (Pozzoli, 2006).

En esta línea, el INTA participa en el Plan Estratégico Vitivinícola 2020 (PEVI)[17] junto con Corporación Vitivinícola Argentina (COVIAR)[18] que permite la conformación conjunta de

[16] Dentro del Programa Profam se desarrolla un proyecto que coordina Agencia de Extensión Rural (AER)-INTA de "Mejoramiento de la competitividad de pequeños y medianos viticultores del oasis sur del Atuel". Las acciones de este proyecto están destinadas a productores familiares que buscan que la vitivinicultura se constituya en fuente de trabajo para la familia entera, favoreciendo el arraigo en zonas rurales, incluyendo a los hijos y mujeres en las actualizaciones tecnológicas y en el mejoramiento de la calidad de sus viñedos para poder salir al mercado con un mejor producto. El Programa Profam, creado en 2003, continúa activo gracias a fondos institucionales y aportes regionales. Actualmente cuenta con 134 proyectos activos, cinco mil productores familiares, más de 130 técnicos y más de trescientas instituciones involucradas.

[17] El PEVI fue diseñado en 2004 para crear valor a través de la organización e integración de los actores de la cadena.

[18] COVIAR es la institución pública no estatal encargada de gestionar y coordinar el PEVI, que comprende a las siete provincias vitivinícolas argentinas. Administra recursos que provienen de aportes provinciales, nacionales e internacionales. Integrada por el Estado y el sector privado, la entidad focaliza su acción sobre cuatro objetivos estratégicos: estimular el desarrollo de los pequeños productores, desarrollar el mercado latinoamericano, reimpulsar el mercado argentino de

Centros de Desarrollo Vitivinícola en las provincias de Mendoza, San Juan y La Rioja.

En cuanto a las regulaciones de la actividad vitivinicultora, éstas se ejercen a través del Instituto Nacional de Vitivinicultura (INV), creado en 1959 como organismo competente para la promoción y fiscalización técnica de la producción, la elaboración y la comercialización de los productos. Adicionalmente, facilita los recursos necesarios para el cumplimiento del PEVI en el cual FECOVITA –a través de ACOVI– participa activamente. Este plan, puesto en marcha en noviembre de 2006, constituye un hecho sin precedentes para la Argentina pues establece una alianza entre el sector público y el privado. No se centra exclusivamente en la expansión productiva o el aumento de los volúmenes elaborados, sino en el fortalecimiento de un sector de las economías regionales con gran valor agregado, en la organización e integración de los productores primarios, en la producción de vinos con mayor calidad, constante y sostenible en el tiempo, en el desarrollo del mercado latinoamericano y en un nuevo impulso al mercado argentino de vinos, y en la fidelización de clientes y consumidores.

En el plano de la representación gremial, en el marco de la relación partenarial, FECOVITA se convirtió en un interlocutor significativo frente al Estado, capaz de transmitir las necesidades de sus representados y también de canalizar los instrumentos para la reconversión de los viñedos, la incorporación tecnológica y la capacitación (Neiman y otros, 2006). Además, bregó por la mejora en las condiciones de acceso a los mercados y al crédito e inició una etapa de fortalecimiento institucional.

Respecto a la conformación de su gobierno, la autoridad máxima de FECOVITA es la Asamblea General, en la que están representadas las cooperativas asociadas. Los delegados que participan de la toma de decisiones son elegidos según los criterios pautados en el Estatuto Constitutivo de la Federación. Este último establece que se elige un delegado cada cincuenta asociados o fracción

---

vinos y posicionar los grandes vinos varietales argentinos en los mercados del Norte.

mayor de veinticinco, con un máximo de tres por cooperativa y en proporción al monto de las operaciones en valor monetario de cada cooperativa con la Federación. También es competencia de la Asamblea la elección de doce consejeros titulares y ocho suplentes para integrar el Consejo de Administración, que representan a las cinco regiones de la provincia en que se encuentran las cooperativas de primer grado.[19] Este Consejo, cuyos miembros son reelegibles, es renovado anualmente por mitades; tiene por función resolver cuestiones operativas, organizativas y administrativas, y es el encargado de nombrar a los integrantes de la Mesa Directiva, constituida por miembros del Consejo, y a los gerentes que dependen de ella. Esta estructura se completa con los Consejos Regionales, constituidos por los delegados titulares de las cooperativas asociadas, que tienen por función procurar su activa participación, solucionar los problemas de distancia y ayudar a cumplir las disposiciones del Consejo de Administración en sus respectivas jurisdicciones (Fabre, 2005).

En el conjunto de cooperativas vitivinícolas, la participación real de los asociados en las asambleas es más alta que en otro tipo de cooperativas agrarias ya que alcanza al treinta por ciento. Sin embargo, la participación no sólo puede medirse por la cantidad, sino también por la calidad. Algunos factores que contribuyen negativamente son el alto promedio de edad de los productores asociados y la relativa falta de interés de los jóvenes por integrarse a las actividades de las explotaciones y, por extensión, a las cooperativas (Lattuada y otros, 2011).

En cuanto a la gestión, y como empresa de la economía social, FECOVITA se enfrenta al desafío de conjugar las dos lógicas: por un lado, la asociativa y, por otro, la empresarial.

En este sentido, y con relación a los recursos humanos, la federación manifiesta que "reconoce, estimula y promueve la

---

[19] Los delegados de esas cooperativas designan anualmente entre dos o tres titulares y un número equivalente de suplentes por cada una de las regiones de acuerdo con una ecuación que tiene en cuenta el número de cooperativas por zona, el número de asociados y el volumen operado.

excelencia en el desempeño, el profesionalismo y la eficiencia como motores del crecimiento personal".[20] En efecto, en una revisión de anuncios de búsqueda de profesionales altamente capacitados para incorporar –por ejemplo, contador para auditoría externa,[21] analista de gestión por procesos,[22] ingeniero industrial, administrador de empresas o analista de sistemas–[23], además de las cualidades específicas de *expertise* del rol, se hace hincapié en que estén adecuadamente formados y capacitados para llevar adelante la gestión empresarial, que puedan elaborar propuestas y recomendaciones, que tengan buenas relaciones interpersonales para interactuar con las diferentes áreas de la empresa, y que sean proactivos, con experiencia en trabajo de equipos.

Sin embargo, es importante señalar el importante desafío que significa para la Federación, una organización muy exitosa en su sector, resguardar su naturaleza asociativa, expresada en la democracia y participación y sustentada en los valores cooperativos.

Respecto a la trama de relaciones en la que participan los asociados de la Federación, se encuentra ACOVI, precursora en el proceso de conformación y consolidación de FECOVITA. ACOVI asume la representación de las cooperativas vitivinícolas de la República Argentina ante los poderes públicos e instituciones privadas, gestiona las relaciones de intercambio económico y social entre las cooperativas asociadas y otras cooperativas del país y del extranjero, y asesora a sus miembros sobre cuestiones relacionadas con la organización, funcionamiento, interpretación y fines de las sociedades cooperativas.

De las organizaciones de cooperativas de productores relacionadas con el ámbito rural, FECOVITA se vincula con la Confederación Intercooperativa Agropecuaria Limitada (CONINAGRO), la entidad confederada de tercer grado que representa el interés gremial

---

[20] http://www. FeCoVitA.com/nuestragente.html.

[21] http://www.bumeran.com.ar/empleos/contador-FeCoVitA -1111676352.html.

[22] http://www.bumeran.com.ar/empleos/analista-de-gestion-por-procesos-FeCo-VitA-1111988638.html.

[23] http://www.bumeran.com.ar/empleos/ingeniero-industrial-FeCoVi-tA-1111219280.html.

y la promoción e integración del cooperativismo agrario argentino, y además, proporciona asistencia técnica para la resolución de problemas de comercialización, organización interna y acceso al crédito, entre otras acciones. Desde su área de desarrollo rural, en la década del noventa se pusieron en marcha varios programas destinados a los pequeños y medianos productores vitivinicultores.

El gobierno provincial también está presente a través del Fondo para la Transformación y el Crecimiento de la Provincia de Mendoza, que permite a los productores agrupados en FECOVITA acceder a líneas de financiamiento, siendo la Federación el agente de retención. El productor ofrece como garantía su producción con el respaldo de la entidad.

Por otra parte, la estrecha relación con el banco cooperativo Credicoop prueba la importancia que tiene para las sociedades cooperativas trabajar en conjunto poniendo el énfasis en los intereses comunes. El Banco tiene un acuerdo con FECOVITA para el acceso de sus asociados a un programa de créditos para cosecha y acarreo de la producción.

De esta forma, se observa cómo la creación de nuevos vínculos y la generación de relaciones sinérgicas han contribuido a potenciar las capacidades de los grupos y comunidades, imprescindibles para enfrentar sus necesidades y llevar adelante un proceso sostenido de mayor escala e innovación.

Conclusión

FECOVITA Cooperativa Limitada es una institución cooperativa de segundo grado fundada para la defensa de los intereses político-gremiales de los pequeños y medianos productores de Mendoza y para la distribución y la comercialización, además de la difusión de información y la capacitación de sus miembros.

La cooperativa adoptó una forma estructural alternativa con características históricas y culturales particulares, que fortaleció las capacidades locales y consolidó una red institucional. El desarrollo de innovaciones tecnológicas y organizacionales respaldadas por diversas instituciones –públicas y privadas, lucrativas y sin fines de lucro, organismos de promoción y de política pública– abrió una vía a la formación y permanencia de empresas individuales que organizaron sus actividades con valores tales como la confianza y el compromiso, ejes directrices de la red y de la reconversión productiva de los pequeños productores.

En cuanto a su funcionamiento, los viñateros asociados producen el grado y la cantidad del producto que las cooperativas de primer nivel necesitan para la elaboración del vino que luego envían a la Federación, que se encarga del envasado y la comercialización. Dada la integración lograda por los productores, y la agresividad de FECOVITA en materia de desarrollo de canales comerciales propios en el mercado interno y, vía alianzas intercooperativas, si bien en forma aún incipiente, en los mercados internacionales, los productores reciben información más específica sobre los tipos de vinos requeridos por los consumidores e invierten en la mejora de la composición varietal de los viñedos, compran maquinarias, optimizan las prácticas agrícolas y los métodos de trabajo a fin de adaptar sus producciones a los requerimientos y exigencias de la demanda.

Sin embargo, aunque la Federación bregue por el fortalecimiento de la red de cooperación entre productores asociados, éstos no constituyen un todo homogéneo y sin conflictos pues la composición social en cuanto a capacidades y recursos de los integrantes es diversa. La necesidad de profundizar en la capacidad de diálogo entre los protagonistas y la puesta en común de los recursos y la información es el camino para superar las tensiones que se manifiestan en una falta de integración entre los productores de una misma cooperativa, y en la resistencia de muchas para, por ejemplo, sustituir la maquinaria obsoleta o incorporar nuevas herramientas de gestión.

En este sentido, sostener el trabajo cooperativo implica una dinámica interna particular dentro de la red y un desafío para introducir mecanismos que propicien la convergencia de perspectivas e intereses entre los actores y enfrenten las diferencias para reducir las asimetrías y las apropiaciones selectivas por parte de aquellos que –por estar más cerca del sistema de decisiones y/o contar con mayores recursos– obtengan beneficios de la actuación colectiva que debiliten la siempre compleja cooperación intra e interinstitucional.

Finalmente, es importante resaltar, en el caso FECOVITA, la novedad en el proceso de privatización que escapó al patrón adoptado a nivel nacional al realizarse en Mendoza el traspaso de una empresa pública a una organización cooperativa. En este proceso se pueden distinguir tres elementos que posibilitaron una privatización consensuada entre el Estado provincial y los productores: la cercanía y multidimensionalidad de las relaciones entre los pequeños y medianos productores que forman su base, las redes asociativas que los identifican en el triple rol de clientes, proveedores y propietarios, el peso que tiene FECOVITA en la representación sectorial y el protagonismo de ACOVI (Acosta y Verbeke, 2009).

Consignas para el análisis del caso

1. Sobre el contexto histórico:
   a. ¿Qué tipo de empresa era Giol y a qué se debió su crisis?
   b. ¿Cómo era el contexto político y económico mendocino en el momento de la venta de Giol? ¿En qué se diferenció el gobierno mendocino de las privatizaciones a nivel nacional y de la venta de CAVIC en San Juan?

2. Complete, a partir de la lectura del caso, el siguiente cuadro de funciones, actividades y actores:

Funciones	Actividades	Actores
Financiación		
Gestión de los viñedos		
Provisión de tecnología de producción		
Compra local de uva		
Vinificación		
Gestión de las instalaciones de fraccionamiento		
Venta (mercado interno, exportación)		
Apoyo al desarrollo tecnológico y la innovación		

3. ¿Qué innovaciones en procesos, productos y funciones organizacionales identifica?, ¿hubo alguna innovación institucional?
4. Resuma el cuadro en un diagrama de síntesis (figura 1):
   a. ¿Qué traducciones conectan qué funciones? Conecte con líneas las traducciones que considere fundamentales.
   b. ¿Cuáles son los nodos clave del diagrama? (nodos articuladores en tanto concentran el mayor número de traducciones).

5. ¿Qué conclusiones se pueden sacar del análisis?
   a. En cuanto a las formas de cooperación en el territorio mendocino y a las estrategias de posicionamiento de FECOVITA en los mercados interno e internacional:
      - ¿Qué instituciones de apoyo actuaron en el territorio mendocino?
      - ¿Qué estrategias tuvo FECOVITA en materia de canales de distribución en los mercados interno e internacional?
   b. ¿Ayudaron las primeras (las instituciones actuantes en el territorio mendocino) a las segundas (posicionamiento de FECOVITA en las cadenas de valor domésticas e internacionales)? Si la respuesta es sí, ¿cómo?

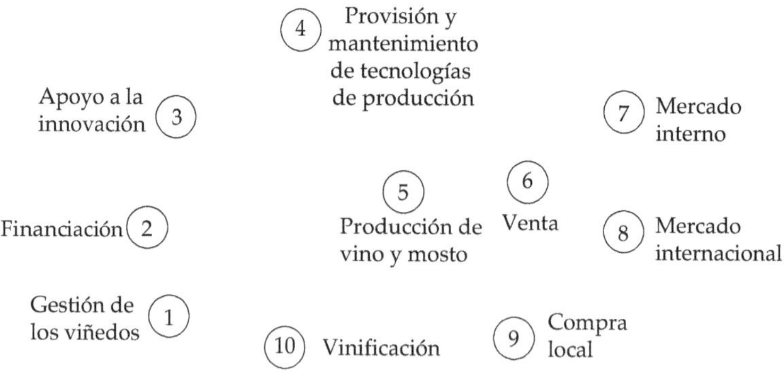

Figura 1. Nexos funcionales en FECOVITA

Caso 9 | Trayectorias laborales individuales (CV)

Rogelio Puebla y su carrera en una gran organización

Datos personales

Fecha de nacimiento: 30/05/1955
Nacionalidad: Argentino
Dirección: Donato Álvarez 1483 1° "6" . CABA (1416)
Teléfono: 4783-4264
Celular: 15 5455 7980
Email: rpuebla@hotmail.com

Presentación

Durante el transcurso de mi carrera, me he desempeñado en los siguientes puestos: Gerente de Marketing y Fidelización, Control de Gestión y Presupuesto, Líder de Proyectos Comerciales, y Responsable TI.

Me considero una persona dinámica y proactiva. Tengo firme convicción en el trabajo en equipo y estoy habituado a trabajar por objetivos.

Estudios

1982-1984 Master en Comercialización. UADE (Universidad Argentina de la Empresa)

1973-1978 Licenciatura en Administración. Universidad del Salvador.

Experiencia laboral

1980-2016: YPF Argentina

Marketing y Fidelización
2003-2014: Gerente de Marketing y Fidelización
Funciones:

- Crear, definir e implementar la estrategia de Marketing y Trade Marketing de la Dirección Comercial. Análisis de la evolución del mercado, competencia y estudios de mercado. Promociones. Interacción con agencias de publicidad. Eventos. Congresos.

- Desarrollar y aplicar el concepto de Mobile Marketing- (SMS) con la finalidad de fortalecer el lazo de comunicación y fidelización. Generación de contenidos, Portal Wap, negociación con operadoras telefónicas y Carriers.
- Liderar un proyecto de CRM. Ciclo operacional de ICRM (captar mercados y clientes; segmentación, focalizar la Empresa hacia el mercado, fidelización, diseño de ofertas, adquirir nuevos clientes).
- Implementar estrategias de Fidelización. Club de Clientes. Marketing viral. Gestión de campañas. Cross Selling y Up Selling

Proyectos Comerciales y Control de Gestión
1985-2003: Gerente de Proyecto
Funciones
- Gerenciamiento e implementación de la automatización de estaciones de servicio en la República Argentina, basada en la comercialización y venta en consignación de combustibles.
- Implementación de un Sistema Integrado de Ventas. Gerenciamiento de equipo multidisciplinario con perfiles de analistas de negocio/sistemas, costos, programadores.

Tecnología
1980-1984: Responsable de Procesamiento Electrónico de Datos
Funciones:
- Asegurar el procesamiento de los procesos diarios y mensuales de la Compañía.

Ricardo Ontivero y su trayectoria entre organizaciones

Datos Personales

Fecha de nacimiento: 11/10/1975
Nacionalidad: Argentina
Dirección: Del Valle Iberlucea 2235. Beccar. (CP 1643)
Teléfono: +54 11 4041 8668
E-mail: r.ontivero@gmail.com

Trayectoria laboral
2011 – actualidad Stream•Media
Director de Negocios
Desarrollo de Live Directo – Streaming Profesional.
Alianzas estratégicas con empresas digitales, campañas de difusión de eventos y alianzas de comunicación.
Proyectos de streaming en ecommerce & redes sociales & mobile live.

2010 – actualidad Grupo Consultor Focus
Consultor Asociado
Consultoría y estrategia de comunicación de Empresas.
Asesoramiento profesional multicanal, venta representativa de productos y servicios.
Gerencial en Marketing, Comercial y Gestión Administrativa Financiera

2007-2009 D-Communication Argentina
Gerente de Desarrollo
Publicidad en TV, radio y medios gráficos.
Producciones y desarrollos de televisión por cable. Eventos.
Asesoramiento digital + streaming – Asesoramiento a sitios en su versión digital, convergencia digital de programas de cable.

2003-2007 AGF Allianz Argentina. Seguros
2005-2007
Jefe de Área Marketing y Comunicación
Implementación del Plan de Marketing y el plan de comunicación.
Marketing directo y marketing digital.
Posicionamiento y dinamización de marca en redes sociales.
2003-2004
Asistente de Area Marketing y Comunicación
Fidelización de clientes
Medición de resultados de acciones de marketing.

1999-2003 Deloitte & Co
Auditoria de Estados Contables
Actividades de consultoría y auditoría en empresas aseguradoras

1997-1998 Curtiembre Martins S.A.
Administracion de ventas

Educación

2008 Posgrado en Gestión de E-Business (Georgetown University, Washington) Universidad del Salvador

2007 Posgrado en Gestión de Marketing (State University of New York) Universidad del Salvador

1994-1999 Contador Público Nacional. Universidad Argentina de la Empresa. UADE

Cursos/Seminarios

2009 Creatividad. Asociación Argentina de Agencias de Publicidad

2001-2002 Estrategias de Comercialización. Universidad de Belgrano

Preguntas

1. ¿En qué se diferencian los perfiles de ambos –edad, formación, experiencia, etcétera– y cómo se relacionan con sus respectivas trayectorias?
2. ¿En qué consisten los patrones de empleo de ambas personas?
   a. Enumere, deduciéndolos del CV, una serie de rasgos que considere distintivos.
   b. Imagine qué tipo de acciones diferentes le permitieron a uno y a otro construir sus respectivas trayectorias. Utilice para ello los conceptos de cultura, poder y comunicación.

3. Examine las ventajas e inconvenientes de ambas trayectorias en términos de los respectivos modos de protección social. ¿Qué debieron hacer ambos para conseguirla para sí y para sus familias?

	CV1	CV2
Perfil		
Patrón de empleo		
Trayectoria		
Protección social		

TERCERA PARTE:
ANÁLISIS DE LOS CASOS

Caso 2 | TM+X: una fusión difícil

Análisis del caso, consigna 1:
Considere el caso rápidamente y escriba un breve texto sobre el cambio en las lógicas institucionales (la forma de tomar las decisiones al más alto nivel) y en las coaliciones interna y/o externa que gobiernan la organización.

TM pasó de ser una organización empresarial familiar a convertirse en la filial de un grupo multinacional. En TM, las decisiones las tomaba personalmente Carlos T. M. en su carácter de presidente del Directorio –conformado por miembros de la familia propietaria–, y de fundador y líder empresario reconocido, a cargo de la Gerencia General. Contaba con todo el apoyo de los trabajadores, que se formaron trabajando para él.

Posteriormente, las decisiones estratégicas se tomaban fuera de la empresa, en la sede central del *holding*. Tras la fusión, Carlos T. M. continúa a la cabeza de la empresa como gerente general, pero ya no controla su capital accionario.

Se formaron dos coaliciones: una interna en torno a Carlos T. M. y a las viejas producciones orientadas hacia el mercado interno; otra a la vez interna (M. D., los gerentes y jóvenes profesionales enviados por el Grupo X y el personal de las nuevas producciones) y externa (M. D. es apoyado en su gestión desde el Directorio del Grupo X).

Una parte del personal antiguo duda entre plegarse a un grupo o al otro.

Análisis del caso, consigna 2:
Complete el cuadro 1 indicando:
a. Los tipos de presunción básica subyacente (PBS) sobre adaptación e integración acerca de los cuales hay información en el texto que permitiría caracterizarlas, ya se

trate de coincidencias (traducciones) que evidencian un proceso de integración externa o de discrepancias (oposiciones) que ponen de manifiesto un fracaso en la fusión.

b. Características de las PBS mediante frases del estilo: "La empresa TM es una gran familia".

Cuadro 1.

Tipos de Presunciones Básicas Subyacentes		Integración externa (discrepancias)	
		TM (la empresa familiar)	X (el grupo industrial multinacional)
Adaptación externa	Misión y estrategia Logro de una comprensión común de la misión central. La meta primordial y las funciones manifiestas	"Queremos controlar el mercado interno nacional de materiales plásticos."	"Queremos comenzar a hacernos conocer en los mercados internacionales de materias plásticas."
	Metas Desarrollo de un consenso sobre las metas como un derivado de la misión central	"Para lograrlo, debemos desarrollar producciones de alta calidad, lo cual asegurará nuestro crecimiento."	"Para lograrlo, necesitamos incrementar la cantidad reduciendo los costos"
	Medios Desarrollo de un consenso sobre los medios que sirvan para alcanzar las metas, derivado de la misión central	"Aprendimos a fabricar nylon haciéndolo, en forma autodidacta. Somos pioneros, nadie nos enseñó a hacerlo pues no teníamos de quién aprender."	"La calidad de un gerente depende de la calidad de su formación, de la cual depende su potencial de aprendizaje." ("Los viejos gerentes de TM son 'de cabotaje', sólo pueden competir en el mercado interno".) "Las operarias se reclutan cuando se las necesita, se las contrata sólo por el tiempo necesario y se las apresta rápidamente para la tarea."
	Medición Desarrollo de un consenso para medir el desempeño del grupo, por ejemplo, sistemas de información y control	(en un período de crecimiento, las ineficiencias quedan ocultas)	"Es esencial mostrar resultados" (ante el Grupo X)
	Corrección Desarrollo de un consenso sobre los remedios que conviene aplicar en el caso de no alcanzar las metas	"Se aprende por ensayo y error" (los proveedores aceptaban la devolución de la materia prima mal empleada)	"Si no se logran resultados, la gerencia debe asumir la responsabilidad ante el Grupo X"

(Continúa)

(Continuación)

Integración interna	Lenguaje común y categorías conceptuales	"Lo más importante es dominar los secretos del oficio.	"¿Dónde estudiaste?"
	Límites grupales y criterios de inclusión y exclusión	"A los directivos los vemos varias veces por día." "Para ser aceptado en la empresa hay que 'peinar canas'." "La empresa TM es una gran familia."	"Al propietario nunca lo vemos, nos protege el sindicato." Para pertenecer al grupo de los profesionales "hay que tener las credenciales" (meritocracia). "Para pertenecer a X hay que adherir a los valores que promueve el holding" (a la cultura X).
	Poder y jerarquía	"Manda el patrón, Carlos TM, por su visión de futuro."	"Manda quien el Grupo X designe por sus diplomas y potencial de aprendizaje."
	Recompensas y castigos	Promoción por capacidad de adaptación y búsqueda de técnicas nuevas.	La recompensa es en función de los resultados.
	Ideología y religión	"El hechicero resuelve siempre los problemas."	No hay mención.

Análisis del caso, consigna 3:

¿Qué "artefactos" aparecen como la cara visible de ambas culturas, o de la integración entre ambas?

Cultura TM: las viejas producciones, el líder empresario accesible, el mercado interno nacional.

Cultura X: las nuevas producciones, los nuevos edificios, el nuevo sistema de información administrativo, el nuevo gerente joven, las nuevas obreras de baja calificación, los mercados internacionales.

Cultura TM-X (escindida): resultados de la encuesta de opinión.

Análisis del caso, consigna 4:

¿Qué liderazgos son perceptibles, impulsores de qué valores preexistentes y/o nuevos?

Carlos T. M. promueve valores como la relación personalizada con su gente, el cuidado de los clientes nacionales, el cuidado de la calidad, la protección de los trabajadores de mayor antigüedad, el cultivo de la buena relación con los proveedores históricos (uno de ellos, tal vez el más importante, es X).

M. D. promueve la conquista de los mercados internacionales sobre la base del desarrollo de nuevos productos y el lanzamiento de nuevas producciones privilegiando los costos sobre la base de economías de escala y recurriendo para ello a personal de baja calificación, poco costoso y fácilmente reemplazable. Ante los viejos gerentes de TM actúa con condescendencia pues se siente investido del poder de gerente de línea media que le confieren los nuevos propietarios (TM era una empresa individual y se convirtió en una división del Grupo X) y del prestigio que le confiere su título académico (muy valorado en el Grupo X). De allí su relación más formal y distante con los subordinados, de quienes espera que respeten las normas para poder cumplir ante la dirección central del Grupo X.

Análisis del caso, consigna 5:
¿A qué tipo de problemas culturales dio origen la fusión-adquisición?

Problemas de (des)integración entre ambas culturas. El resultado son dos plantas en una con dos concepciones del mercado, los clientes, la producción, los trabajadores, las jerarquías, las relaciones interpersonales, las formas de aprendizaje, etcétera.

Análisis del caso, consigna 6:
¿Qué consecuencias le parece que puede haber tenido este conflicto para la empresa TMX? Para responder esta pregunta puede buscar evidencia científica sobre el éxito o el fracaso de las fusiones-adquisiciones en general, recurriendo por ejemplo a Google Académico.

Se estima que un ochenta por ciento de las M&A han fracasado por problemas de comunicación intercultural. Generalmente, se debe a que en las fusiones se presta atención sobre todo a los aspectos financieros y se descuidan –se los deja para después– los humanos y culturales.

Caso 4 | El monopolio industrial: poder y zonas de incertidumbre

Análisis del caso, consigna 1:

El método seguido por Michel Crozier para estudiar las relaciones de poder en el taller consistió en indagar sobre las relaciones "afectivas" entre los grupos. Eso equivale a suponer que las buenas o malas relaciones que los individuos mantienen entre sí en una organización dependen de la relación de poder que los vincula. ¿Está usted de acuerdo con esta afirmación? ¿Piensa, por el contrario, que los individuos se relacionan sobre todo espontáneamente y por afinidad?

Para responder esta pregunta es necesario realizar un análisis estratégico utilizando las nociones de poder y zona de incertidumbre y, en especial, esta última. Los agentes pueden jugar el juego del poder –convertirse en actores– si poseen recursos que les permitan dominar una zona de incertidumbre.

Se debe tomar plena conciencia del método a utilizar. Para develar las relaciones de poder, Michel Crozier optó por una evaluación de la calidad de las relaciones afectivas (con preguntas del estilo "¿Se entiende usted bien con...?"). Hoy en día diríamos que el significante (las relaciones afectivas) devela el significado (las relaciones de poder). Este método –que ya es clásico– implica suponer que en la vida de la organización las afinidades naturales se esfuman tras las relaciones de poder.

Nuestra tendencia espontánea consiste sin embargo en privilegiar las afinidades "naturales" en detrimento de las estrategias de poder. Al adoptar un punto de vista inverso, el análisis estratégico se opone a una prenoción y destruye una ilusión.[1] Sin embargo, es ésa la realidad en toda organización.

La anécdota siguiente lo ilustra claramente. Tras una exposición detallada del análisis estratégico que incluía el estudio de caso del Monopolio, se solicitó al auditorio una opinión global sobre dicha teoría. Uno de los concurrentes se puso entonces de pie y, con cierta solemnidad, se limitó a decir: "Señor expositor, lo que usted ha dicho es una canallada". Fue necesario explicar entonces que, en efecto, el presupuesto básico del análisis estratégico está en las antípodas de la idea de la fraternidad universal en la organización, del "todos unidos tras un mismo jefe, esforzándonos en pro del éxito del conjunto". Pero, ¿cuál de los dos puntos de vista es más canallesco? Enmascarar los problemas de poder y las estrategias de conquista del poder, ¿es más o menos canalla que develarlos? El verdadero problema no está allí. Más vale exponerlos a la luz del día para su resolución que ocultarlos simulando que no existen. Las sociedades consideradas menos conflictuales son aquellas donde la negociación está mucho más desarrollada. Las que intentan disimular los problemas de poder suelen ser las más expuestas a conflictos sociales violentos. El famoso consenso alemán o japonés se funda en negociaciones permanentes en las cuales se manifiestan los problemas de poder.

> **Análisis del caso, consigna 2:**
> Compare las respuestas a las preguntas formuladas por la
> encuesta y coméntelas. ¿Aportan nuevos detalles a los que
> ya se habían comentado sobre las relaciones entre los grupos?

Es evidente la gran utilidad que tiene un cuestionario –aunque sus preguntas parezcan banales– cuando está inserto en un marco

---

[1] Bernoux, 1985 (p. 20) trae a colación un texto de Durkheim (tomado de *Las reglas del método sociológico*), quien, a su vez, se inspira en Bacon ("nociones vulgares" o praenotions). La prenoción es producto de la experiencia vulgar sobre cuya crítica se construye la ciencia, pues, como dice Durkheim, "la reflexión es anterior a la ciencia, que se limita a servirse de ella con más método".

teórico riguroso. Michel Crozier logró explicitar el sistema de poder y localizar la zona de incertidumbre recurriendo a preguntas muy sencillas.

Análisis del caso, consigna 3:
a. Dibuje un organigrama del taller representando la jerarquía formalmente existente entre el jefe del taller, los operarios de producción y los operarios de mantenimiento. ¿Coincide con la jerarquía real o esta última debería graficarse de un modo diferente?
b. Coloque en cada línea un signo +, = o -, si considera que las relaciones entre estos tres agentes son positivas, neutrales (de indiferencia) o negativas.

Al analizar de cerca la organización de los talleres y la relación entre los grupos descrita en la presentación del caso, surge que los verdaderos jefes del taller son los obreros de mantenimiento, más allá de la relación jerárquica formal que representamos en la figura 1.

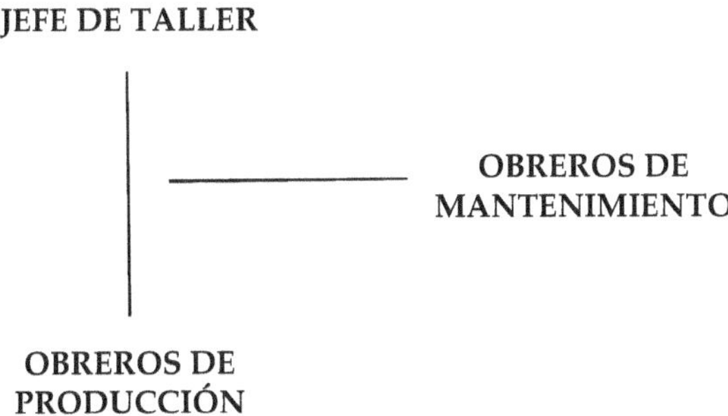

Figura 1.

En la lucha por el poder que mantienen con los jefes, los obreros de mantenimiento figuran siempre entre los vencedores. Para los jefes la única alternativa es rendirse.

¿A qué se debe la victoria de los obreros de mantenimiento? Su fundamento reside en la organización misma de la empresa que, en efecto, por haber sido muy formalizada, deja escaso margen para la subsistencia de eventos imprevistos o imprevisibles. En ella todo ha sido racionalizado y, en principio, se han tomado en cuenta todas las eventualidades. Pero hay un detalle –capital para el funcionamiento de la empresa– que ha escapado a la racionalización: la rotura de las máquinas y su paro, con todas las consecuencias que derivan de ello.

La posibilidad de que una máquina se detenga –y la necesidad de repararla– es la única fuente de incertidumbre que subsiste en esta empresa, donde aparentemente, la solución de cualquier problema es garantizada por la aplicación de reglas en extremo rigurosas. Ahora bien, sólo los obreros de mantenimiento son capaces de dominar y controlar esta zona de incertidumbre, y hacen lo necesario para continuar siendo los únicos competentes en esa materia. Para ello intentan, y logran, monopolizar en su único beneficio el poder resultante.

Es así como Crozier se dio cuenta de que los manuales de mantenimiento y los planos de las máquinas habían desaparecido. Todo se encontraba en la mente de los operarios de mantenimiento, que se transmitían informalmente esos conocimientos en el transcurso mismo de la realización de las tareas. El espíritu de cuerpo, muy desarrollado entre los operarios de mantenimiento, es un instrumento de defensa de su monopolio de la pericia. Cuando un joven jefe de taller –que disponía de conocimientos técnicos superiores a los de otros jefes– intentó intervenir en la reparación de una máquina, se produjo un conflicto abierto que concluyó con su abandono de la empresa, pues la dirección no pudo, o no quiso, enfrentarse con el conjunto del servicio de mantenimiento.

La importancia que tiene el problema de la rotura de máquinas en las fábricas del Monopolio es notable, pues no es inherente a la tecnología utilizada. Estudios exploratorios realizados en fábricas del extranjero mostraron que las roturas eran menos frecuentes y reparadas más rápido. La cristalización del Monopolio en torno a dicho problema se debe a que esta fuente de incertidumbre central es la fuente de poder de un grupo. En cierto sentido, su origen es más humano que técnico.

Todo el sistema de poder en el seno de los talleres se estructuró en torno al control de esta zona de incertidumbre central. El organigrama formal, con su definición de las cadenas jerárquicas, pasó, en consecuencia, al segundo plano. Los tres grupos presentes en el taller ajustaron racionalmente sus comportamientos y sus actitudes en relación con dicho sistema de poder.

La agresividad de los obreros de mantenimiento también es explicable. Ciertamente, detentan la realidad del poder. Pero viven en un clima de inseguridad, pues su poder es ilegítimo o, mejor dicho, no es reconocido por la línea jerárquica de autoridad. Su agresividad respecto a los jefes de taller –unida a los métodos que emplean para conservar el monopolio de los conocimientos– sirve, antes que nada, para mantener a estos últimos a distancia, en un estado de inferioridad, para prevenir sus tentativas de cuestionar el poder que detentan.

Los jefes de taller están desarmados frente a esta situación. En efecto, no tienen ningún medio de ejercer realmente su autoridad jerárquica, pues no controlan ninguna fuente de incertidumbre que afecte a los otros grupos. En tales condiciones, el comportamiento más racional consiste en minimizar la apuesta, resignarse, descomprometerse, aceptar la situación de inferioridad. El costo psicológico de una actitud diferente sería demasiado elevado, pues saben perfectamente que no está a su alcance cambiar los datos de la situación. En consecuencia, su participación en la vida de la organización es apática, sin compromiso.

En cuanto a los obreros de producción, éstos son directamente afectados por su dependencia de la buena voluntad de los obreros de mantenimiento. Estos últimos están en posición netamente dominante, incluso en el plano sindical, donde son los líderes. Por lo tanto, los obreros de producción procuran mantener buenas relaciones con ellos, al menos en apariencia. Pero, al mismo tiempo, en forma encubierta, sorda, indirecta, les hacen sentir su hostilidad, de lo cual los obreros de mantenimiento son perfectamente conscientes. Mantener un clima tenso, conflictual, difícil es, en este contexto, el único medio al alcance de los obreros de producción para presionar sobre los obreros de mantenimiento, y para impedirles que abusen de su situación dominante.

Las relaciones pueden graficarse entonces como en la figura 2.

Podría sin embargo objetarse que el mismo juego jamás tendría lugar si las tres categorías de personal estuviesen menos aisladas, es decir, si un jefe de taller o un operario de producción pudiesen convertirse en obreros de mantenimiento y viceversa. ¡Es cierto! De ningún modo pretendemos negar la importancia de la estructura formal. Sus prescripciones, sus reglas, constituyen datos que los individuos y los grupos en conflicto deben y saben tener en cuenta en la elaboración de sus estrategias. Pero esas estrategias se despliegan en torno a zonas de poder que son definidas sólo indirectamente por la estructura formal de la organización.

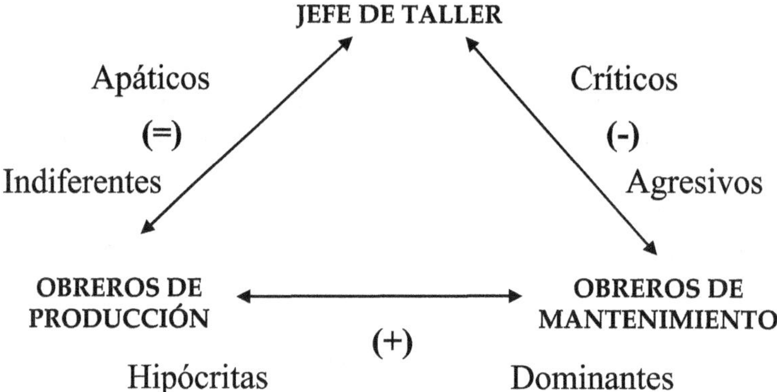

Figura 2.

Caso 5 | SECOBAT:
lo mejor enemigo de lo bueno

Se trata de un caso real. La presentación que realizamos aquí respeta las secuencias clásicas del análisis estratégico: el proyecto, los actores, lo que para ellos está en juego en dicho proyecto, la zona de incertidumbre que introduce, y el sistema de acción concreto de la empresa.

Después de la lectura de la primera parte, hay que observar el organigrama. Es interesante comenzar así porque de ese modo se visualizan bien los actores. Pero es necesario dar vida a ese organigrama y hacerlo funcionar como un sistema concreto.

Análisis del caso, consigna 1:
¿Observa algo especial en este organigrama? ¿Le falta alguna cosa?

En general los consultores han señalado la existencia de un vacío entre el gerente general y los directores de sucursal. Eso es exacto y parece anormal teniendo en cuenta que hay más de un centenar de sucursales en el país. Pero esta situación es históricamente explicable: muchas sucursales habían sido recientemente compradas por la familia B, que deseaba tratar como asociados a sus directores de sucursal, que eran antiguos patrones. Existía, además, una jerarquía previa entre los directores de sucursales regionales, pero éste es un asunto secundario sobre el cual no vale la pena detenerse.

Es raro en cambio que se observe algo que es pedagógicamente importante, a saber, este organigrama es muy incompleto. Falta en él mucha gente y, en particular, una oficina de la cual no se habla en la presentación del caso: la oficina informática. ¿Por qué no la hemos registrado? Es necesario recordar que la identificación de los actores es extremadamente importante para el análisis estratégico y que éstos se definen a partir de la acción. Este requisito puede parecer banal pero debe atribuírsele la mayor importancia. Es necesario identificar concretamente qué actores participaron –o era posible que participaran– en la acción. En el caso presente, los otros miembros de la empresa (de las oficinas técnicas, administrativas, de compras, etcétera) no participaron en ella y es por lo tanto inútil mencionarlos porque no estuvieron nunca en situación de actor.

La oficina informática hubiera debido ser en cambio uno de los actores claves pues se le había confiado el manejo del SIAD. Para hacer esto, la oficina compró una gran computadora, consolidó la organización del área, trabajó sobre el proyecto, elaboró con regularidad los *listings*, etcétera. Si no se la menciona en el organigrama es porque su responsable no intervino nunca en el conflicto. Fue pasivo y se limitó a aplicar las consignas y las órdenes impartidas comportándose como si nada estuviese en juego para él. Presintiendo el peligro que supondría una toma de posición en favor de un campo o del otro, optó por una estrategia de retraimiento. Es lógico, entonces, no hacerlo aparecer en el organigrama, donde sólo figuran los actores que tomaron parte en la acción, es decir, en el conflicto generado por la introducción del SIAD.

> **Análisis del caso, consigna 2:**
> ¿Puede preverse lo que va a suceder? Esta pregunta se la formulan permanentemente todos los actores.

Recapitulemos:
- El SIAD fue elaborado por los expertos en ventas-gestión-mercado de la gerencia comercial y por los informáticos y fue puesto a punto por medio de la simulación de modelos.
- Fue aprobado por el comité de dirección:
- Fue presentado por primera vez en una reunión. Se trató de testear su funcionamiento para una puesta a punto definitiva y de conocer las reacciones de los directores presentes. Como, tras algunas correcciones menores, el funcionamiento pareció satisfactorio, y como los directores no plantearon objeciones importantes, se decidió entonces su generalización en la empresa.

- El gerente general envió una carta informando a los directores de sucursal sobre la decisión tomada. Informó que algunos empleados de la sede central concurrirían a las sucursales para explicar el SIAD y su funcionamiento y que luego tendría lugar el lanzamiento en una fecha prevista.

¿Qué va a suceder?

El lector debe tratar de imaginarlo incluso si sólo se trata de una anticipación hipotética.

¿Podría suceder algo diferente?

Lo que conviene hacer es fundamentar las hipótesis que se propongan.

Yendo a los hechos concretos tal cual sucedieron, los directores de sucursal obedecieron, pero lo hicieron mal y a desgano. No llenaron nunca completamente los informes mensuales o lo hicieron en forma aproximativa.

El servicio informático efectuó el tratamiento de esos informes y devolvió a las sucursales unos *listings* obviamente inservibles. Para cubrirse, informó a la gerencia general por nota y, una o dos veces, lo hizo también oralmente en las reuniones. Al recibir estos *listings* inservibles, los directores de sucursal confirmaban su sospecha de que el SIAD no servía para nada.

La experiencia seguía siendo, a los ojos de los directores de sucursal, la única garantía de un buen funcionamiento. Sin embargo, como cuestionar el SIAD suponía poner en juego asuntos de poder demasiado importantes, prefirieron dejarlo funcionar así durante cuatro años. Todo el mundo sabía que eso costaba caro y que no servía para nada, pero nadie se animaba a plantearlo abiertamente. A los dos años, el director comercial (Sr. X) abandonó la empresa con una buena indemnización y fundó una empresa de servicios informáticos. Fue reemplazado… ¿por quién? Por un empleado comercial neutro, e inclusive débil (su consigna fue: "ahora conviene no hacer olas"). Tiempo después, el gerente general abandonó la empresa y fue reemplazado… ¿por quién? Por el gerente financiero (Sr. Y).

Algunos meses después, el Sr. Y decidió detener el SIAD y reconocer públicamente el fracaso, atribuyéndoselo… ¿a quién? A la tecnología. Este tipo de diagnóstico permitió evitar cuestionamientos personales (se recomienda prestar atención al sentido que tiene el argumento tecnológico como explicación de este tipo de problemas).

Luego, nuevamente tras cierto tiempo, el Sr. Y pidió al nuevo gerente comercial que estudiase la posibilidad de lanzar un proyecto similar al SIAD (pero con un nombre diferente). El gerente comercial realizó una consulta externa a la empresa de servicios informáticos… fundada por el impulsor del SIAD, que aceptó, con un buen financiamiento de por medio, poner su experiencia y su negocio al servicio de la sociedad Secobat.

> **Análisis del caso, consigna 3:**
> ¿Cómo se explica el doble fracaso? El SIAD no funcionó y a
> pesar de ello se lo mantuvo durante cuatro años.

La primera explicación, que es la más simple, atribuiría el conflicto a la rivalidad entre los Sres. X e Y en función de sus psicologías y sus objetivos personales. El lector la propondrá sin duda espontáneamente. Se trataría entonces de un conflicto entre dos personajes ambiciosos, pues si el SIAD tenía éxito, la posición del gerente comercial, Sr. X, se reforzaría. Lograría controlar la zona de incertidumbre más pertinente y se convertiría en el hombre que introdujo y supo hacer funcionar el SIAD. Él se encontraría en las mejores condiciones para orientar las decisiones importantes de la empresa y se convertiría en un gerente general potencial. Esto fue así porque puso sus capacidades y sus conocimientos al servicio de su ambición personal.

Frente a él, el Sr. Y, gerente financiero, que ocupaba un lugar en la comisión directiva de la empresa, aspiraba a la gerencia general y la historia lo demuestra. Su objetivo era abatir al rival o, al menos, neutralizarlo. Quizá admitiese en su fuero íntimo la necesidad del SIAD, pero no podía aceptarlo porque eso reforzaría el poder del Sr. X y recién estaría dispuesto a recurrir al SIAD después de haber eliminado a su rival. El Sr. Y antepuso su ambición personal al interés de la empresa.

Esta explicación en términos de un combate entre jefes tiene la ventaja de ser simple y crea la ilusión de fundarse en la teoría del poder. Pero tiene el defecto evidente de desarrollarse en el vacío, fuera del contexto de la empresa en la que esos actores juegan. Ignora a los otros actores y, con la cobertura de la psicología individual, oculta lo que es también, sin duda, un modo diferente de aprehender las fuerzas de la empresa y el rol de la tecnología. ¿Y si el Sr. X y el Sr. Y estuviesen enfrentados porque creían que la solución a la cual se oponían podía resultar desastrosa para la organización?, ¿y si en el origen del conflicto estuviese, en realidad, la defensa del interés de la empresa concebido de modos diferentes?

Esta segunda explicación combina las estrategias individuales de poder con el sistema de acción concreto de la organización.

> **Análisis del caso, consigna 4:**
> ¿Cuáles eran, cuando se lanzó el SIAD, las alianzas concretas, aquellas que hacían funcionar la empresa?

Los programas, elementos centrales de la vida de la empresa, eran definidos por los directores de sucursal, que antes de someterlos a la opinión de la Gerencia General los discutían y elaboraban con los empleados jerarquizados de la sede central. Entonces, las políticas concretas se elaboraban en las sucursales y en la relación entre sus directores y los empleados de la sede central. En esta relación se concretaba y oficializaba el sistema impreciso sobre el cual reposaba el funcionamiento concreto de la organización. Este sistema era admitido por los dos grupos de actores. Los directores de sucursal obtenían de él la autonomía que apreciaban más que ninguna otra cosa y los empleados jerarquizados de la sede central obtenían su poder del modo de "venir al pie" que tenían los directores de agencia gracias al cual conocían la empresa mejor que nadie. Ambos tenían el mayor interés en que se mantuviese el sistema de acción concreto fundado en la imprecisión. Ese sistema podía reclamar para sí haber hecho funcionar la empresa desde el momento de su fundación. Introducir el SIAD equivalía a romperlo y trastornar la empresa sin garantías de éxito. ¿Era su introducción estratégicamente posible?, ¿era objetivamente razonable? (obsérvese ahora nuestra representación estratégica en el organigrama de la figura 1).

El Sr. X, tentado por lo que consideraba una brillante solución técnica, tenía tendencia a menospreciar el obstáculo. Observaba que la empresa comenzaba a tener dificultades y estaba convencido de que el SIAD podía salvarla. Pensaba que la mayoría de la gente era consciente de ello y que una perspectiva de gestión más rigurosa debía convencer a todo el mundo. Una parte de los empleados jerarquizados estaba de acuerdo con él, pero eran los que tenían pocas relaciones con los directores de sucursal.

El Sr. Y era más sensible a la lógica del sistema de acción concreto. Presentía que ni él, ni el gerente general, ni la Comisión Directiva tenían poderes suficientes para convencer u obligar. El SIAD había llegado demasiado temprano e introducirlo en ese momento equivaldría a destruir la empresa.

Esta segunda explicación (por el sistema de acción concreto y no por los individuos) parece mucho más pertinente que la primera pues da vida a toda la empresa y no únicamente a las personas que deciden.

Análisis del caso, consigna 5:
¿Qué hubiese sido necesario hacer?

Debe subrayarse que el efecto del SIAD era introducir una zona de incertidumbre pertinente que, previsiblemente, trastornaría la vida de la empresa. No hay nada sorprendente entonces en el bloqueo del sistema.

El sistema concreto de alianza entre los directores de sucursal y los empleados de la sede era dominante. Era necesario, si se deseaba influir, precisar previamente los objetivos y lo que estaba en juego para ellos.

Los directores de sucursal veían en el SIAD una amenaza para su autonomía, esto es, para su poder. Su práctica habitual consistía en arreglárselas solos sobre el terreno (como lo ilustra el ejemplo del director de sucursal de El Alto apodado "rey de El Alto", que afirmaba: "En El Alto, la construcción soy yo") y esta práctica les había permitido obtener éxitos indiscutibles. El SIAD parecía reducir a la vez su poder y su práctica que, localmente, eran su sistema de acción concreto.

Los empleados de la sede basaban su poder en su relación con los directores de sucursal y hasta entonces eso había funcionado bien. Unos y otros tenían, entonces, fundados motivos para rechazar el SIAD.

Hubiese sido necesario tranquilizarlos en cuanto a la preservación de su poder. Sobre el poder de los directores de sucursal, el modo correcto de proceder hubiese consistido, por un lado, en garantizarles sus estatus y, por otro, en invitarlos a modificar el SIAD si les parecía necesario. Este último, en el estado en el que estaba, no podía dejar de parecerles un juguete de tecnócratas ignorantes de las reglas del terreno, que lo concibieron en un laboratorio. Era necesario tomarse el tiempo de explicarlo a los directores, de pedirles su opinión y de definir los programas del SIAD de un modo abierto, es decir, permitiéndoles pedir y hacer aceptar modificaciones. Sólo cuando percibiesen el SIAD como su propio proyecto lo aceptarían.

Sucedía lo mismo con los empleados de la sede.

A unos y otros era necesario mostrarles la eficacia superior del SIAD tomándose el tiempo necesario para realizar sesiones de formación y para ponerlo en marcha progresivamente de modo tal que el conjunto pudiese acompañar e intervenir sobre esas experiencias (en forma localizada geográficamente, o por temas).

En síntesis: a propósito de la introducción de una zona de incertidumbre significativa para los miembros de la organización, no analizar en términos de psicología individual, sino de sistema de acción; no hacerlo en términos de poder como voluntad individual, sino como defensa de una experiencia que fue –y en parte continuaba siendo– potencialmente muy beneficiosa. Insistir sobre la relación entre el poder de los individuos y el sistema de acción concreto.

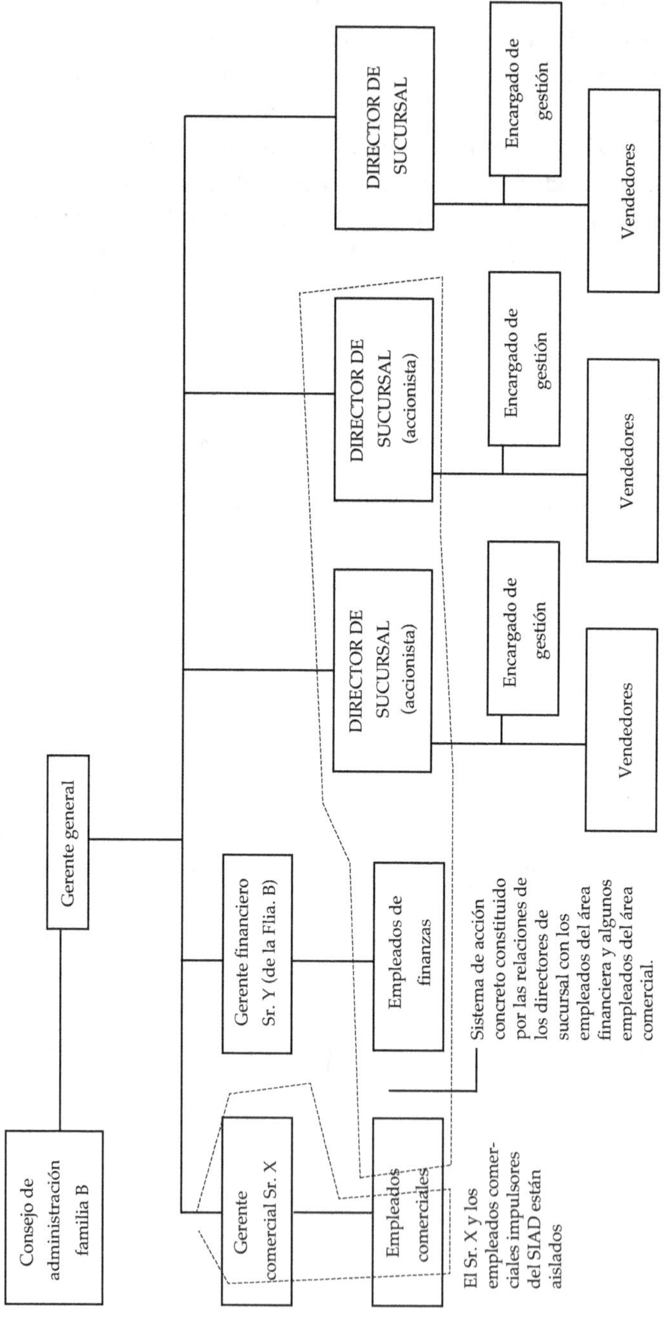

Figura 1. Organigrama simplificado de la empresa Secobat

Caso 7 | Prestigio: un consorcio exportador exitoso

Análisis del caso, consigna 1:
Sobre el contexto:
a. ¿Qué motivó históricamente la creación de Prestigio?

La creación del Marketing Board Público Outspan por el Gobierno de Sudáfrica en 1981. "Nos unimos para luchar contra Sudáfrica".

b. ¿Qué hicieron los fundadores para crearla?

Dos productores de Chajarí tomaron contacto personal con los productores de mejor reputación de cinco ciudades sobre doscientos kilómetros a lo largo de la frontera con Uruguay.

c. ¿Qué resistencias debieron vencer y qué tipo de innovación realizaron al crearla?

El típico individualismo de los productores familiares, que sólo se asociaron ante la aparición de un enemigo externo amenazante (estaban siendo desplazados del mercado europeo).

Análisis del caso, consigna 2:
A partir de la lectura del caso identifique en el cuadro los actores a cargo de las diferentes actividades.

Cuadro. Funciones, actividades y actores del entramado exportador

Funciones	Actividades	Actores
1. Financiación	Inversiones y obtención del crédito necesario para producir y exportar.	Inversor principal, accionistas. Bancos públicos y privados. Agencias de promoción del desarrollo.
2. Desarrollo de nuevas variedades y técnicas de producción	Investigación sobre procedimientos de cultivo y renovación de los cultivos (como el cambio de copa) y para el desarrollo de nuevas variedades. Esta función incluye la investigación básica, la investigación y el desarrollo de nuevas variedades y técnicas de producción y la vigilancia tecnológica.	Organismos públicos y privados de los sistemas nacionales de certificación. Organismos de ciencia y tecnología.
3. Concepción de los equipos e instalaciones industriales	Concepción, la instalación y el mantenimiento de los equipos y plantas de clasificación, empaque, enfriamiento y elaboración de productos derivados (jugos, aceites esenciales, pellets, etc.).	Proveedores locales o extranjeros.
4. Gestión de la plantación	Comprende todas las acciones que van desde la plantación de nuevos retoños, el injerto, la fertilización y el control de enfermedades fitosanitarias, hasta el mantenimiento de los árboles, la cosecha.	Productores locales de cítricos.
5. Compra de insumos y productos	Compra de fruta a productores no miembros del Consorcio. Compra de insumos (material reproductivo, pesticidas, fertilizantes, embalajes, etcétera) en forma individual o agrupada, localmente o en el extranjero.	Empaques certificados. Proveedores locales o extranjeros.
6. Empaque y procesamiento	Incluye la clasificación, la limpieza, la "desverdización", el empaque, la elaboración de productos derivados (jugos, esencias, pellets, etcétera) y el enfriamiento (que puede tener lugar en la planta de empaque o en el puerto). Crecientemente, cae dentro de esta función la gestión de la calidad y la trazabilidad de los productos empacados, en interacción con el transporte y la gestión de las plantaciones.	Empresas líderes. Consorcios de productores.
7. Transporte	Incluye toda la logística, el transporte terrestre y el transporte marítimo. De hecho, el transporte es una acción de transformación del producto (que, salvo en el caso de la banana, procura minimizarse).	Empresas de logística terrestre y marítima.

(Continúa)

(Continuación)

8. Venta	Denominamos venta y no comercialización pues nos focalizamos sobre acciones concretas.	Agencias y representantes en el mercado destinatario. Oficinas comerciales locales del vendedor.
9. Concepción de nuevos productos	Incluye los estudios de mercado y de nuevos gustos de los consumidores, el desarrollo de nuevas formas de presentación, la vigilancia en materia de tecnologías de producto (bajo la forma de *benchmarking* o de espionaje de los productos competidores).	Gerente general e integrantes de Prestigio.
10. Compra / Consumo	De la compra al consumo (del mayorista al consumidor final).	Empresas de compra mayorista. Grandes cadenas de supermercados minoristas que compran directamente en el extranjero.

Análisis del caso, consigna 3:

Resuma el cuadro en un diagrama de síntesis (figura 2).

¿Qué traducciones conectan qué funciones? Conéctelas con líneas.

¿Cuáles son los nodos claves del diagrama (porque concentran el mayor número de líneas conectoras)?

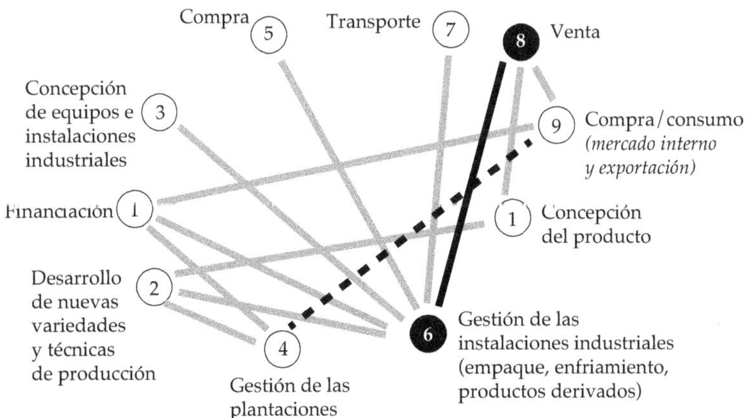

Figura 2.

El diagrama sintetiza gráficamente lo resumido en el cuadro.

El nexo 6-8 indica que Alberto Lanvi se ocupa simultáneamente (por eso el fondo negro de los números) de la Gerencia de Calidad de Prestigio y de la función Venta que dio origen a la empresa. Viaja para ello cuatro meses por año al extranjero para abrir nuevos mercados y negociar con compradores mayoristas la colocación –y eventualmente el financiamiento– de cada cosecha. Además, la empresa tiene oficinas comerciales y representantes para la recepción de la fruta en diferentes mercados.

El vínculo 8-9 indica el nexo desarrollado por Prestigio (en la persona del ingeniero Lanvi) con los Centros de Distribución europeos, así como con el representante de Carrefour Argentina a través del cual Prestigio coloca una parte de su producción en el mercado interno argentino y ha comenzado a abastecer a Carrefour Francia.

El nexo 5-6 indica que Prestigio se ocupa no sólo de la venta, sino también de la compra agrupada de insumos (fertilizantes, plaguicidas, etcétera), eventualmente en el extranjero, para bajar los costos de los productores propietarios del consorcio y asegurarse de que utilizan aquellos –y en las cantidades– que son aceptados por los compradores.[1]

El nexo 1-9 representa:

a. el financiamiento de las inversiones necesarias para crear Prestigio por parte de un comerciante holandés cliente de la empresa; y
b. el financiamiento del funcionamiento de la empresa mediante créditos sin interés aportados por ése y otros clientes extranjeros.

El nexo 1-6 indica que los productores devuelven regularmente esos préstamos y son los propietarios de Prestigio.

El vínculo 4-6 (la gestión de las plantaciones y el empaque y enfriamiento) indica que los productores proveen a Prestigio las

---

[1] Este tema aparece evocado en las entrevistas a Urbano Bertoni y a Malavi.

cantidades de fruta que son aceptables en función de las exigencias de calidad planteadas por los compradores (o en función de la participación accionaria de cada productor, cuando la cantidad aceptable no puede ser colocada en su totalidad), y que Prestigio capacita a los productores en materia de las normas que deben cumplir y garantiza su cumplimiento ante los compradores mediante la trazabilidad.

Los vínculos 6-2 y 2-4 indican la relación entre Prestigio y el vivero del INTA en las personas de Alberto Lanvi y la ingeniera Anderson, y entre esta institución (o viveros privados certificados) y los productores al efecto del desarrollo y la certificación de nuevas variedades.

Los nexos 2-10 y 8-10 indican que tanto Alberto Lanvi como la ingeniera Anderson se ocupan del *benchmarking* y la vigilancia en materia de nuevos productos.

El nexo 4-9 indica que los productores pueden vender directamente (en el mercado interno) sin pasar por Prestigio.

El vínculo 6-7 indica el "régimen de favor" que Prestigio logró con Sea-Trade, que le permite resolver creativamente y a bajo costo sus problemas de transporte.

Tampoco se observan problemas en cuanto al dominio de la tecnología y el mantenimiento de las instalaciones industriales (vínculo 3-6), que se logra a través de diferentes tipos de colaboración entre actores privados.

Análisis del caso, consigna 4:
¿Qué conclusiones surgen del análisis?

Los productores que integran Prestigio se asociaron para escalar en la cadena de valor mediante el aprovechamiento de oportunidades de sucesión organizacional. En forma coincidente con la caracterización que efectúan Humphrey y Schmitz (2000, p. 11), esta estrategia se origina en una intención de posicionamiento en mercados internacionales en los que reina una fuerte competencia. Sin embargo, lejos de cumplir esa única función, Prestigio:

a. Funciona en ambas direcciones (no sólo actúa como un canal de ventas agrupadas, sino también, y con similar importancia para los productores que lo integran, como un canal de compras agrupadas (de insumos como fertilizantes o pesticidas o de fruta de terceros) que, de ser conveniente, se realizan en el extranjero.

b. Su tarea es clave como canal de comunicación para que los productores estén permanentemente al tanto de las innovaciones que son necesarias para mantener su competitividad.

c. Si bien es cierto que, como señalan Humphrey y Schmitz, el canal intermedio sólo permite establecer con el consumidor final una relación indirecta –pues Prestigio vende a mayoristas que, a su vez, se conectan con supermercados y minoristas (y por lo tanto no accede directamente a informaciones sobre el comportamiento de los consumidores)–, sus empleados y representantes en el exterior, con el apoyo de técnicos de los organismos locales de ciencia y tecnología –que utilizan para ello sus propias relaciones– realizan una tarea sistemática de vigilancia y benchmarking y de posterior desarrollo y certificación de nuevas variedades con la colaboración de esos mismos organismos o de viveros privados o propios. Esto último es mencionado por Humphrey y Schmitz como una alternativa que permite enfrentar la dificultad señalada.[2]

d. Se ocupa de la capacitación de los productores en materia de normas establecidas por los compradores o las autoridades nacionales o supranacionales (Eurep-Gap, Códigos de Buenas Prácticas Agrícolas) y que es necesario respetar para poder exportar a determinados mercados, y de la implementación de los sistemas de monitoreo necesarios que hacen posible la trazabilidad de los productos que entrega.

Digamos por último que Humphrey y Schmitz equiparan la creación del Consorcio –un canal comercial para exportar

---

[2] "Cuando los productores recurren a canales de distribución intermedios para proveer mercados con estándares complejos o muy exigentes, probablemente necesiten apoyarse en algún tipo de gobernanza local" (Humphrey y Schmitz, 2000, p. 11).

conjuntamente– con el desarrollo de un área funcional (a cargo del márketing). En el caso que estamos presentando, no se trata de la apertura de nuevas funciones dentro de una organización existente, sino de la creación de una nueva organización.[3] Esta es una innovación institucional pues, a partir de la creación del Consorcio, los productores individuales, transformados en accionistas, subordinaron una parte esencial de su libertad de decisión al sistema colectivo de gobierno y al *management* profesionalizado de la nueva organización (que, por ejemplo, puede rechazar las entregas de los productores individuales si no cumplen con los requisitos de los clientes a los cuales están destinadas).

[3] Productores de pequeña escala que no pueden desarrollar el área funcional por sí solos se agrupan para constituirla colectivamente. Al hacerlo, crean una nueva organización, que en principio tiene esa sola finalidad, pero va naturalmente incorporando otras, que finalmente transforman por completo su naturaleza.

Caso 8 | FECOVITA: una red agroindustrial cooperativa

Análisis del caso, consigna 1:

Sobre el contexto histórico:

a. ¿Qué tipo de empresa era Giol y a qué se debió su crisis?

Giol era una empresa estatal que, a comienzos de los noventa, estaba en proceso de quiebra. Era una organización burocratizada, no supo reaccionar frente al cambio en los comportamientos de los consumidores (reducción en el consumo de vino, sustitución por otras bebidas).

b. ¿Cómo era el contexto político y económico mendocino en el momento de la venta de Giol? ¿En qué se diferenció el gobierno mendocino de las privatizaciones a nivel nacional y de la venta de CAVIC en San Juan?

Nos referimos a la política pública de privatizaciones durante el primer gobierno del presidente Carlos S. Menem. Bordón era uno de los representantes de la renovación peronista de la época. Intentó la vía cooperativa cuando las privatizaciones se hicieron, en general, privilegiando a las grandes empresas, nacionales e internacionales. También se diferenció en eso de San Juan, donde la privatización de CAVIC era observada críticamente por el gobernador.

Análisis del caso, consigna 2:

A partir de la lectura del caso, complete el cuadro 1:

Cuadro 1. Funciones, actividades y actores en el caso FECOVITA

Funciones	Actividades	Actores
Financiación	Desarrollo e introducción por los productores de uvas de nuevas variedades.	Fondo para la transformación y el crecimiento de Mendoza.[1]
	Créditos para cosecha y acarreo de la producción a través de un acuerdo con FECOVITA.	Credicoop.[2]
Gestión de los viñedos	Los productores compran maquinaria, mejoran las prácticas agrícolas y métodos de trabajo a fin de adaptar sus producciones a los requerimientos de la demanda.	Productores individuales, miembros de las cooperativas de primer grado asociadas a FECOVITA.
Provisión y mantenimiento de tecnologías de producción	Incorporación y mantenimiento de equipos de fraccionamiento y de equipos, máquinas y líneas de embotellado. Técnicos de las empresas extranjeras proveedoras instalaron los equipos y viajan anualmente para colaborar con los técnicos locales en su mantenimiento.	Empresas proveedoras de Alemania, Italia, Francia y Suecia.
Compra local de uva	Compra de materia prima a terceros no cooperativos.	Las bodegas de las cooperativas asociadas a FECOVITA adquieren uva a pequeños y medianos viñateros no integrantes de ellas.
Vinificación	Producción del vino y el mosto. Desarrollo de nuevos vinos de mayor calidad.	29 cooperativas de viñateros (de primer grado) y productores vitivinícolas independientes. Las cooperativas tienen 54 bodegas en las que elaboran más de 260 millones de litros/año de una amplia gama de productos: desde vinos de mesa de alta calidad hasta vinos de alta gama y premium.

(Continúa)

[1] Estado provincial: Gobierno de Mendoza.
[2] Banco Cooperativo.

(Continuación)

Gestión de las instalaciones de fraccionamiento	Fraccionamiento del vino (botellas, Tetra Pack) y el mosto.	FECOVITA Cuatro unidades estratégicas de negocios, que son también unidades productivas independientes[3] (cfr. http://www.FECOVITA.com/unidades.html) Consumo masivo (dos unidades): Bodega Toro FECOVITA: Ruta 50 km 1036, San Martín Casa Resero FECOVITA: Santiago del Estero 328, Albardón, San Juan. Comercialización de vinos de mediana y alta gama: Bodega Estancia Mendoza: La Costa - El Peral - Tupungato. Concentrados: FECOVITA tiene por objeto el desarrollo de mercados de mostos concentrados. Bodega Hugo Hidalgo: Carril Nacional 5156, Rodeo de la Cruz, Guaymallén Federación de Cooperativas Vitivinícolas Argentinas (FECOVITA).[4]
Venta (canales)	MERCADO INTERNO Venta al comercio minorista, en contacto directo con los consumidores finales.	FECOVITA Doce centros comerciales y de distribución propios en las principales ciudades de la Argentina que atienden a más de 2.000 clientes minoristas (cfr. listado en http://www.fecovita.com/mercadointerno.html).
	EXPORTACIÓN "El mercado externo constituye una meta a lograr por la empresa y año a año se incrementa la comercialización, desarrollando nuevos productos y nuevos mercados. Los logros han sido importantes y actualmente se exporta a más de 20 países" (cfr. página institucional).	FECOVITA ha comenzado a expandirse en los mercados internacionales (veinte países) mediante alianzas estratégicas con cooperativas extranjeras (por ejemplo, CAPEL, en Chile) con las que comparte canales de distribución o los desarrolla para ingresar en terceros países (por ejemplo, con cooperativas francesas para ingresar en China y Brasil).

(Continúa)

---

[3] En cuanto a tecnologías de procesos, FECOVITA cuenta con nueve líneas de fraccionamiento: dos líneas de llenado rápido de quince mil botellas por hora; dos líneas de cuatro mil botellas por hora para etiquetado autoadhesivo; una línea para el llenado de botellas de litro con tapa a rosca y cuatro líneas para fraccionamiento de tetra-pack de 750 centímetros cúbicos y un litro.

[4] Cooperativa de segundo grado.

(Continuación)

Apoyo al desarrollo tecnológico y la innovación	MEJORAS VARIETALES Y DE PROCESOS PRODUCTIVOS Plan Nacional de Desarrollo Varietal (viveros oficiales).	Instituto Nacional de Tecnología Agropecuaria (INTA).[5]
	MEJORAS EN EL PROCESO PRODUCTIVO DE LA UVA Asistencia técnica para el desarrollo de productos.	Corporación Vitivinícola Argentina (COVIAR).[6] Universidad Católica de Cuyo.
	PRODUCTOS FINALES (vino y mosto) Asistencia técnica para el desarrollo de productos.	Universidad Católica de Cuyo.
	REGULACIÓN Y CONTROL Promoción, fiscalización técnica y regulación de la actividad vitivinicultora. Guía y control de la elaboración de productos y su aptitud para el consumo.	Instituto Nacional de Vitivinicultura (INV).[7]
	COMERCIALIZACIÓN, ORGANIZACIÓN, FINANCIACIÓN Asistencia técnica en comercialización, organización interna y acceso al crédito.	Confederación Intercooperativa Agropecuaria Cooperativa Ltda. (CONINAGRO).[8] Instituto Nacional de Asociativismo y Economía Social (INAES).[9]
	REPRESENTACIÓN GREMIAL Asume la representación de las cooperativas ante los organismos públicos y privados; gestiona las relaciones de intercambio entre las asociadas y otras del país y del extranjero.	Asociación de Cooperativas Vitivinícolas Argentinas (ACOVI).[10]

[5] Organismo estatal descentralizado dependiente del Ministerio de Agroindustria de la Nación.

[6] Institución pública no estatal

[7] Organismo estatal descentralizado dependiente del Ministerio de Agroindustria de la Nación.

[8] Organización cooperativa agropecuaria de tercer grado.

[9] Organismo descentralizado dependiente del Ministerio de Desarrollo Social de la Nación.

[10] Asociación civil sin fines de lucro, ubicada en Mendoza, que tiene como finalidad la representación institucional de 32 cooperativas vitivinícolas más FECOVITA ante los poderes públicos e instituciones privadas (cfr. página institucional).

Análisis del caso, consigna 3:

¿Qué innovaciones en procesos, productos y funciones organizacionales identifica? ¿Alguna innovación institucional?

- En procesos: en los procesos de producción de uva y de fraccionamiento.
- En productos: comenzando por la renovación varietal en las viñas, y siguiendo por la producción de vinos de gama media y alta en las bodegas de las 29 cooperativas que integran FECOVITA.
- Funcionales: creación de unidades de negocios en las grandes ciudades de todo el país.

Análisis del caso, consigna 4:

Resuma el cuadro en un diagrama de síntesis (figura 1):

¿Qué traducciones conectan qué funciones? Conéctelas con líneas y destaque las que considere fundamentales.

¿Cuáles son los nodos clave del diagrama? Articuladores en tanto concentran el mayor número de traducciones.

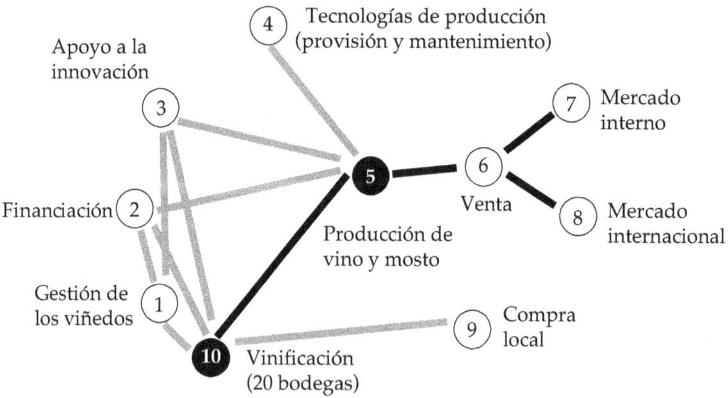

Figura 1. Nexos funcionales en FECOVITA

Análisis del caso, consigna 5:

¿Qué conclusiones se pueden sacar del análisis?

a. En cuanto a las formas de cooperación en el territorio mendocino y a las estrategias de posicionamiento de FECOVITA en los mercados doméstico e internacional:
- ¿Qué instituciones de apoyo actuaron en el territorio mendocino?
- ¿Qué estrategias tiene FECOVITA en materia de canales de distribución en los mercados interno e internacional?

b. ¿Ayudaron las primeras (las instituciones actuantes en el territorio mendocino) a las segundas (al posicionamiento de FECOVITA en las cadenas de valor domésticas e internacionales)? Si la respuesta es sí, ¿cómo?

Debido a que hemos redactado el caso a partir de información secundaria, a diferencia del caso Prestigio no podremos realizar aquí un análisis identificando con precisión cada una de las traducciones que históricamente le fueron dando forma al diagrama.

Para responder a la cuarta pregunta, digamos primero que el diagrama está estructurado en torno a dos nodos articuladores conectados por cinco trazos (el nodo quinto y el décimo). El décimo corresponde a las cooperativas de primer grado, el quinto a la Federación. El nodo noveno, el único aislado, es dependiente del décimo (los pequeños productores locales no cooperativos que proveen uva y mosto a las cooperativas de FECOVITA).

Cuatro nodos están unidos por tres trazos (el primero, el segundo, el tercero y el sexto). Dos de ellos, el segundo y el tercero, corresponden a las instituciones de apoyo actuantes en el territorio mendocino (de apoyo financiero y técnico a las innovaciones).

Destacamos el vínculo entre la oferta y la demanda de los vinos porque es el motor de la innovación. Hicimos lo propio respecto al vínculo entre los nodos articuladores (vinificación y fraccionamiento), porque en la relación entre ambos sucede algo parecido a la dinámica entre las innovaciones en *hardware* y en *software,* que se estimulan mutuamente.

En cuanto a las instituciones actuantes en el territorio mendocino, las referidas al apoyo a la innovación (y a la formación de recursos humanos) son de tal riqueza y variedad institucional que podrían dar lugar a la confección y el análisis de un subdiagrama territorial, de actores y roles.[4] En comparación con Prestigio, constatamos que FECOVITA, como bien señala la Federación en varios pasajes de su página institucional, para posicionarse durablemente en los mercados internacionales de vinos finos (como ya lo está con relación a un producto *commoditie* de bajo valor agregado por excelencia: el mosto), necesita perseverar en las innovaciones de procesos productivos (de uva, vino y *packaging)*, productos (vinos varietales premium y superpremium) y formas de organización (canales de distribución) y, sobre todo, continuar haciéndolo en forma consistente y sostenida en el largo plazo. Cuenta para ello con una plataforma de lanzamiento fenomenal: la intercooperación internacional. Lo cual, lamentablemente no garantiza que "el avión no caiga una vez en vuelo".

Al igual que Prestigio, pero con mucha mayor intensidad, FECOVITA se apoya en el asociativismo (en este caso intercooperativo, en un doble sentido, territorial y de las cadenas de valor) y en la cooperación partenarial con una variedad de instituciones públicas y privadas en el territorio mendocino, para escalar en las cadenas de valor innovando en materias primas (nuevas variedades de uva), procesos (cultivo, vinificación, fraccionamiento), productos (desarrollo de nuevos vinos y marcas para el mercado local e internacional) y formas organizacionales (creación de unidades de negocios, desarrollo de canales propios de distribución en el país y en el extranjero). El rol que tuvo FECOVITA en la privatización de las Bodegas Giol ha sido una muy exitosa, verdaderamente excepcional (al menos en Argentina) y ejemplar innovación institucional.

Es muy interesante, por último, la comparación entre FECOVITA y Prestigio en lo que respecta a las proyecciones actuales de la primera hacia los mercados internacionales y al origen de la segunda en el año 1986. Prestigio se constituyó como consorcio y construyó sus instalaciones de empaque, enfriamiento y producción de jugos a partir de un préstamo otorgado sin intereses –en un período signado por la hiperinflación en el país– por parte de

---

[4] A la manera de una red de política pública *(policy network)*.

uno de los mayores comerciantes mayoristas de Europa, a cambio de la prioridad en el abastecimiento de fruta fresca en contraestación. Esto significa que Prestigio se apoyó en la buena reputación de sus miembros para constituirse como empresa, y de ese modo continuar compitiendo con Sudáfrica en el mercado más rentable, el europeo. FECOVITA, en cambio, se está proyectando hacia los mercados internacionales apoyándose en la solidaridad intercooperativa. ¿Garantiza lo anterior la sostenibilidad de los proyectos conjuntos en el largo plazo? Si nos atenemos a los resultados de las investigaciones sobre el rol de la confianza en las relaciones interorganizacionales (Humphrey y Schmitz, 1998), los proyectos que tienen su origen en la "confianza basada en características" (en la adhesión, en este caso,[5] de las contrapartes al ideario cooperativista) deben consolidarse, para volverse sostenibles, mediante un reiterado comportamiento confiable de las contrapartes en lo que respecta a los procesos concretos del negocio.

---

[5] Los productores de cítricos de la Cuenca del Plata comenzaron a exportar a Europa en los años sesenta a partir de los contactos entre miembros de familias *pied-noir* que abandonaron Argelia tras la guerra con destino a Francia, a la Argentina y Uruguay. En este caso, la característica que los vinculaba consistió en la pertenencia a una misma comunidad étnico-familiar.

Caso 9 | CV comparados

Preguntas:

1. ¿En qué se diferencian los perfiles de ambos –edad, formación, experiencia, etcétera– y cómo se relacionan con sus respectivas trayectorias?
2. ¿En qué consisten los patrones de empleo de ambas personas?
    a. Enumere, deduciéndolos del CV, los rasgos que considere distintivos.
    b. Imagine qué tipo de acciones diferentes les permitieron a uno y a otro construir sus respectivas trayectorias. Utilice para ello los conceptos de cultura, poder y comunicación.
3. Examine las ventajas e inconvenientes de ambas trayectorias en términos de los respectivos modos de protección social. ¿Qué debieron hacer uno y otro para asegurársela, para sí y para sus familias?

Trayectoria laboral

En cuanto a la construcción de las trayectorias y su relación con la cultura, el poder y la comunicación:

- Puebla (CV1): Por su desempeño en una sola organización, puede decirse que conoció una sola cultura dentro de la que pudo desarrollarse al internalizar sus normas, valores, "modos de ser y de hacer", que contribuyó simultáneamente a constituir y reproducir, más que a cambiar. Si bien esta cultura fue evolucionando con el tiempo, su antigüedad y su conocimiento y respeto de las reglas de juego formales e informales fueron fundamentales para su ascenso en la pirámide jerárquica escalando hacia posiciones de mayor nivel. En cuanto a su estilo de comunicación, se caracterizó por la formalidad, con cuidado de los procedimientos y baja propensión a la consulta y el debate de ideas.

- Ontivero (CV2): En su pasaje por distintas organizaciones y proyectos, entró en contacto con culturas diversas. Su flexibilidad y apertura a los desafíos y la innovación le permiten adaptarse a la variabilidad cultural, entablar contactos más intensos, pero menos duraderos y relaciones más horizontales en equipos de proyecto, basadas en el debate y la negociación. En roles de liderazgo aprecia el estilo democrático, con apertura al diálogo y al aprendizaje, la comunicación circular y la traducción, en cuanto "puesta en común de significados", gracias a la cual intenta desarrollar con superiores, colegas y/o subordinados un vínculo de confianza.

	CV 1	CV 2
Perfil (edad, formación, experiencia)	Conservador, poco proclive a los cambios, aversión al riesgo. Experiencia y formación específicas (respecto a la organización donde trabaja). Aprecia la estabilidad y la especialización.	Asume riesgos para aprender y rehúye la especialización. Tendencia a cambiar de organización, valoriza el trabajo autónomo. Le preocupa preservar su empleabilidad construyendo su imagen personal de marca.
Patrón de empleo	Estable y con continuidad. Se valora la antigüedad, la experiencia. Trabajo de tiempo completo. Separación educación/trabajo y trabajo/vida familiar. Organizaciones burocráticas, en entornos previsibles.	Empleo inestable y fragmentado, de ciclo corto. Período signado por el ajuste, las nuevas formas de contratación –contratos breves, trabajo a tiempo parcial, jornadas de trabajo extendidas– y precarización del empleo. Reducción de tamaño, eliminación de niveles jerárquicos y ajuste en las organizaciones. Fronteras borrosas entre el trabajo y la vida personal.
Trayectoria laboral	Movilidad ascendente, en escalones predefinidos por un plan de carrera diseñado por la organización. Evaluaciones periódicas de desempeño.	Desarrollo profesional mediante la alternancia entre formación continua y aprendizaje trabajando en proyectos, capitalizados en un currículum profesional.
Protección social	Garantizada (empleo registrado en la Seguridad Social, jubilación, vacaciones pagas, etcétera). Estado de bienestar social.	Contratos privados de cobertura –salud, jubilaciones– para la persona y su familia.

Referencias bibliográficas

Acosta, M., y Verbeke, G., 2009, "La cooperación como estrategia de desarrollo en redes asociativas", en *Pecvnia*, n° 9, pp. 1-25.

Alonso, L., 2004, "La sociedad del trabajo: debates actuales. Materiales inestables para lanzar la discusión", en *Revista Española de Investigaciones Sociológicas*.

Argyris, C., 1976, "Single-loop and double-loop models in research on decision making", en *Administrative Science Quarterly*.

Argyris, C., y Schön, D., 1978, *Organizational learning: A theory of action perspective*. Reading, Mass.: Addison Wesley.

Arocena, J., 2010, *Las organizaciones humanas. De la racionalidad mecánica a la inteligencia organizacional*, Montevideo: Magro.

Artopoulos, A., 2013, *Tecnología e innovación en países emergentes: la aventura del Pulqui II*, Carapachay: Lenguaje claro Editora.

Autor, D. H. y Dorn, D., 2013, "The Growth of Low-Skill Service Jobs and the Polarization of the US Labor Market", en *American Economic Review*, vol. 103, n° 5, pp. 1553-1597.

Bauman, Z., 2005, *Vidas desperdiciadas. La modernidad y sus parias*.

———, 2007, *Identidad*. Buenos Aires: Losada.

———, 2008, *Modernidad líquida*, México: Fondo de Cultura Económica.

Becattini, G., 2002, "Del distrito industrial marshalliano a la 'teoría del distrito' contemporánea. Una breve reconstrucción crítica", en *Investigaciones Regionales*, 1, pp. 9-32.

Berger, S., 2006, *Desde las trincheras. Cómo se enfrentan las empresas de todo el mundo a las fronteras de la economía global*, Empresa Activa.

———, 2009, "La industria en el contexto internacional", en *Boletin Techint*.

Bernoux, P., 1981, *Un travail à soi*, Toulouse: Privat.

———, 1985, *La sociologie des organisations: initiation théorique suivie de douze cas pratiques*, París: Éditions du Seuil.

———, 2004, *Sociologie du changement, dans les entreprises et les organisations*, París: Éditions du Seuil.

Bez, Z. y Gothelf, I., 2007, "Continuidad y cambio en las organizaciones. Una mirada exploratoria sobre la cultura y la identidad", en V Simposio de Análisis Organizacional. Facultad de Ciencias Económicas, UBA.

Bieder, C. y Bourrier, M. (eds.), 2014, *Trapping safety into rules. How Desirable or Avoidable is Proceduralization?*, Surrey: Ashgate.

Bleger, I., & Vuotto, M., 2005, "Acerca de la gestión en las empresas cooperativas", Documentos del Centro de Estudios de Sociología del Trabajo, n° 49, Buenos Aires: FCE-UBA.

Borón, A., 2002, *Mundo global, ¿guerra global? Los dilemas de la globalización*, Buenos Aires: Continente.

Bourdieu, P., 1997, *Razones prácticas. Sobre la teoría de la acción*, Barcelona: Anagrama.

Boussard, V., 2008, *Sociologie de la gestion. Les faiseurs de performance*, París: Belin.

Briand, J.-P. y Chapoulie, J.-M., 2006, *Donald Roy. Un Sociologue à l'usine*, París: La Découverte.

Callon, M., 1976, "L'opération de traduction comme relation symbolique", en Gruson, P. C., Roqueplo, P. y Thuillier, P. (eds.), *Incidences des rapports sociaux sur le developpement scientifique et technique* (pp. 105-139), París: Cordes.

————, M., 1986, "Éléments pour une sociologie de la traduction: la domestication des coquilles Saint-Jacques et des marins-pêcheurs dans la baie de Saint-Brieuc", en *L'Année Sociologique (1940/1948)*.

Callon, M., Latour, B. y Akrich, M., 2002, "The key success in innovation. Part I: the art of interessement", en *International Journal of Innovation Management*, vol. 6, n° 2, pp. 187-206.

Campbell, D., 2004, *Ian Macneil and the relational theory of contracts*, CDAMS, Discussion Paper N° 04/1E, Chicago.

Carlevarino, G. y Rofé, J., 2007, "Comunicación organizacional: una herramienta estratégica. Su relación con la cultura, la identidad, la imagen, dos realidades organizativas, dos abordajes diferentes", en V Simposio de Análisis Organizacional. Facultad de Ciencias Económicas, UBA.

Castel, R., 2010, *El ascenso de las incertidumbres*, Buenos Aires: Fondo de Cultura Económica.

Castells, M., 1996, *La sociedad red*, Madrid: Alianza.

Charles, S., Helper, S. y MacDuffie, J. P., 1997, "The boundaries of the Firm as a Design Problem", en *Meeting on Make versus Buy: The New Boundaries of the Firm*, Columbia Law School.

Chaves Ávila R. y Soler Tormo F., 2004, *El gobierno de las cooperativas de crédito en España*, Valencia: Centro Internacional de Investigación e información sobre la Economía Publica, Social y Cooperativa-CIRIEC.

Child, J., Faulkner, D. y Tallman, S., 2005, "Cooperative strategy: Managing alliances, networks, and joint ventures", en *OUP Catalogue*, Oxford University Press.

Clegg, S., 2007, "Corporate Culture", en *International Encyclopedia of Organization Studies*, Londres: Sage.

Clegg, S., Courpasson, D. y Phillips, N., 2006, *Power and organizations*, Londres: Sage.

Comité National de Liaison des Activités Mutualistes, Coopératives et Associatives, [1980], 2012, "Charte de l'economie sociale", en Chaves Ávila, R. y Monzón, J. L., *La economía social en la Unión Europea*, Informe elaborado para el Comité Económico y Social Europeo por el Centro Internacional de Investigación e Información sobre la Economía Pública, Social y Cooperativa (CIRIEC), Unión Europea.

Coriat, B., 1994, *Los desafíos de la competitividad: globalización de la economía y dimensiones macroeconómicas de la competitividad*, Buenos Aires: CEIL-PIETTE, CONICET.

Coriat, B y Weinstein, O., 2011, *Nuevas teorías de la empresa*, Carapachay: Lenguaje claro Editora.

Costa, J., 1992, *Imagen pública: Una ingeniería social*, Madrid: Fundesco.

Costa, J., 2003, *Imagen corporativa en el siglo XXI*, 2° ed., Buenos Aires: La Crujía Ediciones.

Cracogna, D., 1992, *Mutuales*, Buenos Aires: Idelcoop.

Cropper, S., Ebers, M., Huxham, C. y otro, 2010, *The Oxford Handbook of Inter-Organizational Relations*, Nueva York: Oxford University Press.

Crozier, M., 1965, *El fenómeno burocrático*, Buenos Aires: Amorrortu.

Crozier, M. y Friedberg, E., 1990, *El actor y el sistema: las restricciones de la acción colectiva*, México: Alianza.

De Gaulejac, V., 2013, *Neurosis de clase. Trayectoria social y conflictos de identidad*, Buenos Aires: Nuevo Extremo.

Deal, A. y Kennedy, T., 1982, *Corporate Cultures: The Rites and Rituals of Corporate Life*, Nueva York: Perseus.

Defourny, J.; Develtere, P. y Fonteneau, B. (eds.), 2001, *La economía social en el Norte y en el Sur*, Buenos Aires: Corregidor.

Dekker, S., 2014, "The bureaucratization of safety", en *Safety Science*, n° 14, pp. 348-357.

Denison, D., 2000, *Cultura corporativa y productividad organizacional*, Bogotá: Legis.

DeTerssac, G. y Lalande, C., 2002, *Du train à vapeur au TGV. Sociologie du travail d'organisation*, París: Presses Universitaires de France.

Dockés, P., 1998, "Las recetas fordistas y las marmitas de la historia (1907-1993), en *Innovar*, n° 2, pp. 79-91.

Domenech, M., y Tirado, F. J., 1998, *Sociología simétrica. Ensayos sobre ciencia, tecnología y sociedad*, Barcelona: Gedisa.

Drimer, A. Drimer, B., 1981, *Las cooperativas. Fundamentos, historia, doctrina*, Buenos Aires: Ediciones Intercoop.

Drucker, P. F., 1997, *La administración en una época de grandes cambios*, Buenos Aires: Sudamericana.

Eberwein, W., 2010, "Gobernanza internacional y organizaciones no gubernamentales", en *Revista del Centro de Estudios de Sociología del Trabajo*, Facultad de Ciencias Económicas, UBA.

Echeverría, R., 2000, *La empresa emergente, la confianza y los desafíos de la transformación*, Buenos Aires: Granica.

Eme, B. y Laville, J. L., 1999, "Pour une approche pluraliste du tiers secteur", en *Nouvelles Practiques Sociales*, vol. 11, n° 2, vol. 12 n° 1.

Fabre, P., 2005, *La privatización de Bodegas y Viñedos Giol. Una experiencia exitosa*.

Fairbairn, B., 2005, "Tres conceptos estratégicos para la orientación de cooperativas. Vínculos, transparencia y cognición", en Serie Documentos, Documento n° 48, Centro de Estudios de Sociología del Trabajo. Buenos Aires: Facultad de Ciencias Económicas, UBA.

Fernández, V. R., Vigil, I. y Seval, M., 2008, "¿*Clusters* y cadenas de valor? Instrumentos de desarrollo económico en América Latina", en II Jornadas Nacionales de Investigadores de las Economías Regionales. Tandil, Buenos Aires.

Foucault, M., 2007, *Nacimiento de la biopolítica*, Buenos Aires: Fondo de Cultura Económica.

Friedberg, E., 1993, *Le Pouvoir et la Règle. Dynamiques de l'action organisée*, París: Éditions du Seuil.

García Canclini, N.; Cruces, F y Urteaga Castro Pozo, M. (coords.), 2012, *Jóvenes, culturas urbanas y redes digitales*, Madrid-Barcelona: Fundación Telefónica-Ariel.

Gereffi, G., 1999, "International trade and industrial upgrading in the apparel commodity chain", en *Journal of International Economics*, 48, pp. 37-70.

Gereffi, G., Humphrey, J. y Sturgeon, T., 2005, "The governance of global value chains", en *Review of International Political Economy*, vol. 12, n° 1, pp. 78-104.

Gereffi, G. y Korzeniewicz, M. (eds.), 1994, *Commodity chains and global capitalism*, Westport: Praeger.

Gibbon, P., 1999, "Global Commodity Chains and Economic Upgrading in Less Developed Countries", en *Development*, 1-35.

Giddens, A., 1979, *La estructura de clases en las sociedades avanzadas*, México: Alianza.

Gijselinckx, C., 2008, "Foundatios: catalysts of social change, innovation and civic action? A critical realist conceptualization and empirical analysis of the Belgian sector of foundations", 8a.Conferencia Internacional ISTR/2a EMES-ISTR Conferencia Europea, Barcelona.

Gilson, R. J., Sabel, C. F., y Scott, R. E., 2009, "Contracting for innovation: vertical disintegration and interfirm collaboration", en *Columbia Law Review*, vol. 109, n° 3, pp. 431-502.

Goldfarb, L., 2007, "Reestructuración productiva en el sector vitivinícola mendocino. La construcción social de un paradigma de calidad", en II Seminario Internacional. Nuevos Desafíos del Desarrollo en América Latina. La perspectiva de jóvenes académicos, Río Cuarto, Córdoba.

Goos, M., Manning, A. y Salomons, A., 2009, "Job Polarization in Europe", en *American Economic Review*, vol. 99, n° 2, pp. 58-63.

Gordillo, M. A., 2010, "Joint ventures: de la negociación al contrato entre el inversor argentino y chino", tesis de Maestría en Relaciones y Negociaciones Internacionales.

Gore, E., 2004, *La educación en la empresa: aprendiendo en contextos organizacionales*, Buenos Aires: Granica.

Gorz, A., 2013, "Beyond the wage based society", en Widerquist, K., Noguera, J. A., Vanderborght, Y. y otro (eds.), *Basic Income: An Anthology of Contemporary Research*, Oxford: Wiley-Blackwell.

Gouldner, A., 1954, *Patterns on Industrial Bureaucracy*, Nueva York: Free Press.

Gutiérrez, C., 2001, *I&D, Aprendizaje técnico-organizacional y posicionamiento comercial. La calificación internacional en tecnología hidroenergética de una firma metalúrgica argentina (1977-1997)*, Universidad de Buenos Aires.

————, 2013, "IMPSA: atractivos y paradojas del éxito tecnoindustrial en la periferia", en Thomas, H., Santos, G. y Fressoli, M., *Innovar en Argentina: seis trayectorias empresariales basadas en estrategias intensivas en conocimiento*, Carapachay: Lenguaje claro Editora.

Habermas, J., 1981, *Teoría de la acción comunicativa*, tomo I, Madrid: Taurus.

Hall, R., 1993, *Organizaciones. Estructura y proceso*, México: Prentice Hall Hispanoamericana.

Hammer, M. y Champy, J., 1994, *Reingeniería de procesos*, Bogotá: Norma.

Hernández, J. J., 2014, "El instituto nacional de vitivinicultura: el regulador creado, intervenido y reformado", en *Postdata*, n° 19.

Hobsbawm, E., 2003, *Años interesantes: una vida en el siglo XX*, Barcelona: Crítica.

Humphrey, J. y Schmitz, H., 1998, "Trust and inter-firm relations in developing and transition economies", *Journal of Development Studies*, vol. 34, n° 4, pp. 32-61.

———, 2000, *Governance and upgrading: linking industrial cluster and global value chain research* (IDS working paper n° 120), Sussex.

Huxham, C. y Beech, N., 2010, "Inter-organizational Power", en *The Oxford Handbook of Interorganizational Relations*, Nueva York: Oxford University Press.

Imai, M., 1986, *Kaizen: The key to Japan's competitive success*, Nueva York: McGraw-Hill.

Jacinto, C., 2010, *La construcción social de las trayectorias laborales de jóvenes*, Buenos Aires: Teseo.

Jaques, E., 1951, *The Changing Culture of a Factory: A Study of Authority and Participation in an Industrial Setting*, Londres: Tavistock.

Jardin, E., 2005, "Psychologisation du pouvoir", en P. Cabin y B. Choc (eds.), *Les organisations. Etat des savoirs*, Auxerre: Sciences Humaines.

Katz, D. y Kahn, R. L., 1981, *Psicología social de las organizaciones*, México: Trillas.

Knight, G., 2010, "Born Global", en *Wiley International Encyclopedia of Marketing*, Chichester: John Wiley & Sons.

Kong, D., 2008, "Another Social Force: Interorganizational Network Culture. Preliminar Study", Washington University, Saint Louis: John M. Olin School of Business.

Kreps, G., 1995, *La comunicación en las organizaciones*, Delaware: Addison-Wesley.

Lasswell, H., 2001 [1948], "Estructura y función de la comunicación en la sociedad", en *Enciclopedia hispánica: micropedia*, Barcelona: Barsa Planeta.

Lattuada, M., Nogueira, M. E., Renold, J. y otro, 2011, "El cooperativismo agropecuario argentino en la actualidad. Presentación y análisis de tres casos desde la perspectiva del capital social", en *Mundo Agrario*, vol. 12, n° 23.

Levy-Leboyer, C., 1997, *Competencias*, Bogota: Gesiton 2000.

Litterer, J. A. y Etzioni, A., 1964, "A Comparative Analysis of Complex Organizations: On Power, Involvement, and Their Correlates", en *American Sociological Review*.

Luhmann, N., 1998, *Sistemas sociales. Lineamientos para una teoría general*, Barcelona: Anthrophos/ Universidad Iberoamericana.

Lundvall, B.-A. (ed.), 1992, *National Systems of Innovation. Towards a theory of Innovation and Interactive Learning*, Londres: Pinter.

————, 2003, "Políticas de innovación en la economía de aprendizaje", *Revista Latinoamericana de Estudios del Trabajo*, n° 16.

March, J., 1991, "Exploration and exploitation in organizational learning", en *Organizational Science*, 2, febrero, pp. 71-87.

March, J. y Simon, H., 1958, *Organizations*, Nueva York: John Wiley and Sons.

————, 1961, *Teoría de la organización*, Barcelona: Ariel.

Martin, J., Frost, P. y O'Neill, O., 2006, "Organization culture: beyond struggles for intellectual dominance", en Clegg S. y otros (eds.), *The Sage Handbook of Organization Studies*, Londres: Sage publications.

McDermott, G., 2007, "Recombining the Vines That Bind in Argentina. The Politics of Institutional Renovation and Economic Upgrading", en *Politics Society*, vol. 35, n° 103.

McDermott, G. y Corredoira, R., 2011, "Recombinar para competir: las instituciones público-privadas y la transformación del sector vitivinícola argentino", *Desarrollo Económico. Revista de Ciencias Sociales*, vol. 51, n° 202-203, pp. 317-341.

Mellado, M. V. y Olguín, P., 2007, "Industria vitivinícola, crisis y fracaso empresario. Un estudio comparado del grupo Greco y de Bodegas y Viñedos Giol", en Primer Congreso Latinoamericano de Historia Económica - Cuartas Jornadas Uruguayas de Historia Económica. Montevideo, Uruguay: Universidad de la República.

Merton, R., 1952, *Reader on Bureaucracy*, Nueva York: Free Press.

Michels, R. [1911], 1968, *Political parties : a sociological study of the oligarchical tendencies of modern democracy*, Simon and Schuster, 2° ed.

Midler, C., 2004, *El auto que no existía*, Buenos Aires: FADU.

Mingo, E. y Goldfarb, L., 2005, "Reestructuración productiva y nuevas formas de representación de los pequeños productores vitivinícolas. El caso de la Federación de Cooperativas Vitivinícolas Argentinas", en IV Jornadas Interdisciplinarias de Estudios Agrarios. Buenos Aires: Facultad de Ciencias Económicas, UBA.

Mintzberg, H., 1988, *La estructuración de las organizaciones*, Barcelona: Ariel.

————, 1992, *El poder en la organización. La teoría política de la gestión*, Barcelona: Ariel.

————, 1996, "El capitalismo necesita del equilibrio: No es posible manejar al gobierno como una empresa", *Revista Gestión*, vol. 1, n° 4.

Morgan, G., 1991, *Imágenes de la organización*, México: Alfa Omega.

Mottez, B., 1972, *La sociología industrial*, Barcelona: Oikos-Tau.

Neiman, G.; Aroñade, S.; Fabio, F.; Goldfarb, L.; Mingo, E. y Neiman, M., 2006, "Diversidad de las formas de representación de intereses entre organizaciones de pequeños productores del agro argentino: base social, reivindicaciones y articulaciones", en Manzanal, M., Neiman, G. y Lattuada, M. (eds.), *Desarrollo rural, organizaciones e instituciones*, Buenos Aires: CICCUS.

Nonaka, I. y Takeuchi, H., 1999, *La organización creadora de conocimiento*, México: Oxford University Press.

Parera, C., 2005, "Nota Editorial", en *Ruralis*, vol. VII, n° 2, pp. 1-40.

Pearce W., 1989, *Communication and the human condition*, Illinois: Southern Illinois University Press.

Pichot, C. y Perrier, M., 1987, "Un problème-clé pour les pays en voie de développement: la maintenance des équipements industriels", en *Gérer et Comprendre. Annales des Mines*.

Piore, M. y Sabel, C., 1984, *The Second Industrial Divide. Possibilities for prosperity*.

Porter, M., 2003, "The Economic Performance of Regions", en *Regional Studies*, vol. 37, n° 6-7, pp. 545-546.

Postman, N., 1977, *Crazy talk, stupid talk . How we defeat ourselves by the way we talk and what to do about it*, Nueva York: Delta Book.

Pozzoli, J., 2006, *Experiencia de integración de pequeños productores vitivinícolas a la industria y comercialización de sus productos a través del sistema cooperativo*, Mendoza: Informe RIMISP (inédito).

Provan, K., Fish, A. y Sydow, J., 2007, "Interorganizational Networks at the Network level: A Review of the Empirical Literature of Whole Networks", en *Journal of Management*.

Reich, R., 1993, *El trabajo de las naciones*, Buenos Aires: Vergara.

Richez Battesti, N. y Malo, M.-C., 2012, "Desafíos de gestión y gobernanza: mutualización de medios y democracia", en *Revista del Centro de Estudios de Sociología del Trabajo*, 4, 3-26.

Ritter, M., 2005, "El rol de la comunicación en el proceso de fusiones y adquisiciones", en Costa, J., *Master DirCom. Los profesores tienen la palabra*, La Paz: Design.

Rivero, A. y Dabos, G., 2011, "Movilidad laboral en etapas tempranas de carrera: análisis de las trayectorias de los trabajadores en un cluster tecnológico", *en Análisis Organizacional. Revista Latinoamericana de Ciencias Sociales*, vol. 3, n° 3, pp. 22-45.

Rofé, J., 2007, "Aspectos organizacionales y laborales en la Argentina contemporánea: hacia una creciente polarización y exclusión social", en Primer Congreso Internacional de Relaciones del Trabajo de la Universidad de Buenos Aires.

Roiter, M., y Gonzalez Bombal, I., 2000, *Estudios sobre el sector sin fines de lucro*, Buenos Aires; Centro de Estudios de Estado y Sociedad CEDES.

Ruffier, J. y Walter, J., 2010, "Elementos para una sociología de la máquina: el rescate de un robot industrial en Tierra del Fuego", en Jornadas Internacionales sobre Circumpolaridad Norte y Sur, Buenos Aires: Facultad de Ciencias Económicas. Universidad de Buenos Aires.

Sabel, Ch., Helper, S., y MacDuffie, J. P., 1997, "The boundaries of the Firm as a Design Problem", en "Meeting on Make versus Buy: The New Boundaries of the Firm", Columbia Law School.

Sainsaulieu, R., 2005, "La constitution des identités au travail", en Cabin, P. y Choc, B. (eds.), *Les organisations - Etat des savoirs*, París: Editons Sciences Humaines.

Salamon, L. M., Anheier, H. K., 1992, "In search of the Nonprofit Sector: The question of definitions", Working Paper n° 2, John Hopkins University.

Saxenian, A., 1990, "Regional networks and the resurgence of Silicon Valley", en *California Management Review*, otoño, pp. 89-112.

——, 1991, "The origins and dynamics of production networks in Silicon Valley", en *Research Policy*, vol. 20, n° 5, pp. 423-437.

Schein, E., 1982, *Psicología de la organización*, México: Prentice Hall.

——, 1988, *La cultura empresarial y el liderazgo, una visión dinámica*, Barcelona: Plaza y Janés.

Sennet, R., 2000, *La corrosión del carácter. Las consecuencias personales del trabajo en el nuevo capitalismo*, Barcelona: Anagrama.

Shannon, C. y Weaver, W., 1949, *The Mathematical Theory of Communication*, Chicago: Illinois University.

Spyropoulos, G., 1997, *Las relaciones de trabajo en Europa: tendencias actuales y perspectivas futuras*, Buenos Aires: PIETTE-CONICET-Asociación Trabajo y Sociedad.

Suárez, F., 1995, "Debilidades de las ONGs", en *Enoikos*, vol. III, n° 9.

Thompson, G., Mitchell, J., Frances, J., y otro, 1991, *Markets, hierarchies and networks: the coordination of social life*, Sage Publications.

Todeva, E., 2007, "Networks", en *International Encyclopaedia of Organization Studies*. Londres: Sage.

Touraine, A., 1969, *La sociedad post industrial*, Barcelona: Ariel.

——, 1992, *Crítica de la Modernidad*, Buenos Aires: Fondo de Cultura Económica.

Vallas, S. y Prener, C., 2012, "Dualism, Job Polarization, and the Social Construction of Precarious Work", en *Work and Occupations*, vol. 39, n° 4, pp. 331-353.

Van der Laan, H., 1993, "Boosting agricultural exports? A 'marketing channel' perspective on an African dilemma", en *African Affairs*, n° 92, pp.170-201.

Vázquez, A., 2000, *La imaginación estratégica. El caos como liberación*, Barcelona: Granica.

Vécrin, A., 2014, "Les précaires développent des tactiques pour éviter la domination", en *Journal Libération*, diciembre 12.

Vuotto, M., 2010, "Informe diagnóstico nacional de la República Argentina", en Campos, M. (ed.), *Economía Social y su impacto en la generación de empleo. Claves para un desarrollo con equidad en América Latina*, Madrid: Publicaciones CIESCOOP.

Walter, J., 2000, "Technological Adaptation and 'Learning by Cooperation'. A Case Study of a Successful Onshore Technology Transfer in Tierra del Fuego", en *The Journal of Technology Transfer*, vol. 25, n° 1, pp. 13-22.

——, 2002, "La organización transaccional"., *Enoikos*.

——, 2011, "Estrategias multicadena y modalidades multinivel de organización de los productores de cítricos de la Cuenca del Plata", en *Desarrollo Económico. Revista de Ciencias Sociales*, vol. 51, n° 202, pp. 59-83.

——, 2017, "Safety Management at the Frontier: Cooperation with Contractors in Oil and Gas Companies", en *Safety Science*, n° 91, pp. 394-404.

Walter, J. y Bez, Z., 2015, "Los entramados exportadores en tanto redes de traducción. Reflexiones metodológicas a partir de un estudio de caso", en Díaz, R., Pelupessy, W. y Pérez Akaki, P. (eds.), *Ideas latinoamericanas sobre el enfoque de cadenas globales de mercancías*, México: Universidad Nacional Autónoma de México.

Walter, J. y Pinot Florence, L. D., 2008, "La perception des investisseurs français de l'environnement économique de l'Argentine", en Pinot, F. (ed.), *L'Argentine, terre d'investissement?*, París: L'Harmattan.

Walter, J., y Senén González, C., 1998, *La privatización de las telecomunicaciones en América Latina*, Buenos Aires: Eudeba-INIDET.

Weber, M., 1962, *Economía y sociedad*, México: Fondo de Cultura Económica.

Wenger, E. C. y Snyder, W. M., 2000, "Communities of practice: The organizational frontier", en *Harvard Business Review*, n° 78, pp. 139-145.

Widerquist, K., Noguera, J. A., Vanderborght, Y. y otro, 2013, *Basic income : An anthology of contemporary research*, West Sussex: John Willey & Sons.

Womack, J.; Jones, D. y Roos, D., 1992, *La máquina que cambió el mundo*, Madrid: McGraw-Hill.

World Bank., 1992, *Governance and Development*, Washington DC: World Bank.

Glosario

Actor, 53, 99, 101-102, 198, 207.

Adhocracia, *35-42;* modelo adhocrático en Japón, 70

Agencia, *ver Actor.*

Alianza estratégica, 123, 200.

Análisis estratégico, *101-102.*

Análisis organizacional, 201-202.

Aprendizaje de circuito simple vs. doble, *131-133.*

Argyris, experimento de, 132-133.

Asociación civil, 187.

Autoridad, 92-94.

Barón de Munchhausen, 75, 90.

Burocracia, *29-35;* círculo vicioso burocrático, 96-101.

Cadenas de valor, 104-108; Equipo Original (OEM) vs. Diseño Original (ODM), 60, 72, 79; tipos de cadena (cautivas, modulares, relacionales), 135-136; tipos de canal (entero, intermedio, múltiple), 104-109.

Cambio organizacional, 207-209.

Cambio radical. Ver *Reingeniería.*

Capitalismo, auge y crisis, 49-51; años dorados del, 51-54.

Carrera, 158-160.

Competencias, 160, 161, 167, 218.

Comunicación formal, 115-117; informal, 117-118.

Comunidades de práctica, 141-142.

Confianza, 42-43, 48, 83, 87, 88, 103, 108, 124-125, 130, 137, 167, 202, 217.

Conocimiento explícito, 117, 140; tácito, 117-118, 139-140.

Cooperativa, tipos de, *179-186.*

Cultura moderna del riesgo, 157.

Dimensiones de análisis (artefacto, valor, presunción), *72-77,* 198; enfoques (integración, diferenciación, fragmentación), 78; tipos de problemas (integración/adaptación, interna/externa), 213.

Enfoque sociotécnico, 51, 140.
Entrevista clínica reiterada, 210-214.
Escuela de las Relaciones Humanas, 50-51, 65, 147, 148.
Estado de Bienestar, 53, 153, 162.

Funcionamiento, 204-206.
Fundaciones, 189-190.

Globalización, cambios en las formas de gestión y el rol de la tecnología de información, sus transformaciones organizacionales y en el mundo del trabajo, 56-60, 65, 122, 167.

Incertidumbre, zona de, 99-101, 204, 206, 208, 261; factor de, 98, 198.
Intercooperación, 297-300.

Joint venture, 85, 123, 200.

Kaizen, ver *Mejora continua*.
Keiretsu, 63, 136.

Legitimidad (tradicional, carismática, racional-legal), 21, 92, 103, 199.
Liderazgo, 81, 129, 198, 210, 218, 241-242.

Marcos legales institucionales, 41.
Mejora continua (kaizen), 132.
Mutuales, 190-193; mutualismo, 191.

Organigrama, ver *Análisis organizacional*.

Patrón de empleo, 159.
Precariedad (del empleo, laboral), 153, 155, 164, 165, 220.
Protección social, 155.

Recursos de poder, 97-100.
Redes, 34-35, 42-43, 78-88.
Reingeniería, 59, 132, 139, 140.

Scientific Management, 29, 48, 50, 147.
Seguridad social en la década de 1950, sistema de, 52, 57.

Sistema de acción concreto, 198, 202.
Sociedad de consumo, 52, 53.

Trabajador, perfil del, 154.
Traducción, *111-112*; 121, 122, 123, 125-126.
Transformación cognoscitiva, 129, 133.

Voz, lealtad, retraimiento, 198.

Los autores

JORGE WALTER

Investigador Principal del Consejo Nacional de Investigaciones Científicas y Técnicas (CONICET) y Profesor Titular Regular de Sociología de las Organizaciones en la Facultad de Ciencias Económicas de la Universidad de Buenos Aires. En la Universidad de San Andrés dirige el Centro de Investigaciones por una Cultura de Seguridad y es Codirector del Centro de Investigaciones América Latina-Europa. Presidente 2013/2016 de la Asociación Latinoamericana de Estudios del Trabajo (ALAST), se ha especializado en el estudio de la transferencia de tecnologías y la gestión de los riesgos laborales y tecnológicos.

ZULEMA BEZ

Magíster en Ciencias Sociales de la Facultad Latinoamericana de Ciencias Sociales (FLACSO). Se ha desempeñado como Profesora Adjunta Regular de Sociología de las Organizaciones en la Facultad de Ciencias Económicas de la Universidad de Buenos Aires y Profesora Titular de Comportamiento Organizacional en la Maestría en Management de Recursos Humanos de la Universidad del Salvador. Se ha especializado en sociología de las profesiones y gestión de recursos humanos y es autora de publicaciones sobre dichas temáticas. Es titular de D&O, consultora especializada en Recursos Humanos y Desarrollo Organizacional.

MARÍA CRISTINA ACOSTA

Magíster en Ciencia Política y Sociología de FLACSO y Licenciada en Sociología de la Facultad de Ciencias Sociales de la Universidad de Buenos Aires. Se desempeñó como Profesora Adjunta Regular de Sociología de las Organizaciones en la Facultad de Ciencias Económicas de la Universidad de Buenos Aires. Se ha especializado en la sociología de las organizaciones de la economía social y en la metodología de la investigación social. Ha dirigido, evaluado y gestionado proyectos de investigación y ha coordinado equipos de trabajo de consultoría.

ALICIA CALVO

Doctora en Ciencias Económicas de la Facultad de Ciencias Económicas de la Universidad de Buenos Aires, Magíster en Sociología de FLACSO y Magíster en Ciencias Sociales del Trabajo del Centro de Estudios Avanzados de la Universidad de Buenos Aires. Licenciada en Relaciones del Trabajo de la Facultad de Derecho y Ciencias Sociales de la Universidad de Buenos Aires. Es Profesora Adjunta Regular de la asignatura Sociología de las Organizaciones en la Facultad de Ciencias Económicas de la Universidad de Buenos Aires y Profesora Adjunta a Cargo de la materia Economía del Trabajo en la Facultad de Ciencias Sociales de esa misma universidad. Publicó libros y artículos sobre temas organizacionales.

ELISA GRACIELA CARLEVARINO

Licenciada en Sociología de la Universidad del Salvador. Doctoranda en Sociología en la Universidad Católica Argentina. Se ha desempeñado como Profesora Adjunta Regular de Sociología de las Organizaciones en la Facultad de Ciencias Económicas de la Universidad de Buenos Aires. Es miembro del equipo de investigaciones de los proyectos "Mutaciones socio-territoriales de la RMBA" (CONICET) y "Movilidad y pobreza" (UBACYT). Directora Adjunta de la Consultora Roberto Gandini y Asociados, Comunicación Institucional y Presidente del Consejo de Administración de la Fundación Vivienda Digna-Sagrada Familia. Es autora de publicaciones y ponencias en eventos nacionales e internacionales.

ANDREA LEVIN

Magíster en Administración y Dirección de Empresas y Entidades No Lucrativas de la Economía Social por la Universidad de Valencia,

España, y Licenciada en Sociología por la Facultad de Ciencias Sociales de la Universidad de Buenos Aires. Es Profesora Adjunta Regular en la Facultad de Ciencias Económicas de la Universidad de Buenos Aires, con amplia trayectoria en investigaciones y publicaciones en revistas científicas acerca de las Organizaciones de la Economía Social.

ANA MARÍA PARISÍ

Magíster en Administración Pública de la Facultad de Ciencias Económicas de la Universidad de Buenos Aires y Licenciada en Sociología por la Universidad Nacional de San Juan. Posee una diplomatura en Gestión Educativa de FLACSO y es Profesora Adjunta Regular de Sociología de las Organizaciones en la Facultad de Ciencias Económicas de la Universidad de Buenos Aires y en la Maestría en Psicología Empresarial y Organizacional de la Universidad de Belgrano. Se ha especializado en el diagnóstico organizacional y la capacitación formal y no formal en gestión en las organizaciones de la salud pública.

JULIA VIRGINIA ROFÉ

Licenciada en Sociología y doctoranda en Sociología en la Universidad Católica Argentina. Docente e investigadora en la Universidad de Buenos Aires, donde es Profesora Titular Regular de Historia Social Moderna y Contemporánea en la carrera de Sociología de la Facultad de Ciencias Sociales y Profesora Adjunta Regular de Sociología de las Organizaciones en la Facultad de Ciencias Económicas. Ha publicado artículos en revistas científicas y capítulos de libros sobre cuestiones relacionadas con su especialidad.

GRISELDA VERBEKE

Magíster en Economía Social de la Universidad Nacional General Sarmiento. Es Profesora Adjunta de Sociología de las Organizaciones en la Facultad de Ciencias Económicas de la Universidad de Buenos Aires y en la Cátedra sobre Teoría y Comportamiento Organizacional de la facultad de Ciencias Sociales de la Universidad de Buenos Aires. Investigadora del Centro de Estudios de Sociología del Trabajo de la Facultad de Ciencias Económicas de la Universidad de Buenos Aires, se ha especializado en economía social y cooperativismo, temas sobre los cuales es autora de documentos de trabajo y publicaciones en revistas científicas.

www.ingramcontent.com/pod-product-compliance
Lightning Source LLC
Chambersburg PA
CBHW051245150726
48001CB00017B/23